EDMOND ABOUT

LE PROGRÈS

PARIS
LIBRAIRIE DE L. HACHETTE ET Cie
BOULEVARD SAINT-GERMAIN, N° 77
1864
Droit de traduction réservé

LE PROGRÈS

PARIS. — IMPRIMERIE GÉNÉRALE DE CH. LAHURE
Rue de Fleurus 9

A MADAME GEORGE SAND.

Madame,

Voici un gros volume où j'ai dit sans rhétorique, sans passion, sans calcul, sans flatterie ascendante ou descendante, mon humble sentiment sur les grandes affaires de la vie. Je ne sais s'il mérite d'être présenté au plus noble esprit de notre époque, mais je suis sûr d'y avoir mis le meilleur de moi afin de vous l'offrir. J'ai fait de sérieux efforts pour y concentrer toutes mes idées; ceux qui ont la curiosité de connaître un homme trop loué par les uns, trop diffamé par les autres, le trouveront ici tel qu'il est.

C'est vous qui m'avez conseillé ce travail, peut-être un peu austère pour un esprit vagabond et naturellement dissipé. La solitude et la campagne m'ont prêté le loisir et l'apaisement dont j'avais besoin pour l'entreprendre. Chemin faisant, j'ai beaucoup lu, beaucoup médité, un peu mûri : je me suis aperçu que je n'étais plus un jeune homme, que je ne serais jamais un grand homme, mais que je pouvais me rendre utile en ajoutant quelques observations pratiques au fonds commun de l'expérience humaine.

Notre siècle est vraiment beau, quoi qu'en disent les mécontents de toutes écoles. L'homme qui joue des coudes dans la cohue s'insurge au moindre choc contre les petites misères du présent; mais si, comme le peintre devant son tableau, on prend une bonne reculée pour le juger dans son ensemble, on voit qu'il fourmille d'idées neuves, d'aspirations hardies, de sentiments généreux. Ce qui lui manque, à mon avis, c'est la notion claire du vrai, du juste et du possible. La vie moderne est comme une eau large, puissante et trouble. Que les ambitieux y jettent leurs filets ! Que les orgueilleux désabusés la fouettent de verges à l'exemple du roi Xerxès ! Je suis plus que content si j'en ai filtré un bon verre.

Vous avez daigné m'écrire l'an dernier que je n'étais pas plus mal doué que beaucoup d'autres, mais que je laissais toujours échapper le génie entre mes doigts. Hélas! madame, mon indigence me défend contre tout soupçon de gaspillage. Je n'ai reçu de la nature qu'un atome de bon sens, une miette balayée sous la table où Rabelais et Voltaire, les Français par excellence, ont pris leurs franches lippées. Quant au génie, je l'admire de loin, je le vénère profondément, j'obéis toujours à ses conseils, je m'honore aujourd'hui en lui dédiant un livre.

Edm. About.

LE PROGRES.

I

LE GRAND PROBLÈME.

Qui que tu sois, lecteur (et tu me pardonneras si je te calomnie), je suppose que tu n'es ni meilleur ni pire que moi. Je ne connais ni ton âge, ni ta fortune, ni le rang que tu occupes dans ce monde ; mais je suis à peu près sûr que tu as l'amour du bien et quelque penchant au mal ; beaucoup d'idées justes et passablement de préjugés ; une forte dose de bienveillance au fond du cœur et un petit levain de haine et de colère. Tu as un peu travaillé, un peu lutté, un peu souffert, et connu cependant les heures délicieuses où l'on s'écrie que la vie est bonne. Tu sais un peu de tout, mais la somme de tes connaissances n'est presque rien au prix des choses que tu ignores. La passion, le calcul et la raison te conduisent tour à tour, mais il t'arrive aussi de sacrifier tes intérêts les plus évidents au bonheur de faire le bien, et c'est ainsi que tu te maintiens dans ta propre estime. Enfin, ami lecteur (ou ennemi), tu fais assurément de temps à autre le travail intérieur auquel je me livre aujourd'hui : tu t'écartes des plaisirs, des affaires, de tous ces riens tumultueux qui étourdissent la raison humaine, et seul en face de l'inconnu, tu cherches à tâtons la solution du grand problème.

Heureux ou malheureux, tous les hommes passent par là. L'excès des afflictions et la satiété du bonheur nous conduisent par des routes différentes à ce carrefour obscur où les plus affairés s'arrêtent malgré eux, plongent la tête dans leurs mains et déroulent avec terreur une interminable litanie de comment? et de pourquoi?

« Comment suis-je tombé sur cette motte de terre? D'où vient l'homme? Où va-t-il? Quel est le but de la vie? Et, d'abord, cette course entre deux néants a-t-elle un but? Suis-je né pour moi seul? ou pour les autres? ou les autres pour moi? Que dois-je? Que me doit-on? Qu'est-ce que le lien moral qui m'attache à une famille, à une patrie, et peut-être même à tout le genre humain? D'où viennent ces obligations qui m'ont souvent gêné? Ces lois qui m'enchaînent? Ces gouvernements qui me dominent et qui me coûtent cher? Cette société où nous sommes tous entassés comme à plaisir les uns sur les autres? Ceux qui m'ont précédé sur la terre étaient-ils plus heureux que moi? Et ceux qui naîtront dans cent ans vivront-ils mieux ou plus mal? Faut-il remercier ou maudire le sort qui m'a fait vivre aujourd'hui plutôt qu'hier ou demain? Le monde va-t-il de bien en mieux ou de mal en pis? Ou ne fait-on que tourner dans un cercle? Décidément était-ce la peine de naître? »

Neuf fois sur dix, dans cette heure de doute et d'angoisse, l'homme épuisé, éperdu, en proie à toutes les hallucinations de la lassitude et de la peur, voit descendre du ciel une figure noble, douce et gravement souriante. « Ferme les yeux, dit-elle, et suis-moi. Je viens d'un monde où tout est bon, juste et sublime; je t'y conduirai, si tu le veux, à travers les sentiers de la terre pour te faire jouir d'une félicité éternelle. Laisse-moi mettre sur ta vue un bandeau plus doux que la soie, dans ta bouche un mors plus savoureux que l'ambroisie; sur ton front un joug plus léger et plus brillant que les couronnes royales. A ce prix, tu verras distinctement le principe mystérieux et la fin surnaturelle de toutes les choses de monde; tu échapperas pour toujours à l'anxiété du doute : soutenu dans tes fatigues, consolé dans tes tristesses, tu marcheras sûrement au bonheur par la vertu. Je suis la foi ! »

Lecteur, si tu es un des neuf qui se sont levés pour suivre la vision ailée, je ne te plains ni ne te blâme, mais ce n'est pas pour toi que mon livre est écrit. J'ai surtout pensé au dixième, à ce superbe, à ce malheureux qui aime mieux marcher à tâtons dans les chemins ardus et fouiller du regard les ténèbres épaisses que d'accepter des affirmations sans preuves et un espoir sans certitude. C'est vers lui que je viens à pied (n'ayant jamais eu d'ailes) et vêtu comme tous ceux qui travaillent ici-bas. Je ne porte pas autour du front l'auréole phosphorescente, mais j'ai allumé une petite lampe au foyer de la science humaine, et je tâcherai qu'elle ne s'éteigne pas en chemin. Sans t'entraîner, même en esprit, au delà des limites de la vie, j'espère te montrer un but : le progrès ; un chemin : le travail ; un appui : l'association ; un viatique : la liberté.

Suis-nous un instant si tu veux : peut-être ne regretteras-tu pas le voyage. J'aurai pour toi, chemin faisant, les égards que l'homme doit à l'homme : je n'outragerai rien de ce que tu respectes ; je m'abstiendrai même de nier ce que tu tiens pour vrai.

L'école à laquelle j'appartiens se compose d'esprits positifs, rebelles à toutes les séductions de l'hypothèse, résolus à ne tenir compte que des faits démontrés. Nous ne contestons pas l'existence du monde surnaturel ; nous attendons qu'elle soit prouvée et nous nous renfermons jusqu'à nouvel ordre dans les bornes du réel. C'est là, dans un horizon étroit, dépeuplé de toutes les apparitions souriantes et de tous les fantômes menaçants, que nous cherchons à tirer parti d'une humble condition et d'une vie courte.

Les systèmes théologiques, depuis le plus grossier fétichisme jusqu'au christianisme le plus épuré, mettent tous à notre service une solution complète et absolue du grand problème. Mais il n'en est pas un qui ne commence par exiger un acte de foi, c'est-à-dire une abdication partielle de la raison humaine. Nous qui parlons à la terre au nom de la terre, nous n'avons pas le droit de demander rien de tel.

En acceptant la loi de ne rien affirmer sans preuves, en nous interdisant les ressources de l'hypothèse, nous nous condamnons à donner plus d'une fois des solutions incomplètes comme la science de notre temps. Mais les solutions naturelles, malgré ce défaut capital, ont un avantage sur les autres. Elles peuvent être acceptées par les hommes de tout pays, de tout climat, de toute religion. On a vu les dogmes les plus sublimes chercher en vain à s'établir sous certaines latitudes; la variété infinie des races et des civilisations fait que la terre est partagée entre une multitude de dogmes religieux ou simplement métaphysiques. C'est pourquoi il n'était peut-être pas inutile de chercher un système de règles purement pratiques que l'absence de tout dogme et de tout élément surnaturel fît accepter aux chrétiens comme aux musulmans, aux déistes comme aux athées.

II

LE BIEN.

A Paris comme à Bombay, tout homme qui raisonne sait, qu'à moins d'un miracle, c'est-à-dire d'un fait surnaturel, aucun atome de matière ne peut ni commencer ni cesser d'être. Prenez un centimètre cube d'eau distillée pesant un gramme : vous pourrez le déplacer, le dilater, le contracter, le faire passer de l'état liquide à l'état gazeux ou à l'état solide; le décomposer par la pile, le recomposer par l'étincelle électrique : l'expérience et la raison déclarent unanimement que cette parcelle du monde inorganique, si lestement transformée, si facilement escamotée à nos regards, ne saurait être anéantie et n'a pu être créée par aucune force naturelle. Il faut ou recourir aux hypothèses d'outre-terre (ce que nous nous sommes interdit en commençant) ou croire que tous les éléments dont notre sphère se compose existent et existeront de toute éternité.

A la surface de ce globe inorganique, le seul que nous puissions étudier de près, il se produit depuis quelques milliers de siècles un phénomène nouveau, très-complexe et terriblement fugitif appelé la vie. C'est une imperceptible efflorescence de la matière brute, une modification microscopique de l'extrême pellicule : en disant que la cent millionième partie de la terre est organisée sous forme animale ou végétale, on exagérerait beaucoup. Un observateur placé dans la lune et armé des meilleurs instruments d'optique ne saurait discerner ici-bas aucun symptôme de vie : tant la matière organisée est peu de chose sur la masse totale!

S'il nous est impossible de percevoir par les sens et même de concevoir par l'imagination la naissance ou l'anéantissement d'une molécule de matières, nous voyons en revanche et nous comprenons fort bien que toute vie commence et finit. L'agrégation de quelques corps simples sous une forme organique nous apparaît comme un heureux accident, de trop courte durée. Il semble que toutes les forces de la nature soient conjurées contre l'être vivant, ce privilégié de quelques heures; elles réclament et reprennent incessamment chacun des atomes qu'il a empruntés au fonds commun. La vie ne se soutient que par une lutte de tous les instants, une réparation continuelle. La plante ou l'animal le plus robuste combat quelques années, puis se couche dans la mort.

La science nous prouve qu'il fut un temps où l'organisation était absente et même impossible ici-bas. Il a fallu bien des siècles de siècles pour qu'une masse gazeuse, détachée de l'atmosphère de quelque soleil, se refroidît au point de permettre la vie. Les plantes et les animaux des premiers âges ne pourraient plus vivre aujourd'hui : la terre est déjà trop froide pour eux. Un jour viendra peut-être où l'homme lui-même enrichira de ses derniers ossements la grande collection des espèces fossiles. Mais nous avons du temps devant nous, et fût-il démontré qu'il ne nous reste qu'un millier de siècles, on pourrait néanmoins les employer au bien.

Or, qu'est-ce que le bien? Toute métaphysique à part, vous voyez clairement que la dernière des plantes, fût-elle mal venue, rachitique, laide, puante et même vénéneuse par-dessus le marché, est une chose plus parfaite et meilleure au point de vue absolu que mille millions de quintaux à choisir dans l'universalité des corps inorganiques. L'organisation la plus incomplète et la plus défectueuse est un bien que tous les trésors de la matière brute ne sauraient balancer un instant.

Et si la plante en question ajoute à ce premier mérite toutes les qualités qui constituent pour ainsi dire la perfection végétale; si elle est saine, belle, grande, vigoureuse; si sa tige est un bois magnifique; si ses fleurs brillent des couleurs les plus riches; si son fruit est irréprochable, la réunion de tant d'avantages augmentera le prix d'un si heureux organisme. Personne ne pourra nier que la naissance d'un tel arbre sur la terre n'y apporte avec elle une somme considérable de bien; que sa vie ne mérite une longue durée; que sa mort ne soit un mal. A supposer qu'il n'y ait pas d'autre organisme à la surface du globe que cette plante unique, il sera bon qu'elle prospère et qu'elle se multiplie, que nul accident n'arrête son développement et sa reproduction, que les forces brutales de la matière ne puissent jamais prévaloir contre elle.

Mais voici un phénomène nouveau, que tous les esprits s'accorderont à déclarer supérieur et meilleur, quelle que soit la diversité des opinions sur sa cause première : Un animal est né. L'animal est, comme la plante, un composé de molécules simples, de matériaux inorganiques ; il emprunte son corps au même fonds, il le versera à la même masse après la mort. Mais la matière prend en lui des propriétés nouvelles, des attributs particuliers, un complément de qualités positives. Entre le cèdre du Jardin des plantes et le misérable cloporte qui se traîne à ses pieds, la distance hiérarchique est grande ; ce petit crustacé est placé bien plus haut dans l'échelle des êtres que son majestueux voisin. C'est un organisme qui marche auprès d'un organisme éternellement immobile ; un organisme qui voit, auprès d'un organisme aveugle. Les éléments constitutifs de ces deux êtres inégaux sont à peu près les mêmes, comme l'acier d'un marteau-pilon et l'acier d'un ressort de montre sortent du même minerai, mais les propriétés de l'un sont beaucoup plus délicates, plus savantes, plus recherchées que celles de l'autre. L'organisation a monté en grade lorsqu'elle a passé de la plante à l'animal. Il y a eu *progrès*, c'est-à-dire accroissement de bien sur la terre.

L'existence d'un lézard est meilleure, absolument parlant, que celle d'un cloporte. L'animal est plus complet, mieux doué, plus fini. Il possède une colonne vertébrale, des poumons; il a le sang rouge. La matière, plus affinée en lui, est douée d'une sensibilité un peu plus grande.

Montez encore, et dites-moi si la somme de bien ne s'est pas accrue notablement sur la terre, le jour où le sang chaud circula pour la première fois dans les veines d'un oiseau? Quel progrès! La matière inorganique, après un lent affinage, se sublime pour ainsi dire et prend des ailes.

Sous l'action d'une ou de plusieurs causes que la métaphysique cherche encore à définir, le Progrès a paru se faire tout seul ici-bas pendant quelques milliers de siècles. En autres termes, le Bien (ou l'existence) s'est accru spontanément en quantité et en qualité à la surface de ce globe. Si vous vous faites raconter par un géologue tous les essais informes et monstrueux qui préludèrent à la naissance des mammifères de notre époque, vous croirez assister aux efforts héroïques, aux tâtonnements fougueux de la vie essayant plus de formes et plus de déguisements que Protée pour rester maîtresse du monde et échapper à la dissolution qui réclame chaque molécule de tous les corps. Vous la verrez gagnant de proche en proche et tout à la fois de bas en haut; multipliant les êtres organisés, semant les germes à pleines mains, mais toujours affinant et subtilisant la matière, et ne désespérant jamais de produire son chef-d'œuvre définitif : l'organisme pensant.

Ce long drame, entrecoupé d'éruptions, de soulèvements et de cataclysmes qui ont changé plus de vingt fois l'aspect du décor, entre dans une nouvelle phase le jour où l'homme paraît en scène. Qu'il soit éclos par génération spontanée ou qu'il se soit formé par un suprême affinage dans la cellule de l'animal immédiatement inférieur, c'est une question de médiocre importance. Le certain, c'est qu'entre les grands singes passionnés et intelligents de l'Afrique centrale et les premiers hommes nus, désarmés, ignorants, farouches, toute la différence consistait dans un degré de perfectibilité. L'histoire nous montre assez qu'il a fallu des centaines de siècles pour que le plus perfectible des animaux arrivât à développer son intelligence et à régler logiquement ses rapports. Aujourd'hui même, en l'an 1864 d'une ère toute récente, vous trouveriez encore, au centre de l'Afrique et dans quelques îles de l'Océanie, des hommes qui se mangent entre eux comme les loups ou les brochets; des hommes que l'angle facial, le volume du cerveau et les facultés intellectuelles placent encore au niveau du gorille, ou peu s'en faut. Ceux-là sont les traînards de l'armée. Mais à dater de la naissance des premiers hommes, les forces inconscientes de la vie ont trouvé dans notre espèce un auxiliaire actif. Le dernier venu et le mieux doué de tous les êtres s'est associé d'emblée à ce travail de perfectionnement universel qui jusque-là s'était fait tout seul.

Tous les êtres tendent à vivre et à se reproduire ; c'est-à-dire à conserver leur individu et leur espèce. Les premiers hommes en cela ressemblaient aux autres vivants. L'individu, à quelque règne qu'il appartienne, subordonne tout à ses besoins, écarte ou détruit tout ce qui l'incommode ou le menace, s'assimile avidement tout ce qui doit le conserver. Chaque espèce organisée fait tout ce qu'elle peut pour conquérir la terre et la peupler à elle seule. Il suit de là que nos ancêtres ont eu de rudes combats à livrer, de vastes destructions à accomplir. S'il nous reste aujourd'hui quelques précautions à prendre pour empêcher que la France ne soit couverte de mauvaises herbes et que Paris ne soit dévoré par les rats, jugez de la besogne quand les fougères avaient dix mètres de haut ; quand l'animal à poursuivre dans les trous était l'ours des cavernes ! Sans doute les carnassiers nos précurseurs ici-bas ont dû vivre quelque temps sur ce troupeau d'intrus; avant d'être chasseurs nous avons été gibier. Nous n'étions pas les mieux armés par la nature; nous avions la main mieux construite et le cerveau plus développé, voilà tout.

Que ne puis-je ressusciter le pauvre antédiluvien dont M. Boucher de Perthes a retrouvé la mâchoire ! Ce contemporain de l'âge de pierre, qui vivait au milieu d'animaux formidables sans autres outils, sans autres armes offensives ou défensives qu'un caillou grossièrement taillé, nous donnerait des détails curieux sur la fondation de la dynastie humaine. Son témoignage nous prouverait, j'en suis sûr, que nous ne régnons pas seulement par droit de naissance.

Mais chasseur ou chassé, vainqueur ou vaincu, l'homme a toujours été le maître et le possesseur légitime de la terre. Aucun témoignage certain ne nous oblige à croire que ce domaine lui ait été donné par une autorité surnaturelle, mais il est positif que notre naissance est le produit du suprême effort de la nature, et, jusqu'à nouvel ordre, son dernier mot. Aucun être vivant n'a les organes de la pensée aussi développés, aussi parfaits, aussi indéfiniment perfectibles que le pire d'entre nous. L'existence du dernier des hommes a plus de prix en elle-même, au point de vue absolu, que celle de toutes les plantes et de tous les animaux. L'organisme prodigieux qui consomme de la matière et qui produit des idées est un bien hors de comparaison, supérieur à tout; on lui peut immoler sans scrupule tous les êtres inférieurs.

La plus humble existence animale ou végétale sera toujours un bien ; mais il est impossible que toutes les espèces de plantes et d'animaux se multiplient indéfiniment sur la terre; on sait d'ailleurs que l'animal ne peut vivre qu'aux dépens des plantes ou des autres animaux. Il faut donc subordonner ou même sacrifier tous les biens secondaires au plus grand de tous, à celui qui est évidemment la dernière fin de la nature, si la nature a conscience de son but. Or, quel est l'idéal du progrès? le maximum du bien désirable ici-bas ? C'est que la vie atteigne en quantité et en qualité les dernières limites du possible; la terre portant à sa surface autant d'hommes qu'elle en peut loger; tous les hommes aussi parfaits et aussi heureux qu'ils peuvent l'être. Ce but est souverain; pour l'approcher, tout est permis ; aucun des actes qui tendent là ne peut être jugé mauvais sur le globe ni ailleurs. C'est la seule occasion où la fin justifie les moyens, parce que les moyens ne sauraient en aucun cas porter préjudice à personne.

Donc le souverain bien, humainement parlant, celui que chacun de nous peut poursuivre sans scrupule en passant sur le corps de la nature entière, c'est la perfection et le bonheur de l'homme.

La perfection que l'homme peut rêver, sinon atteindre, consiste dans le développement complet et harmonieux de tout son être physique et moral. Celui qui réunirait en lui, dans un juste équilibre, la santé, la vigueur et la beauté du corps et de l'âme, serait parfait. Mais il est terriblement difficile de développer le physique et le moral, ces deux cotés de la personne humaine, sans que l'un soit sacrifié à l'autre. L'homme qui subordonne son esprit aux appétits du corps se rapproche de la bête; celui qui tue son corps en détail pour avancer le progrès de son âme est déjà plus qu'à moitié fou. Le vrai sage est celui qui ne méprise le bien sous aucune forme, et s'emploie résolûment à l'accroître en lui et autour de lui. La santé, la force et la beauté physique sont des biens très-réels, inférieurs à d'autres, j'en conviens, mais qui méritent d'être recherchés.

Le bonheur est le sentiment vague et délicieux du bien que nous avons réalisé. C'est le cadran qui marque en nous le degré de perfection relative auquel nous sommes parvenus. Il n'y a pas un progrès, pas un accroissement d'être, pas une conquête sur le néant, qui ne se traduise en bonheur au fond de l'âme humaine. La maladie, la peur, la contrainte, l'ignorance, le manque, en un mot toutes les choses négatives et qui attestent une imperfection physique ou morale, correspondent nécessairement à une souffrance. La somme de bonheur fut à peu près nulle ici-bas quand l'homme n'était guère qu'un sous-officier d'avenir dans la grande armée des singes ; nous sommes devenus moins malheureux de jour en jour, à mesure que nous devenions moins imparfaits.

La hiérarchie naturelle de nos facultés se continue dans toutes les choses humaines ; elle s'applique au bonheur comme à la perfection. Autant le cerveau est supérieur au muscle, autant la science est supérieure à la force brutale, autant le bonheur de savoir, d'enseigner, de vivre conformément à la justice, est au-dessus du simple plaisir. Le plaisir, ou bonheur des sens n'est pas méprisable en lui-même. Il est le signe d'une santé florissante et d'un besoin naturel satisfait. On peut le rechercher honnêtement, pourvu qu'il ne nuise ni à nous ni aux autres, qu'il ne soit pas acheté au prix de la souffrance ou de la dégradation d'un être humain. Mais le véritable homme de bien, sans torturer son corps par des rigueurs inutiles, assigne à ses efforts un but plus haut que le plaisir : travailler au progrès, ou accroître le patrimoine de la société humaine.

III

LE PROGRÈS AU DIX-NEUVIÈME SIÈCLE.

Si vous découvriez, à l'âge de trente ans, qu'un brave marinier vous a sauvé la vie quand vous étiez petit garçon; qu'il vous a rapporté chez vos parents dans sa veste, qu'il s'est enfui sans accepter aucune récompense et qu'il est mort de pleurésie huit jours après, voici ce que vous feriez sans nul doute. Vous chercheriez ses enfants, s'il en a laissé, ou les enfants de ses enfants pour vous acquitter envers eux. Riche, vous leur donneriez une partie de votre fortune; pauvre, vous mettriez vos bras à leur service, et vous les aideriez à vivre. Si l'un d'eux n'avait pu recevoir aucune éducation, vous payeriez ses mois d'école, ou vous lui apprendriez à lire vous-même; si un autre, plus à plaindre encore, était tombé plus bas que la misère, vous ne l'accableriez pas de votre mépris. Vous tendriez vos mains vers lui pour le relever, comme son pauvre grand-père vous a tendu les siennes. N'est-il pas vrai, monsieur, qu'en agissant ainsi vous feriez simplement votre métier d'honnête homme? Vous l'avouez, j'en prends acte, et je poursuis.

Tout homme de trente ans qui réfléchit un peu s'aperçoit qu'il doit sa vie, sa santé, son bien-être, son éducation, tout ce qu'il a et tout ce qu'il est, à des millions de sauveteurs obscurs, inconnus, introuvables, qui sont morts à la peine, qui n'ont presque jamais reçu le prix de leurs services, mais qu'on peut récompenser dans leur postérité, car, le monde n'est peuplé que de leurs fils et de leurs filles.

Considérez, monsieur, que la terre est la plus ingrate des marâtres : elle ne produit spontanément que des végétaux insipides et des animaux farouches; les seuls logis qu'elle prête gratis à ses enfants sont des cavernes fécondes en rhumatismes; les vêtements, les chaussures et les coiffures qu'elle nous offre sont des feuilles et des écorces; les seuls outils qu'elle nous ait jamais donnés sont les dix doigts de nos deux mains; elle a soin de cacher au plus profond de ses entrailles les métaux qui pourraient nous aider.

Tous les biens dont vous jouissez aujourd'hui, vous les devez à l'effort héroïque des hommes qui vous ont précédé en ce monde. Il n'y a pas sur votre table un fruit, un légume, un condiment, un vin qui n'ait pu être l'objet d'un brevet d'invention, d'un brevet d'importation et de cent mille brevets de perfectionnement. Vous remerciez la nature quand vous vous promenez dans un jardin magnifique : c'est à l'homme qu'il faudrait rendre grâces. La plupart des fleurs naturelles que vous admirez là sont de fabrication humaine; s'il en est quelques-unes auxquelles on n'ait pas travaillé, du moins s'est-on donné la peine de les aller chercher au bout du monde. Les céréales de la plaine, les arbres du verger, tout ce qui paraît sortir du sein de la terre, est importé, développé, perfectionné, amendé, métamorphosé par la main de l'homme. La forêt même est peuplée d'arbres que l'homme est allé prendre au delà des mers. Votre écurie, l'étable, la bergerie, le têt à porcs, la basse-cour, le chenil, fourmillent d'animaux plus ou moins exotiques, mais tous domptés, apprivoisés, dressés, modifiés et comme pétris sur un modèle nouveau par les mains ingénieuses de l'homme.

Je ne cite que pour mémoire les animaux féroces, dont l'absence est encore un bienfait de nos devanciers. Ils ont trié soigneusement les dons animés de la nature, supprimant les espèces tout à fait incorrigibles, et tournant à notre profit tout ce qui pouvait être apprivoisé.

Si vous jetez un regard sur le vêtement qui vous protége de la tête aux pieds (fussiez-vous habillé comme un pauvre) vous verrez que l'agriculteur, le filateur, le tisserand, le teinturier, le navigateur, le mécanicien, le tanneur, le tailleur, le cordonnier, le blanchisseur, le cartonnier, le chapelier, l'éleveur de vers à soie et vingt autres industriels, exerçant des arts difficiles ou même savants, ont appliqué l'étude et l'expérience de cinquante siècles à la confection de votre modeste enveloppe. Le moindre clou de votre chaussure résume en lui la découverte du fer, l'exploitation des mines, la fusion du minerai dans les hauts fourneaux, l'affinage de la fonte, les merveilles de la filière, la construction du soufflet de forge, le travail si rapide et si ingénieux du cloutier. Mille générations ont sué sang et eau pour produire cet ensemble fort laid, mais simple, commode et économique, que l'ouvrier parisien achète au Temple contre son salaire de quelques jours.

Maintenant levez les yeux de dessus mon livre et regardez la chambre où vous êtes. Le géomètre, l'architecte, le terrassier armé de trois ou quatre outils dont le plus simple est un chef-d'œuvre, le carrier, le maçon, le charpentier, le tuilier, le plâtrier, le peintre et le chimiste qui lui fournit ses couleurs, le verrier, le vitrier avec son diamant qu'on est allé prendre au Brésil, le menuisier, le serrurier (j'en passe, et des meilleurs) ont dû mettre en commun une somme prodigieuse d'études continues et de labeur accumulé pour vous loger le plus modestement du monde. Le moindre fauteuil plaqué d'acajou a coûté l'invention de la boussole, le perfectionnement de la navigation, la découverte de l'Amérique! Le vernis commun qui le couvre vous rappelle qu'on a planté la vigne, pressuré le raisin, livré le moût à la fermentation, distillé le vin dans un alambic et rectifié l'alcool où l'on dissout la térébenthine de Bordeaux colorée par le santal de l'Inde ou le carthame de l'Égypte.

Si je ne craignais pas de pousser l'énumération au delà des limites de votre patience, je vous dirais combien il a fallu d'inventions sublimes pour fabriquer matériellement le livre que vous tenez en main, ou simplement le savon dont vos mains sont lavées, ou la pendule qui interrompra tantôt votre lecture en sonnant l'heure du dîner. J'attirerais votre attention sur le catalogue du plus simple musée ou de la plus misérable bibliothèque pour vous rappeler quelques-unes des belles choses que les morts ont laissées pour vous. J'aime mieux, pour abréger, vous montrer vous-même à vous-même; votre santé à laquelle un million de savants ont travaillé depuis Hippocrate; votre mémoire meublée de beaux vers qu'on a faits pour vous, votre raisonnement redressé par les philosophes de vingt écoles, votre goût formé peu à peu par le spectacle des chefs-d'œuvre, votre cœur ennobli par les conseils de la sagesse et les exemples de la vertu.

Comprenez-vous maintenant que tous les hommes d'autrefois sont vos bienfaiteurs plus ou moins anonymes? Que vous devez quelque chose à leurs fils, vos contemporains? Qu'il ne suffirait point, pour acquitter votre dette, de ne pas faire le mal? Qu'il faut faire le bien et laisser quelque chose après vous comme vos devanciers vous ont laissé quelque chose? Que vous êtes l'anneau d'une chaîne, le degré d'une échelle ascendante, une transition vivante, active et laborieuse entre ce qui a été et ce qui sera?

On ne vous demande pas d'opérer des miracles; on désire seulement que vous laissiez quelque chose après vous. « Celui qui a planté un arbre avant de mourir n'a pas vécu inutile. » C'est la sagesse indienne qui le dit. En effet, il a ajouté quelque chose au capital de l'humanité. L'arbre donnera des fruits, ou tout au moins de l'ombre à ceux qui naîtront demain, affamés et nus. Un arbre, un toit, un outil, une arme, un vêtement, un remède, une vérité démontrée, une loi découverte, un livre, une statue, un tableau : voilà les additions que chacun de nous peut faire au trésor commun.

Il n'y a pas aujourd'hui un homme intelligent qui ne se sente lié par des fils invisibles à tous les hommes passés, présents et futurs. Nous sommes les héritiers de tous ceux qui sont morts, les associés de tous ceux qui vivent, la providence de tous ceux qui naîtront. Pour témoigner notre reconnaissance aux mille générations qui nous ont faits graduellement ce que nous sommes, il faut perfectionner la nature humaine en nous et autour de nous. Pour remercier dignement les travailleurs innombrables qui ont rendu notre habitation si belle et si commode, il faut la livrer plus belle et plus commode encore aux générations futures. Nous sommes meilleurs et plus heureux que nos devanciers, faisons que notre postérité soit meilleure et plus heureuse que nous. Il n'est pas d'homme si pauvre et si mal doué qui ne puisse contribuer au Progrès dans une certaine mesure. Celui qui a planté l'arbre a bien mérité; celui qui le coupe et le divise en planches a bien mérité; celui qui assemble les planches pour faire un banc a bien mérité; celui qui s'assied sur le banc, prend un enfant sur ses genoux et lui apprend à lire, a mieux mérité que tous les autres. Les trois premiers ont ajouté quelque chose au capital commun de l'humanité; le dernier a ajouté quelque chose à l'humanité elle-même. Il a fait un homme plus éclairé, c'est-à-dire meilleur.

Si nous sommes d'accord et si vous voulez franchement vous atteler au Bien, nous ne chercherons pas longtemps une honnête besogne à faire. Je vous détaillerai par le menu tout ce qui manque encore à la société humaine dans un pays aussi mûr et aussi civilisé que la France : vous choisirez librement le travail qui convient à vos goûts et à vos aptitudes. Je mettrai en lumière les moyens d'action, les facilités sans nombre, les collaborations actives et dévoués que notre siècle, le plus grand de l'histoire, offre à tout homme de bonne volonté.

Car notre siècle est grand entre tous aux yeux de l'homme qui ne se laisse point aveugler par ses incommodités personnelles ou par les fumées turbulentes de l'esprit de parti. Il faut être bien ignorant ou bien aveugle pour regretter aujourd'hui tel ou tel moment du passé.

Est-ce à dire que nos hommes d'État soient plus vertueux qu'Aristide? nos généraux plus invincibles que César? nos sculpteurs plus admirables que Phidias? nos peintres plus divins que Raphaël? nos poëtes plus charmants que la Fontaine et Molière? nos orateurs plus éloquents que Démosthène ou Cicéron? Il s'en faut un peu, je l'avoue. Je dois même confesser que du point où je me place on ne voit pas beaucoup de grands hommes élever la tête au-dessus du niveau commun. Mais le niveau lui-même s'est élevé prodigieusement. Le siècle de Périclès, vu de loin, ne représente qu'un petit état-major de gens d'esprit, ou de génie, groupé autour de l'Acropole d'Athènes. Le siècle d'Auguste avec toutes ses grandeurs et ses gloires pourrait tenir en entier dans une des salles du Palatin. Vous rassembleriez sans peine le siècle de Léon X à la chapelle Sixtine et Versailles serait trop grand pour loger le siècle de Louis XIV ou sa cour (c'était tout un). Mais le commun des martyrs, le gros de l'armée, le milliard d'hommes qui habitaient la surface de la terre, comment vivaient-ils au temps de Louis XIV, de Léon X, de César, de Périclès? Quelle était la durée moyenne de leur existence? Au prix de quels efforts gagnaient-ils leur pain de chaque jour? Et d'abord chacun d'eux consommait-il dans son année les trois hectolitres de blé qui sont le strict nécessaire pour l'homme moyen? Combien de temps leur restait-il, sur vingt-quatre heures, pour penser, pour apprendre, pour raisonner, pour aimer, pour développer en eux l'être moral? A quels dangers étaient-ils exposés? Combien de malfaiteurs avaient-ils à redouter sur un million d'hommes pris au hasard? C'est une grosse question, et digne qu'on l'étudie. Jadis une poignée de personnages éminents suffisait à marquer une grande époque; aujourd'hui l'histoire commence à demander quelque chose de plus. La plus grande époque à ses yeux n'est plus celle où quelques individus ont le mieux fait ressortir la misère et l'ignorance de tous les autres, mais celle où l'humanité en corps a fait les plus longues étapes sur la route du Progrès.

Un trait caractéristique du temps où nous vivons, c'est la rapidité presque foudroyante avec laquelle chaque progrès se développe, se complète, se répand jusqu'au bout du monde, et porte ses derniers fruits. Je m'explique.

Il s'est écoulé probablement un siècle ou deux entre l'invention du cadran solaire et celle du sablier et de la clepsydre. Entre la clepsydre et cette ingénieuse mécanique qui fut envoyée, dit-on, à Charlemagne par le calife Haroun-al-Raschid, il faut compter plus de mille ans. L'horloge à poids, meuble massif et de transport difficile, a mis sept cents ans à se changer en montre portative. La montre du bon vieux temps, l'œuf de Nuremberg, ne se simplifie et ne s'aplatit que trois cents ans après sa naissance. Quelle incubation ! La boussole était inventée depuis plus de deux mille ans lorsque Christophe Colomb eut l'idée de s'en servir pour chercher les grandes Indes. La poudre à canon, découverte en Chine, on ne sait quand, arrive en Europe au quatrième siècle, et c'est huit ou neuf cents ans plus tard qu'on s'avise de fabriquer un canon. Du canon à l'arquebuse, de l'arquebuse au mousquet, du mousquet aux armes modernes, l'industrie chemine à pas si lents, qu'il s'est écoulé plus de trois siècles entre l'arquebusade dont mourut Bayard et l'invention du revolver Colt. Voilà plus de trois mille ans qu'on fabrique le verre, et les instruments d'optique se sont perfectionnés aussi lentement que les armes à feu.

Les découvertes de notre siècle marchent d'un autre train. C'est qu'autrefois l'inventeur était un homme à part, isolé de ses plus proches voisins par sa supériorité même. Entre lui et son temps, l'ignorance, les préjugés, les erreurs officielles et quasi religieuses élevaient mille barrières. Ce n'était pas tout de découvrir une vérité; il fallait la faire comprendre à des homme qui n'en avaient aucune idée; il fallait l'imposer à des corporations anciennes et puissantes qui fondaient leur autorité sur l'erreur; il fallait enfin la colporter jusqu'au bout du monde, dans un temps où la moindre montagne et le plus modeste cours d'eau séparaient invinciblement deux peuples, et où la moitié du genre humain ignorait l'existence de l'autre.

Que les temps sont changés! Aujourd'hui, tous les peuples se connaissent et communiquent régulièrement entre eux : il ne faut pas plus d'un mois à une idée pour faire le tour du monde. L'inventeur ne prêche plus dans le désert; dès qu'il ouvre la bouche il est compris à demi-mot par deux cent mille hommes environ, qui sont tous au niveau de la science actuelle, qui connaissent les données de tous les problèmes et qui saisissent les solutions au vol. Quelquefois même, tant l'ardeur de progrès est universelle, deux chercheurs séparés par les mers *trouvent* en même temps sans s'être donné le mot. C'est ainsi que l'ovariotomie, une merveille chirurgicale, vient d'être retrouvée à peu près à la même heure en Angleterre et à Strasbourg. C'est ainsi que les nouvelles planètes ont souvent deux ou trois inventeurs[1]. Chaque progrès établi devient le point de départ de nouvelles recherches : tous les curieux, tous les ardents, tous les ambitieux de la science ou de l'industrie courent au fait, le constatent, y touchent barre et se lancent en avant avec une nouvelle fureur. Chaque carrière devient un turf bruyant et tumultueux où le coureur le plus rapide ne saurait s'arrêter et reprendre haleine sans être dépassé ou culbuté. Inventez la machine la plus ingénieuse et la plus utile, la machine à coudre, par exemple ; si vous ne lui donnez pas d'emblée toute la perfection

---

« Par une méthode qui lui fait le plus grand honneur, M. Le Verrier découvre une planète nouvelle ; voilà aussitôt un Anglais qui prouve qu'il s'en occupait aussi avec succès ; et pendant que de part et d'autre on expose ses raisons, survient un astronome américain qui se donne pour l'inventeur véritable, et qui produit ses titres. »

(MICHEL CHEVALIER, *Lettres sur l'Exposition de Londres.*)

qu'elle comporte, vous serez débordé ce soir même par quelque perfectionnement. Trouvez l'anesthésie par l'éther, et votre nom sera inscrit sur le livre des bienfaiteurs de l'humanité ; mais si votre éther n'était pas d'une innocuité parfaite, s'il endormait quelquefois les malades d'un sommeil définitif, le chloroforme viendrait bientôt prendre sa place et l'on effacerait votre nom pour en écrire un autre dans le souvenir des peuples.

Cette collaboration de tous à l'œuvre du siècle, cette concurrence dans le bien, cette rivalité active, finira par produire un effet moral assez imprévu : elle supprimera la gloire. Le grand livre dont nous parlions tout à l'heure sera couvert de plus de noms que la colonne de Juillet : or, personne ne s'amuse à lire la colonne de Juillet. Que serait-ce, si elle fourmillait de renvois, de surcharges et de ratures ? La table de Pythagore est définitivement acquise à Pythagore, et personne ne s'avisera jamais d'en attribuer le mérite à M. Le Verrier ; mais il n'y a pas une grande découverte de notre siècle qui ne soit disputée ou tout au moins partagée par une multitude d'inventeurs. A qui devons-nous les merveilles de la photographie ? Est-ce à Daguerre ? Est-ce aux Niepce de Saint-Victor ? A Talbot ? à

Lerebours? à Gaudin? à Fizeau? à Chevalier? à Foucault? Et supposé que l'on partage le prix entre tous ceux-là, n'y aura-t-il rien pour leur père en physique, Baptiste Porta, inventeur de la chambre noire? Et ne sera-t-il pas bon d'inscrire à côté d'eux une vingtaine de chimistes, sans qui les physiciens n'auraient jamais fixé l'image fugitive? Ne faudra-t-il pas enfin réserver une place à Martin et à tous ceux qui, comme lui, travaillent à graver la photographie? C'est tout un calendrier d'hommes utiles. On en ferait un autre, et plus considérable, avec ceux qui ont découvert, ou perfectionné les divers usages de la vapeur. Et l'électricité! Je parie pour cinq cents inventeurs, tous dignes de gloire, et qui seront tous oubliés parce qu'ils sont cinq cents; tandis que le monomane Érostrate, qui brûla le temple de Diane à lui seul, est immortel.

A tous les ouvriers qui travaillent en commun sur le grand chantier du Progrès, la postérité devra joindre dans sa reconnaissance deux classes entières sans lesquelles le dix-neuvième siècle n'aurait rien fait, ou peu de chose. Je veux parler des agioteurs et des folliculaires.

L'agiotage est flétri par les moralistes épais de la gérontocratie, les prédicateurs des vieux dogmes l'anathématisent; les poëtes de la routine le flagellent à coups d'alexandrins. Les gouvernements ne sont pas encore bien fixés sur ses dangers et ses mérites ; ils le poussent, l'arrêtent, l'encouragent et le découragent par intermittence ; aujourd'hui lui bâtissant des temples et demain lui jetant la porte au nez. Mais la postérité, qui verra plus clair que nous dans nos affaires, rendra justice à la sublime invention de l'Écossais Law. L'agiotage est l'art de rassembler les petits capitaux pour faire de grandes choses. C'est lui qui a créé les routes royales de France en 1720 et tous les chemins de fer de l'Europe vers 1850. C'est lui qui a fondé toutes les merveilles que Turgan réunit dans son épopée industrielle ; c'est lui qui fournit aux inventeurs le nerf du travail. L'agiotage a ses défauts et ses dangers, ses caprices et ses injustices. Il a fait des victimes ; la vapeur en fait aussi. Il nous amènera peut-être un jour ou l'autre quelque crise désagréable, où l'on verra l'Europe incommodée par une pléthore de papier. Mais la circulation de ce papier dont l'agiotage nous inonde aura créé des richesses durables. Les isthmes seront percés, les montagnes seront éventrées, les fleuves canalisés, les villes assainies, les marais desséchés, les pentes reboisées ; la terre sera un séjour plus habitable et la somme de biens qui est le patrimoine commun de tous les hommes aura doublé. Nos descendants béniront alors ces manieurs d'argent que la gérontocratie traite avec un dédain sublime, lorsqu'elle n'a pas d'actions à leur demander.

Et nous aussi, pauvres barbouilleurs de papier, nous aurons bien mérité de l'avenir! Ce n'est pas seulement parce qu'un petit pamphlétaire du nom de Pascal aura inventé la brouette; ni parce que deux ou trois autres auront résolu le problème de la navigation aérienne; ni même parce que tel ou tel d'entre nous découvre de temps en temps une vérité d'intérêt universel comme la souveraineté du peuple ou le principe des nationalités. Ne fussions-nous que de simples intermédiaires, des colporteurs d'idées et rien de plus, notre rôle aurait encore une assez belle importance. Les idées, comme les capitaux, se multiplient par le mouvement. Il suit de là qu'un publiciste capable remplit exactement les mêmes fonctions que M. de Rothschild : il y gagne un peu moins, voilà tout.

Ces jours derniers, comme je descendais la route de Phalsbourg, je rencontrai un petit porte-balle de quarante à cinquante ans. Il s'était assis, pour souffler, sur un mètre de pierre. Je pris place à côté de lui, et après les politesses usitées entre voyageurs, je lui demandai s'il était content de son sort?

Il hocha mélancoliquement la tête, et répondit : « Je suis marchand de lunettes ; marchand ambulant, comme vous voyez. Le commerce irait assez bien, car les hommes d'aujourd'hui, même les plus pauvres et les plus ignorants, aiment à voir. Le mal est qu'on ne peut pas traverser un village sans que les gamins vous jettent des pierres et sans que les gendarmes vous demandent vos papiers. On se débarrasse encore des gamins; mais avec les gendarmes, c'est le diable! Ils vous tracassent comme des malfaiteurs, et le chagrin d'être pris pour ce que je ne suis pas m'a donné mille tentations d'abandonner la partie. Je continue pourtant, car il faut vivre; et puis je me dis tous les soirs, en me couchant, que bien des hommes mes frères seraient comme aveugles si je ne leur portais jusqu'au fond de leurs villages les moyens de voir plus clair.

— Touchez là! lui dis-je. Presque tous mes amis font le même métier que vous. Ils colportent dans la France et à l'étranger des verres de toute sorte à l'usage des yeux du peuple. Ils vendent des verres roses, dans lesquels le malheureux voit un avenir de justice et d'égalité;

des verres bleus qui permettent au simple citoyen de regarder les trônes dorés et les couronnes étincelantes sans en être même ébloui; des verres grossissants à travers lesquels un homme utile vous apparaîtra dix fois plus grand qu'un préfet dans sa gloire. A l'aide des instruments qu'ils colportent jusque dans les campagnes, vous verrez tous les fourbes démasqués, tous les oppresseurs renvoyés, tous les jougs secoués, tous les hommes unis pour bien faire; la vérité, le travail et le droit régnant partout.

— Parbleu! mon bon monsieur, voilà un commerce qui ressemble au mien comme un télescope de cent mille francs à une paire de besicles de dix sous. J'aime à croire que vos amis n'ont rien à craindre des gamins ni des gendarmes?

— A vous dire le vrai, leur commerce est surtout incommodé par les chefs de bureau. »

Le colporteur se découvrit à ce nom, car personne n'ignore en France que les chefs de bureau sont, de temps immémorial, les véritables maîtres du pays. C'est grâce à leur prudence et dans l'intérêt de leur sécurité que la presse n'a jamais été libre. Les souverains, qui lisent peu, se soucient médiocrement des choses qu'on peut écrire; il se trouve quelquefois des ministres assez courageux pour suivre leur chemin sans craindre la critique. Mais le prince le plus libéral et le ministre le plus intrépide n'obtiendront jamais que les chefs de bureau nous accordent la liberté. Chacun d'eux est fermement convaincu que tous les journalistes veulent vendre des lunettes rouges au peuple pour renverser le gouvernement et s'emparer de tous les bureaux.

Qu'y ferions-nous, hélas? Rien de meilleur assurément, ni de plus utile au Progrès que notre humble métier de marchand de lunettes. Mieux vaut rester où nous sommes, quoique nous n'y jouissions pas des sept allégresses, quoique le bon public ne nous dédommage pas toujours des rigueurs de l'administration, quoique nous n'apercevions pas même à l'horizon lointain cette grande consolation des orgueilleux, la gloire!

Car il faut en prendre notre parti : nous n'obtiendrons qu'une gloire collective. Aucun de nous, à moins de hasards imprévus, ne fera parvenir son nom jusqu'à la postérité. Mais qu'importe, après tout? Le bien que nous aurons laissé ne sera pas perdu pour elle. Travaillons!

IV

LE TRAVAIL.

Le travail est un devoir, selon les uns, un frein selon d'autres. Nous chantions en 1848 une chanson d'ouvriers qui disait : le travail, c'est la liberté !

Il y a du vrai dans chacune de ces affirmations, quoiqu'elles se contredisent entre elles. Vous remarquerez peut-être, si vous lisez ce livre jusqu'au bout, que j'évite le mot *devoir*, quoiqu'il soit très-sonore, très-clair et très-noble. C'est que je me suis interdit la plus furtive excursion dans la métaphysique. Le devoir sous-entend un maître qui l'impose, comme la dette indique un créancier. Si le travail n'était qu'une obligation infligée à l'homme, on pourrait supposer que l'homme n'y a pas toujours été soumis et qu'il pourrait un jour ou l'autre en être dispensé. C'est pourquoi j'aime mieux dire que le travail est la *loi* de l'homme sur la terre. Les lois, suivant la belle définition de Montesquieu, sont les rapports nécessaires qui dérivent de la nature des choses. Tant que le monde sera monde et que l'homme sera homme, il faudra nécessairement travailler. La loi ne serait abrogée que si toutes les forces hostiles de la nature avaient désarmé devant nous, si tous les hommes étaient heureux et parfaits, si la somme de bien réalisée se trouvait telle qu'on n'y pût rien ajouter, ce qui est absurde.

Ne pas faire le mal est une chose si simple, si naturelle et si peu méritoire que j'ai cru inutile d'en faire mention. Faut-il donc qu'on vous interdise de dépouiller, d'opprimer, de violenter, d'assassiner les descendants de ceux à qui vous devez tout? Un homme qui nuit à son semblable fait cause commune avec la faim, la soif, la maladie, la gelée, la sécheresse, l'inondation, la foudre et les mille fléaux qui sont perpétuellement en armes contre l'humanité. C'est un traître qui passe à l'ennemi.

Tout le monde est de cet avis, et ceux même que l'ignorance, la misère ou quelque maladie du cerveau égaré dans les régions du crime sont avertis par un secret reproche qu'ils se dégradent en faisant mal. Ils se sentent tomber dans la catégorie des loups et des serpents à sonnettes.

Ceux-là ne se font pas d'illusion sur leur abaissement, mais j'en sais beaucoup d'autres qui se trompent avec confiance, et même avec orgueil, au détriment de leur dignité personnelle et du bien de l'humanité. Je parle de tous ceux qui ont de quoi vivre et qui se croient autorisés à ne rien faire, parce que le besoin n'enfonce pas ses éperons dans leurs flancs.

Lorsque j'étais encore au collége, et dans le plus pauvre et le plus laborieux collége de Paris, il y avait parmi nous trois ou quatre jeunes gens qui disaient avec une fatuité naïve : « moi, je ne ferai rien; je vivrai de mes rentes. » Selon toute apparence, ils n'avaient pas trouvé cela tout seuls; ils répétaient ce qu'ils avaient entendu dans la maison paternelle.

Certes on les aurait bien étonnés si on leur avait répondu que l'oisif, si riche qu'il puisse être, est un ingrat qui méconnaît les bienfaits du passé, un banqueroutier qui nie sa dette envers l'avenir.

On croit encore en plus d'un lieu, que l'oisiveté est une noblesse, un signe honorifique, une plume au chapeau. Pourquoi? parce que le travail, après avoir été le lot des esclaves, puis des serfs, puis des vilains, est échu finalement aux prolétaires. Les révolutions que nous avons faites n'ont pas déraciné tous les préjugés du bon temps. Nous crions sur les toits que la démocratie déborde; mais nous sommes restés passablement aristocrates au fond du cœur. Un manufacturier enrichi par le travail le plus utile et le plus réellement noble croit s'élever d'un étage en donnant sa fille à un marquis. Plus le jeune homme est de vieille race, plus le beau-père est radieux : pensez donc! Il y a quatre cents ans que personne n'a fait œuvre de ses dix doigts dans la famille de mon gendre!

Faute de gentilhomme, on prend un simple fils de famille bourgeoise; ses parents ont travaillé, c'est un malheur; mais grâce au ciel, voici plus de dix ans qu'ils sont retirés des affaires. Quant à lui, nous sommes tranquilles : jamais, au grand jamais il ne fera rien !

Un fonctionnaire est encore un parti convenable. Les fonctionnaires font si peu de chose dans notre admirable pays ! Ils vont à leur bureau par acquit de conscience. Leurs occupations sont si futiles qu'ils ont presque le droit de se dire rentiers sur l'État. Les plus recherchés parmi eux sont naturellement ceux qui gagnent le plus avec le moins de fatigue. Par exemple un receveur général sortant du collége! Voilà ce qui s'appelle un jeune homme méritant! Cent mille francs à gagner et rien à faire; tout au plus quelques signatures à donner: le fondé de pouvoir, un nègre blanc, se charge du reste. Et l'on est un personnage! La troisième autorité du département! Aucun père n'hésitera dix minutes entre un haut fonctionnaire et un grand industriel, l'homme laborieux fût-il dix fois plus intelligent et plus riche. C'est que le fonctionnaire est presque un gentilhomme : il travaille si peu!

Quand par malheur une jeune fille est réduite à épouser un beau garçon, riche, instruit, honnête, bien élevé et gagnant vingt mille écus par an dans le commerce, elle prend de longs détours pour expliquer cette déchéance à son amie de couvent. « Mon mari est dans le commerce, mais dans le haut commerce; il fait les affaires en grand, il ne s'occupe pour ainsi dire de rien; à peine s'il se montre à son bureau une demi-heure par jour. Du reste nous comptons nous retirer bientôt. »

L'amie, qui doit épouser un sous-préfet à

4500 francs, l'embrasse avec effusion et lui dit : pauvre belle ! je serai toujours la même pour toi. Mon mari n'a pas de préjugés. Tu nous présenteras le tien, lorsqu'il sera sorti des affaires !

Voilà comme la société française apprécie les services qu'on lui rend. Elle commence à considérer un homme le jour où il ne travaille plus. Elle met l'industriel et le commerçant qui font marcher la grande machine nationale au-dessous du fonctionnaire inutile et gourmé qui place solennellement des bâtons dans les roues. O les fonctionnaires ! C'est qu'ils ne sont pas même heureux, les malheureux ! Assermentés, enrégimentés, condamnés à changer d'opinion à tous les changements de régime, soumis jusque dans leur costume et dans les poils de leur barbe au caprice d'un chef, astreints au célibat dans certaines positions, au mariage dans quelques autres ; nomades, logés partout en garni ou forcés de courir la France et les colonies avec une traînée de bagages ; occupés souvent à des niaiseries qu'une mécanique ferait mieux qu'eux, non-seulement ils s'interdisent tous les rêves qui sont permis à l'épicier derrière son comptoir, mais ils renoncent presque tous à cultiver leur esprit. Que de fois j'ai entendu des hommes d'administration (et non pas, s'il vous plaît, de simples copistes) s'écrier d'un ton important : « Je ne lis pas. Vous savez? Les affaires! » Je connais en revanche des filateurs, des forgerons, des négociants, des agents de change qui lisent tout. Les ouvriers de Paris lisent peut-être plus que les expéditionnaires. Il est vrai qu'ils gagnent plus et qu'ils ont moins de frais.

Ah! si la jeunesse de notre pays connaissait un peu mieux le néant des carrières publiques! Elle porterait son activité sur d'autres points· l'État, obligé, faute de candidats, à réduire le nombre des places, ferait exécuter par dix hommes la besogne de cent, et les carrières utiles se recruteraient comme par miracle.

Mais il faudrait d'abord que le peuple le plus spirituel du monde apprît à estimer le travail. Malheureusement les travailleurs eux-mêmes ont les idées les plus fausses sur leur mérite respectif. Le négociant qui n'a pas d'enseigne à sa maison se croit supérieur à ceux qui en ont une ; le marchand en gros prend le pas sur le détaillant, le détaillant sur le revendeur, le revendeur sur l'ouvrier, l'ouvrier des villes sur l'ouvrier des campagnes. Entre ouvriers il y a des catégories, un classement aristocratique. Les imprimeurs prennent la tête ; les chiffonniers, les vidangeurs, les égoutiers ferment la marche. Tous les autres corps d'état se croient au-dessus d'eux; eux-mêmes, j'en ai peur, se placent par une modestie absurde et sans motif au-dessous de tous les autres. Et pourquoi? parce que leur travail est plus pénible et plus répugnant? Mais pauvres imbéciles que vous êtes, plus grands sont les dégoûts et les difficultés, plus il est honorable de les vaincre! Les premiers en ce monde sont les meilleurs et les plus utiles. Soyez honnêtes gens, ne vous roulez pas dans l'ivrognerie et la débauche, et tout en remplissant vos hottes, en roulant vos tonneaux, en balayant vos égouts, vous prendrez le pas sans difficulté sur les petits messieurs qui s'enivrent au café Anglais avec des demoiselles.

Les musulmans, qui n'ont pas l'habitude d'être cités en exemple, raisonnent moins sottement que nous sur la question du travail. Ils disent qu'un homme doit être honoré pour ses vertus en sa sagesse, quel que soit le métier qui lui donne du pain. Dans les bazars de Constantinople ou même d'Alger on vous montrera des *talebs* que le peuple consulte et vénère : celui-ci fait des babouches, celui-là raccommode les vieux burnous.

Comment donc s'appelait ce philosophe grec

qui tirait de l'eau durant la nuit pour gagner sa vie? Pendant le jour, il donnait la sagesse pour rien.

Je me suis laissé dire que M. Victor Hugo en exil avait trouvé de grandes consolations dans l'amitié d'un homme éclairé, lettré, versé dans toutes les études libérales et entouré d'une admirable bibliothèque. C'est, si je ne me trompe, un épicier de Guernesey. Qu'en pensent les loustics de Paris?

Je connais personnellement, à Paris même, un jeune officier de cavalerie qui est sorti de la garde pour se faire épicier. Il est dans sa boutique ce qu'il était au régiment : un gentleman irréprochable et un homme distingué dans le sens le plus large du mot. Un de mes anciens camarades d'école normale, se voyant un peu trop persécuté dans l'instruction publique, abandonna la partie et se mit à préparer des sardines. Il a fait, me dit-on, une fortune considérable. Au point de vue de la niaiserie française, c'est un homme qui a dérogé. Je suis sûr qu'on ne l'invite plus aux soirées de M. le recteur, et qu'il perd à cela trois verres d'eau sucrée. Mais est-il moins honnête homme, moins libre, moins instruit, moins entouré de livres, moins au courant des idées nouvelles que dans la période glorieuse où il préparait des bacheliers selon la formule? Au contraire !

S'il n'est pas de travail humiliant pour l'homme de bien, il y a, je l'avoue, des travaux absorbants, fatigants, tuants. Supprimons-les ; nous le pouvons.

Il fut un temps où deux pauvres portaient un riche dans sa chaise à travers les rues de Paris. Ce spectacle scandaleux, qui n'étonnait personne en 1764, exciterait une émeute aujourd'hui. L'homme ne veut plus voir son semblable jouer le rôle d'un cheval.

Nous possédons en 1864 trois millions de chevaux, d'ânes et de mulets et deux millions de bœufs en état de faire la grosse besogne. C'est un joli commencement, mais ce n'est pas le dernier mot du progrès.

Les 29 millions d'habitants qui peuplent la Grande-Bretagne, se sont confectionné de leurs propres mains 83 millions de chevaux métalliques, sans préjudice de l'autre bétail. Ces 83 millions d'animaux en fer forgé, qui consomment de la houille au lieu d'avoine exécutent, bon an, mal an, le travail de 400 millions d'hommes. Ainsi, chaque insulaire est servi par treize ou quatorze manœuvres qui ne connaissent ni la fatigue, ni la douleur, et que le forgeron guérit à coup de marteau lorsqu'ils se trouvent malades. Voilà des successeurs tout trouvés pour nos journaliers, nos manœuvres et tous ceux qu'on appelle hommes de peine.

M'avez-vous bien compris? Il n'est pas à espérer ni même à désirer que le travail disparaisse jamais de la terre, mais nous pouvons avec un peu d'activité créer des instruments qui l'allégent pour nos descendants. Il tient à nous d'épargner aux générations futures la fatigue ingrate et continue et l'abrutissement qui s'ensuit.

L'intervention des machines dans l'industrie ne tardera pas à supprimer tous ces travaux écrasants qui assimilaient l'homme à un bœuf de labour. L'ouvrier, dans cinquante ans, ne sera plus employé comme force, mais comme intelligence dirigeante : tous les progrès de la mécanique tendent à ce but. Le travailleur des champs ne suera pas toujours dans le sillon, et l'on peut prédire avec certitude que l'eau, le vent, la vapeur, l'électricité défricheront, bêcheront, sarcleront, moissonneront bientôt, sous la surveillance de quelques jeunes gens bien mis, sachant lire, écrire et voter. Ces jeunes messieurs seront tes descendants, hé! brave homme qui fouailles tes chevaux en jurant comme une brute!

Ils vaudront mieux que toi, mais ils ne te mépriseront pas, car ils sauront que tu as travaillé comme eux, dans la mesure de tes forces et de ton intelligence, et poussé à la roue de la civilisation.

Où s'arrêtera le progrès, si notre activité se soutient encore un siècle? Qui oserait limiter les espérances de l'avenir et dire au génie bienfaisant du travail : tu n'iras pas plus loin? On croyait, il y a deux mille ans, qu'il y aurait toujours des maîtres et des esclaves; l'expérience a prouvé qu'on se trompait. On croit encore aujourd'hui qu'il y aura toujours des riches et des pauvres : le temps fera justice de ce préjugé égoïste et décourageant. Voici déjà que les inventeurs et les poëtes désapprennent le chemin de l'hôpital. Voici que le marchand ne végète plus quarante ans derrière son comptoir pour amasser une petite aisance : sept ou huit heures de fatigue par jour, dix ou douze ans d'activité dans la vie suffisent à construire un honnête capital. Pourquoi donc l'ouvrier des villes et le manœuvre des champs seraient-ils condamnés au labeur sans récompense et sans repos? On peut voir à des signes certains que leur condition deviendra meilleure. Un ouvrier de New-York a sa maison à lui, son jardin, et mille douceurs inconnues aux petits bourgeois de notre patrie. C'est que le capital social en Amérique est infiniment plus considérable que chez nous. Accroissons le fonds commun par la culture et l'industrie; défrichons nos terres, exploitons nos mines, transformons les métaux inertes en machines laborieuses; plantons, élevons, multiplions la vie autour de nous, utilisons toutes les forces de la nature, et bientôt s'ouvrira une ère de travail heureux et facile; bientôt l'homme le moins doué achètera au prix de quelques heures de fatigue quotidienne le droit de consacrer le reste du jour à la culture de son esprit et à l'éducation de ses enfants. L'ignorance alors disparaîtra d'elle-même, car l'ignorance n'est qu'une des faces de la misère, le dénûment du cerveau. Et les vices qui résistent le plus victorieusement à l'éloquence des prédicateurs et au tricorne des gendarmes, se guériront tout seuls. Les vices (passez-moi la comparaison) ressemblent à ces champignons difformes qui poussent dans les caves sans soleil : approchez votre lampe, ils tombent en poussière.

L'industrie n'est pas un fléau, comme certains moralistes à courte vue le crient sur les toits, mais plutôt une providence. C'est le travail perfectionné, simplifié, accommodé à la délicatesse de l'organisme humain. Non-seulement elle prolonge notre existence, mais elle l'élargit et l'élève. C'est à elle que nous devrons un jour d'être tous éclairés et tous honnêtes. Elle fera des hommes sans préjugés et sans vices, comme elle a créé des taureaux sans cornes : le miracle n'est pas plus grand.

V

LE DROIT.

Homme grand ou petit, riche ou pauvre, fort ou faible, savant ou ignorant, noble ou roturier, Bourbon ou Durand, je te déclare, au risque d'étonner ta sottise et d'épouvanter ta couardise, que tu n'as ni maître, ni chef, ni supérieur naturel, et que ta personne et tes biens ne relèvent que de toi.

Ton corps, si chétif et si laid que la nature l'ait voulu faire, est plus inviolable que le Palladium des Troyens et l'arche sainte des Hébreux. Aucun pouvoir, aucune force, aucune armée ne peut légitimement toucher à un cheveu de ta tête, ou t'obliger à t'asseoir lorsqu'il te plaît de rester debout, ou te faire tourner à droite lorsque tu préfères aller à gauche, ou te contraindre à dire que deux et deux font cinq si ta raison n'est pas de cet avis. Sois un nain trouvé sur la borne, élevé dans la rue et riche de deux sous pour tout capital; vienne un géant né d'un roi, entouré de cent mille soldats : s'il fait mine de vouloir prendre tes deux sous sans ta permission, défends-toi et tue-le si tu ne peux l'arrêter autrement. Tu seras dans ton droit.

Qu'as-tu donc? Te voilà plus étonné et plus tremblant qu'un loup tombé dans la fosse ou un chevreuil pris au filet. L'animal libre et fier n'est pas si stupéfait en présence de l'esclavage que l'homme esclave de père en fils en présence de la liberté. Comme on t'a mal élevé, mon pauvre frère! Tu as ouvert les yeux au milieu d'un monde artificiel, et tu as cru que la nature était faite ainsi. On t'a montré un homme vénérable, habillé d'une robe longue, et l'on t'a dit qu'il était chargé de penser pour toi. On t'a montré quelques gaillards en tunique bleue et en pantalon rouge, et l'on t'a dit qu'ils étaient chargés de te défendre ou de t'empoigner selon le cas. On t'a fait voir un Alsacien couvert de buffleteries jaunes, et l'on t'a dit qu'il était né pour te mettre en prison, si tu n'obéissais pas à tout le monde. On t'a donné deux livres reliés en noir et l'on t'a dit : tu trouveras dans le premier tout ce que tu dois croire, et dans le second, qui a la tranche bariolée, tout ce que tu dois faire. Tu as vu arriver chez ton père un petit papier vert, rouge ou bleu ; tu as entendu ton père, qui n'était pas riche, dire avec un visible ennui : « Il faut porter dix francs chez le percepteur, si nous ne voulons pas qu'il saisisse nos meubles ; » et tu t'es persuadé que le percepteur était un homme créé par la nature pour saisir l'argent ou les meubles du pauvre monde. Tu as vu ton frère aîné revenir de la mairie avec des rubans au chapeau ; il a bu toute une journée, puis il a pleuré quelques jours en disant qu'il appartenait au roi, puis il a mis un paquet au bout d'un bâton et il est parti en chantant avec les camarades ; puis on a su qu'il ne reviendrait plus au village, attendu qu'il était mort pour le service du roi. Qu'as-tu pensé du roi ? Qu'il était sans nul doute un homme autrement fait que les autres et dont l'étoffe valait plus cher. La première fois que tu es allé à l'école, on t'a battu, tu as rendu les coups, le maître est arrivé, il t'a battu plus fort pour t'enseigner que dans ce monde artificiel il n'est jamais permis de se faire justice soi-même. La première fois que ton parrain t'a donné dix sous à sa fête, ta mère te les a pris, et voilà comment tu as fait connaissance avec la propriété. La première fois que tu as voyagé en chemin de fer, tu es tombé entre les mains de dix ou douze messieurs en casquette brodée qui t'ont poussé, tiré, hêlé, apostrophé, gourmandé : « Par ici ! On n'entre pas là ! En avant ! En arrière ! Plus vite ! Moins vite ! Montez ! Descendez ! Entrez ! Sortez ! Rentrez ! » C'est ainsi que tu as fait connaissance avec l'administration, ce mécanisme éminemment national qui nous rend mille petits services en échange de notre argent et de notre liberté.

Oublie tout ce que tu as appris, et prête-moi ton attention pour quelques minutes. Ce n'est pas un ordre que je te donne, car personne au monde n'a d'ordres à te donner. Tu n'es pas obligé de me croire, quoique je m'adresse à toi dans la sincérité de mon cœur. Accepte mes raisons, si elles entrent dans ton cerveau comme une arme dans sa gaîne; rejette-les sans hésiter si elles répugnent à ton bon sens. Tu ne dois ta créance qu'au vrai, et le seul juge du vrai, c'est toi-même.

L'éducation qu'on t'a donnée est celle des petits arbres chétifs qui végètent péniblement à l'ombre d'une haute futaie. Les grands chênes s'abaissent quelquefois jusqu'à eux et leur disent : « Heureux arbrisseaux, nous vous protégeons contre le soleil et nous vous défendons de l'orage. Il y a longtemps que vous seriez brûlés ou brisés sans nous! — Mais, répondent les arbrisseaux, nous aussi nous sommes des chênes. Si votre ombre ne pesait pas sur nos têtes, nous deviendrions assez forts pour braver l'orage ou le soleil.»

Va-t'en voir une forêt où l'on a coupé les grands arbres : tu remarqueras que les petits sont devenus grands à leur tour.

Ton père t'a engendré et ta mère est accouchée de toi sur une boule de terre humide qui tourne autour d'une masse en feu. Parcours dans tous les sens ta planète natale, la seule qui soit accessible à ton observation. Qu'y verras-tu? Des corps inorganiques, des végétaux vivant d'une vie immobile, et des animaux plus ou moins parfaits. De tous les animaux qui peuplent ce globe, le plus parfait c'est l'homme, c'est toi. L'histoire des temps écoulés, écrite lisiblement dans les entrailles de la terre, te montre que ta naissance est le dernier effort de la nature ; elle a cheminé de progrès en progrès durant quelques milliers de siècles pour arriver à un but définitif ou provisoire qui est toi. Si le jour qui luira demain faisait naître au milieu de nous un animal mieux organisé que l'homme, celui-là serait ton supérieur, ton maître et ton Dieu légitime. Il te réduirait en domesticité, comme tu as réduit le chien, le bœuf et le cheval. Le droit, l'inviolabilité de la personne, n'appartiendrait plus qu'à lui. Tu lui devrais l'hommage et l'obéissance ; tu serais sa chose, comme aujourd'hui le chien et les autres animaux, tes aînés, sont la tienne.

Mais tant que l'heure n'aura pas sonné, tant que l'animal supérieur à toi sera encore à naître, tu conserves le premier rang, tu n'appartiens qu'à toi, nul ne peut entreprendre légitimement contre ton pouvoir souverain, l'inviolabilité absolue de ta personne est un principe que nul être vivant ne peut contester; tu règnes sur la terre avec un milliard d'autres hommes tes semblables et par conséquent tes égaux.

Il me semble que tu commences à te faire à cette idée. Je n'en suis pas surpris; régner est une obligation à laquelle on se résigne aisément. Tu relèves la tête, tu enfles ta poitrine en écartant les coudes et tu marches déjà d'un pas de sénateur. Mais que fais-tu? Arrête, malheureux! Tu as failli marcher sur ton égal !

Ton égal! Oui, ton égal! Je ne m'en dédis pas; ton égal! Ce vieux nègre en haillons, ignorant, ivrogne, abruti, vicieux, criminel même, car il a subi deux ou trois condamnations; c'est ton égal.

Sois de bon compte, mon ami. Si tu es l'égal de tous les autres hommes il s'ensuit nécessairement que tous les autres hommes sont tes égaux. C'est une vérité mathématique. Il est impossible qu'A égale B, sans que B égale A par un juste retour. Le principe en vertu duquel tu n'as personne sur la tête, t'interdit de mettre pesonne sous tes pieds. Hâte-toi d'avouer que ce nègre est un souverain légitime, inviolable et sacré, si tu tiens à garder ta propre couronne !

— Mais il est noir et je suis blanc ! Il est gueux et je suis riche ! Il est ignare et je suis bachelier ! Il est stupide et vous voyez que je raisonne ! Enfin c'est un vieux scélérat et je suis honnête homme, que diable !

— Prends garde de plaider contre toi ! Car enfin, soit dit sans reproche, tu n'es ni le plus blanc, ni le plus beau, ni le plus riche, ni le plus savant, ni le plus spirituel, ni le plus vertueux des hommes. Si tu réduis ce nègre en esclavage, tu appartiens au premier Antinoüs, au premier Rothschild, au premier Humboldt, au premier Voltaire ou au premier Socrate qui voudra mettre la main sur toi. Te prévaudras-tu de ta force ? Nous avons Rabasson et Arpin le terrible Savoyard qui te *tomberont* en un tour de main. T'appuieras-tu sur ta naissance ? Il reste encore dans l'almanach de Gotha plus de cinq cents douairières allemandes qui t'inviteront à battre l'eau de leurs fossés! La moindre chanoinesse de Bavière a bien seize ou dix-sept quartiers de plus que toi.

Avoue, c'est le plus sûr, qu'il n'y a point de degrés dans la dignité humaine ; que nul de nous ne peut légitiment mettre le pied ou même la main sur un autre.

— Quoi ! Personne ne commandera? Pas même le plus sage et le meilleur?

— Pas même celui-là ! S'il est sage, qu'il nous conseille! s'il est bon qu'il nous tende la main! Mais je lui refuse obstinément le droit de nous obliger malgré nous. Serviteur au despotisme paternel qui, pour nous engraisser, voudra nous mettre en cage!

Tout homme, bon ou mauvais, sage ou fou, a les droits les plus illimités sur la nature entière ; il n'en a aucun sur la personne d'un autre homme. Une violence, une injure, une contrainte exercée sur le plus humble individu est un véritable attentat contre ce qu'il y a de plus auguste sur la terre. L'intention, même la plus pure ne justifie pas un tel forfait. Tu peux me gouverner, me servir, me conduire à mon bonheur si je te l'ai permis; sinon, non.

Heureusement, la notion du droit finit par se répandre parmi les hommes. Nous avons débuté par nous manger les uns les autres. A l'anthropophagie a succédé un régime moins nourrissant, mais plus humain et plus doux, l'esclavage. Le progrès a transformé l'esclavage en servage, le servage en vasselage, le vasselage en prolétariat. Les vaincus de la grande bataille humaine, après avoir été rôtis comme des moutons, ont été attelés comme des chevaux. Ils ont obéi au plus fort, ensuite au plus noble, et finalement au plus riche. Il me semble que l'on commencera bientôt à ne plus obéir à personne. Car ce n'est pas obéir que de se conformer aux lois qu'on a faites, de remplir ses engagements envers les chefs qu'on a choisis : c'est se commander à soi-même.

Efforçons-nous seulement de ne pas nous commander des choses trop difficiles ou trop désagréables. Trente-sept millions d'individus s'unissant en société afin de protéger plus sûrement tous leurs droits naturels ; voilà ce que j'appelle une excellente affaire. La Société, pour rendre tous les services que nous espérons d'elle, a besoin d'être forte ; il faut qu'elle ait des droits, et les citoyens seuls peuvent lui en donner. On se cotise donc pour elle, et l'on fait bien. Chacun de nous abdique en sa faveur le droit de rester en paix, le droit d'aller en guerre, le droit de se faire justice soi-même, de sortir armé dans la rue, de reprendre son bien où on le trouve; le droit de chasser en tout temps et partout les animaux sauvages, le droit de puiser de l'eau salée dans la mer, le droit de cultiver du tabac, le droit de fabriquer la poudre, le droit d'importer librement les denrées dont on a besoin, etc., etc., etc. Mais si par un excès de zèle et pour donner plus de force à la société, nous cédions le droit de nous associer librement entre nous, le droit de nous réunir plus de 19 dans une chambre, le droit de penser, de parler, d'écrire et d'imprimer, le droit de n'être pas arrêtés sans motif et transportés à Cayenne sans jugement; si, en un mot, nous abandonnions 90 droits sur cent pour mieux nous assurer la jouissance des dix autres, où serait l'économie?

Ne cédons à la société que les droits dont elle a besoin pour nous servir utilement; conservons avec soin tous ceux dont l'individu peut user sans danger pour lui-même. Mais surtout gardons-nous bien de réclamer des droits imaginaires, absurdes, en contradiction ouverte avec la notion même du droit!

Je ne suis pas encore bien vieux, et pourtant j'ai entendu la foule aveugle réclamer sous le nom de droits les choses les plus impossibles et les plus stupides, comme le droit au travail, le droit à l'assistance, le droit à l'éducation, et même (j'ai honte de l'écrire) le droit à l'insurrection.

Le prétendu droit au travail, qui a fait couler le sang de deux ou trois mille hommes en juin 1848 sur le pavé de Paris, peut se formuler en ces termes : « L'individu peut légitimement prendre les armes pour obliger la société à contraindre d'autres individus à commander et à payer des services manuels dont ils n'ont pas besoin sur le moment. Utopie d'hommes ivres.

Le prétendu droit à l'assistance, le voici : « Tu as des capitaux, acquis par ton travail ou par celui de ton père. Si je te mettais pied sur gorge pour te persuader de les partager avec moi, je serais un pur brigand. Mais je couche en joue la société pour qu'elle te fasse violence et te dépouille à mon profit; et, ce faisant, je suis un vertueux révolutionnaire. » Fi donc! ce jeu consiste à faire une lettre de change, à la bourrer dans un fusil, et à tirer à travers le corps de la société sur le premier propriétaire qui passe.

Le droit à l'éducation (j'ai lu le mot il n'y a pas un mois dans un journal très-honorable) est la folle prétention d'un pauvre qui veut obliger les riches à payer l'éducation de ses enfants. Si les riches m'en croyaient, ils payeraient de bonne grâce, et ce serait de l'argent bien placé. Mais de ce que j'ai raison de faire une chose il ne s'ensuit nullement qu'un autre homme, mon égal, ait le droit de me l'imposer. De ce que la personne humaine est naturellement inviolable il ne s'ensuivra jamais qu'elle puisse violer ou contraindre la liberté d'autrui. Chacun de nous peut exiger qu'on ne lui fasse aucun mal; si tu veux obliger les autres à te faire du bien, embusque-toi sur une grande route à la tombée de la nuit, et méfie-toi des gendarmes!

Le droit d'insurrection, sous un régime de suffrage universel est le complot de quatre individus pour en asservir quarante.

VI

L'ASSOCIATION.

Lorsque deux chiens se chauffent nez à nez devant un feu de cuisine, comment parlent-ils de l'Homme, leur maître? Évidemment, comme deux royalistes parleraient d'un roi, comme deux croyants parleraient d'un Dieu :

« L'homme est grand! s'écrie l'un.

— L'homme est bon! répond l'autre.

— Il est le maître.

— Il est le père.

— Il bâtit la cabane; il cuit le pain; il fait la soupe.

— Il fait tout; il peut tout; il a tout.

— Il est présent partout, par les chemins de fer.

— Il sait tout par les journaux.

— Il voit ce qu'il y a de plus petit par le microscope et ce qu'il y a de plus lointain par le télescope.

— Il connaît le passé par l'histoire et l'avenir par la logique.

— Il prend la foudre en main quand nous allons chasser avec lui. »

Voilà comme tu es jugé par tes courtisans, ô Roi de la nature! par tes fidèles, ô Dieu de chair et d'os ! Mais ne t'enivre pas de leurs louanges et ne te laisse pas abuser sur ta valeur. La reconnaissance et l'admiration légitimes du chien ne s'adressent pas à l'homme en tant qu'animal à deux pieds, à peau blanche, jaune, rouge ou noire, mais à l'homme sociable, vivant en communauté organisée avec les autres hommes.

L'animal homme n'a sur cette planète que juste ce qu'il lui faut pour ne pas mourir de faim : c'est l'association fondée sur la solidarité des individus qui crée la sécurité, l'abondance et la force.

Daniel Foë, vrai saxon, plein de foi dans la puissance et la volonté de l'homme, a placé un individu seul en présence de la nature. Robinson n'est pas l'homme neuf et nu, tant s'en faut. Il a vécu dans la société civilisée ; il a puisé dans le trésor d'idées que notre espèce avait mis en commun depuis la naissance des premiers bimanes jusqu'au siècle de Louis XIV ; ses mains robustes ont reçu l'éducation du travail. Il apporte avec lui presque tout le matériel d'une civilisation avancée, tel qu'on le trouve concentré à bord d'un navire : il a des vêtements, des chaussures, des outils, des armes, des munitions, des livres, la semence du blé cultivé. Le blé seul, non pas tel qu'on le trouve à l'état sauvage dans la haute Égypte, mais arrondi, gonflé, et pour ainsi dire animalisé par la culture, résume à lui tout seul le travail de cent générations. L'île de Robinson est placée à dessein sous une des latitudes les plus habitables ; l'auteur a pris soin d'en exclure tout animal nuisible, et d'y dessécher par avance tous les marais pestilentiels. Et pourtant la vie de cet individu isolé nous paraît suspendue à un fil ; nous ne commençons à la croire en sûreté que le jour où Robinson forme un rudiment d'association avec le jeune Vendredi.

La nécessité de l'association est si évidente, que plusieurs espèces d'animaux l'ont comprise avant nous. L'homme n'était pas né, et déjà les ruminants vivaient en société sur la terre. Non-seulement en famille comme le bouquetin, l'isard et le chamois, mais en tribu comme la gazelle, l'antilope, le bison, le bélier sauvage. Les ruminants ont besoin d'une longue sécurité pour s'emplir d'herbe, et d'un long repos pour promener d'estomac en estomac cette nourriture indigente. Que font-ils? Ils s'associent; ils conviennent que chacun fera le guet tour à tour dans l'intérêt de la sécurité commune. Si la vigilance des sentinelles est en défaut, si, par quelque accident, la fuite est impossible, ils mettent leurs forces en commun pour la défense commune. Les mâles forment le bataillon carré et présentent leurs cornes à l'ennemi; les femelles et les petits sont mis en sûreté dans le centre.

Le même besoin a fait du cheval sauvage un animal sociable. Lorsqu'on est obligé de conduire ses aliments le long d'un intestin de vingt mètres, il est bon de fonder une assurance mutuelle contre les surprises de l'ennemi.

Les ruminants et les chevaux n'avaient formé que des tribus nomades. Le castor (encore un de nos devanciers dans la vie et dans le progrès) a fondé la première association sédentaire : le village ! Il s'agissait de barrer des cours d'eau, de poser des charpentes, d'amonceler des terrassements. Quel animal, quel homme aurait fait tant de choses à lui tout seul? On s'est dit : nous travaillerons ensemble, et, pour plus de commodité, nous demeurerons ensemble.

Les singes, qui nous imitent aujourd'hui, mais que nous avons imités d'abord, attendu qu'ils sont nos aînés, s'associent non-seulement par intérêt, mais aussi pour le plaisir de vivre ensemble.

Mais les associations animales sont limitées dans leur développement comme la perfectibilité de l'animal lui-même. Elles s'arrêtent à la tribu nomade ou sédentaire, et ne sauraient aller au delà. Réunissez un million d'antilopes dans un pâturage de l'Afrique centrale, vous n'aurez jamais qu'une tribu. Dix mille hommes associés pour lutter en commun contre la difficulté de vivre, peuvent constituer un État, un petit peuple.

Au milieu des innombrables causes de destruction qui nous menacent, ce n'est ni la douceur des climats, ni la fertilité des terroirs, ni l'abondance des produits naturels qui nous permet de vivre quelques années sur la terre : c'est l'organisation étroite et logique de la société. Les sauvages de l'Amérique du sud vivent sous un climat d'une douceur incomparable ; ils foulent un terrain où la couche d'humus a souvent plus de dix mètres de profondeur. La banane, qui peut nourrir jusqu'à cent hommes sur un hectare, croît naturellement sous leur main, et la durée moyenne de leur existence est de douze à treize années! C'est qu'ils ne pratiquent et ne connaissent que l'association élémentaire de la tribu. Les Anglais naissent dans le froid et le brouillard, sur un sol qui ne produit spontanément que de l'herbe et des chênes; leur vie moyenne est de trente-neuf ans! Un Anglais vit trois fois plus longtemps qu'un sauvage, parce qu'il trouve dans son berceau un petit papier invisible, une action de la grande Société britannique.

Nous vivons aussi trente-neuf ans, et pour une raison de même nature. Notre existence moyenne n'était que de vingt-huit ans trois quarts en 1789. La limite a reculé à mesure que la société se perfectionnait. Laissez-moi espérer que nous la reculerons encore; il ne s'agit pour cela que d'étendre et de perfectionner l'association.

Elle s'étendra grâce à la vapeur qui rapproche les habitants des deux pôles; à la presse, qui met toutes les idées en commun; à la spéculation, qui réunit tantôt sur un point tantôt sur un autre les capitaux du monde entier.

Elle se perfectionnera par l'idée de justice. Il n'y a d'associations durables que celles qui sont loyales et que personne n'a intérêt à dissoudre violemment. Il n'y a d'associations loyales que celles qui profitent également à tous les associés.

Est-ce à dire que le capitaliste intéressé pour un million dans une affaire et le simple actionnaire à cinq cents francs, doivent toucher le même dividende? Non certes, mais ils doivent partager les bénéfices dans une proportion identique : sinon, le droit est violé.

Les hommes sont inégaux par leurs facultés de toute sorte, inégaux en grandeur, en vigueur, en intelligence, en richesse ; mais la nature et le hasard ont beau faire : nous sommes tous égaux en droit, parce que nous sommes tous revêtus d'un caractère inviolable et sacré. Je ne veux pas vous envoyer à l'école chez les rois, l'école est mauvaise ; mais permettez-moi une comparaison.

Au temps du droit divin, le souverain de vingt-cinq millions d'hommes ne croyait pas déroger en épousant la fille d'un petit roi détrôné. Grands et petits, riches ou pauvres, heureux ou malheureux, les rois se croyaient tous égaux par le caractère auguste, inviolable, sacré dont ils étaient revêtus. De même et plus justement, les hommes, rois de la terre, sont égaux par la supériorité de leur nature, en dépit de toutes les inégalités accidentelles. Un idiot, un paralytique tombe au-dessous du chien. La société lui réserve tous ses droits, parce qu'elle voit en lui un roi détrôné.

Envisagez la première et la plus indispensable de toutes les associations, la famille. Entre une jeune fille de seize ans et un homme de trente-cinq, la disproportion des forces est énorme ; cependant la loi de tout peuple civilisé prend pour base du contrat l'égalité absolue de leurs droits. Le jour où la famille s'augmente d'un enfant, quelle disproportion entre le père dans toute la force de l'âge et ce petit être chétif qui ne peut que crier ! Ils sont égaux en droit, et personne n'ignore que la vie et les biens de l'enfant sont inviolables et sacrés, même pour son père. Quarante ans plus tard, l'enfant s'est fait homme, le père a vieilli, la disproportion s'est renversée : mais le vieillard a beau tomber dans une seconde enfance, son droit reste intact.

Cette loi vous paraît facile à suivre, parce que, dans l'association de la famille, l'instinct et le sentiment frayent la route à la justice. Il est si naturel de respecter le droit de ceux que nous aimons !

Bientôt la famille s'étend, devient tribu ou village. Tout le monde est un peu cousin au village ou dans la tribu. La sympathie vient encore en aide à l'équité naturelle. Le patriotisme naîtra plus tard. C'est une idée confuse, un vague pressentiment de l'intérêt qui nous lie à tous ceux qui parlent notre langue et habitent notre pays. Une sympathie moins étroite, mais tout aussi réelle, nous porte à respecter leurs droits, et même à leur venir en aide. Si vous rencontrez un Français dans un village de la Prusse orientale, votre cœur bat un peu plus vite ; un instinct, un secret plaisir vous avertit que cet homme est votre associé naturel, presque votre ami. Il est né à Toulouse, et vous à Dunkerque ; il est pauvre, et vous riche ; il taille des pierres, et vous n'avez jamais taillé que des plumes : n'importe. Il appartient comme vous à la grande association du peuple français. Vous êtes porté invinciblement à lui donner la préférence sur les étrangers qui vous entourent. Si un Prussien faisait mine de le battre ou de le voler, vous prendriez fait et cause pour lui, vous vous armeriez même au besoin pour défendre son droit.

Je suppose maintenant qu'une affaire vous appelle au milieu de l'Afrique. Vous êtes chez les Gallas, les plus farouches de tous les nègres. Tout à coup, au détour du chemin, un visage blanc se présente. Votre cœur bat, vous courez ! quelle joie ! C'est un Prussien de Kœnigsberg.

Il n'est pas bien ferré sur la langue française, et vous-même vous n'avez appris que l'allemand du collége ; il est protestant, vous êtes catholique ; son drapeau n'est pas de la même couleur que le vôtre ; ses concitoyens sont peut-être occupés à sabrer les vôtres sur le Rhin ; mais qu'importe ? Vos provisions, vos armes, votre bourse, tout est à son service. N'est-ce pas un concitoyen d'Europe ? Un membre de la grande association européenne ? Le premier qui s'attaque à lui aura affaire à vous. Qu'on se le dise chez les Gallas !

Mais si, trois mois après, dans une île sauvage, au milieu des serpents, des crocodiles et des jaguars, vous rencontriez un Gallas, cette figure luisante et ces cheveux pendants ne vous inspireraient que la confiance et la joie. Il est noir, il est païen, et il se nourrit de viande crue, mais il est homme comme vous, membre de la grande association des hommes ; vous avez besoin l'un de l'autre pour lutter contre la mort.

Eh ! bien, rappelez-vous en tout lieu, à toute heure, que la terre est une île pivotante où le froid, le chaud, le mauvais air, la faim, la soif, la maladie, et cent forces nuisibles, s'acharnent nuit et jour à la destruction de l'homme. Vous comprendrez alors que vous êtes l'associé naturel de tous les hommes vivants, sans distinction de couleur, de langue ou de patrie ; que la réunion de tous les efforts individuels est la seule tactique qui puisse vaincre l'ennemi commun ; que vos forces, vos ressources et vos lumières, unies à celles de tous vos alliés, suffiront à peine à remporter la victoire. Lorsque cette vérité aura pénétré dans votre cerveau jusqu'à faire partie intégrante de vous-même, le cœur entrera en jeu. La pratique du bien aura pour vous l'attrait du plaisir le plus vif ; vous embrasserez dans une large et magnifique amitié tous ceux qui combattent avec vous le grand combat ; et la seule idée de dépouiller ou de blesser vous-même un de vos compagnons d'armes vous causera une répulsion mêlée de dégoût.

Le rêve d'une association universelle a déjà pris, en Europe du moins, un commencement de réalité. Les grandes expositions qui tendent à élever vers un niveau commun l'industrie de tous les peuples ; les traités de commerce qui préparent timidement le libre échange ; les conventions postales de plus en plus favorables à la circulation des idées ; les lois d'extradition, cette assurance mutuelle contre le crime ; la suppression des lettres de marque ; l'affluence de tous les capitaux européens, sans distinction d'origine, partout où l'on prépare un travail d'utilité publique ; les souscriptions de bienfaisance qui s'ouvrent dans vingt pays en même temps au seul bruit d'un malheur privé : voilà, si je ne me trompe, les arrhes du grand traité qui constituera avant cent ans la famille européenne. Mais il se passera bien des années avant que l'Europe elle-même ait compris qu'il n'y a d'association solide que sur la base du droit.

Les peuples et les individus courent à l'association, parce qu'elle offre des avantages visibles ; mais la grande préoccupation de chaque associé est d'écorner à son profit la part des autres. Demandez à cent Européens ce qu'ils entendent par une bonne affaire ? Quatre-vingt-dix-neuf vous répondront franchement ou à mots couverts : « C'est celle où l'on gagne plus que les autres associés avec moins de travail. » Quel était le principal souci du peuple français à l'époque du célèbre traité de commerce ? *Enfoncer* les Anglais. L'immense majorité du peuple anglais nourrissait de son côté une aussi douce espérance. Et l'on a murmuré dans les deux camps, lorsqu'on a vu par l'expérience que personne n'était *enfoncé*. Le même principe, je suis fâché de le dire, préside à toutes les associations, sans excepter la plus naturelle et la plus ancienne. Celui des deux conjoints qui reçoit le double de ce qu'il a donné passe pour avoir fait un beau mariage. Mais les plus beaux mariages ne sont pas les meilleurs, et l'on peut affirmer, en thèse générale, que toutes les associations fondées sur l'injustice se liquident par la banqueroute.

Faut-il que je le prouve? Écoutez.

La monarchie française en 1788 était une association fondée sur la négation du droit. Ceux qui travaillaient le plus récoltaient le moins, et réciproquement. Le pouvoir (roi, noblesse et clergé) ressemblait à ces rajahs de l'Inde qui se font porter dans un palanquin d'or par des hommes tout nus. Les porteurs sont tout nus, parce que le capital destiné à les couvrir a été concentré sous forme de palanquin. Si l'on voulait les habiller, il faudrait couper une frange du palanquin et l'envoyer à la fonte. En autres termes, pour prendre la comparaison plus près de nous, la monarchie de 1788 ressemblait à un grand seigneur russe qui entretient une danseuse sur le pied de dix mille francs par mois, tandis que trois mille mougiks meurent de faim sur ses terres. Si les mougiks mangeaient en proportion du travail qu'ils produisent, Mlle Amanda n'aurait plus dix mille francs à grignoter chaque mois.

Le pouvoir en 1788 était associé au peuple

français comme le rajah à ses porteurs, comme le prince russe à ses mougiks. Les suites d'une telle organisation ne sont pas difficiles à prévoir. La classe qui consomme sans produire s'abâtardit par la pléthore : la classe qui produit sans consommer s'abâtardit par les privations. Le jour vient où les pauvres producteurs ne sont plus assez nombreux ou assez forts pour subvenir aux caprices, à la vanité, aux besoins artificiels et insolents du maître qui les exploite.

Si la statistique dit vrai, c'est vers l'âge de vingt-sept ans que l'individu commence à rembourser la société des avances qu'elle lui a faites. Jusque-là, nous vivons sur le crédit. Tout homme qui meurt à vingt-sept ans, ou plus tôt, emporte dans la tombe un capital qu'il faut passer aux profits et pertes. S'il avait vécu jusqu'à trente-sept ans d'une vie laborieuse, il aurait pu en dix années payer avec usure ce qu'il avait reçu.

Il suit de là que les calculs sur la moyenne de la vie humaine ne sont pas un objet de vaine curiosité, mais la base indispensable du bilan économique. Plus nous saurons prolonger la vie moyenne au delà du terme de vingt-sept ans, plus il sera facile à la société de rentrer dans les avances qu'elle nous a faites.

Or, il est constaté par les tables de Duvillard

que la moyenne de la vie était de vingt-huit ans trois quarts avant la révolution de 89. En autres termes, les porteurs du palanquin et ceux qui se faisaient porter mouraient à vingt-huit ans et neuf mois, l'un dans l'autre. Donc chaque individu n'ayant que vingt et un mois pour acquitter sa dette envers la société mourait nécessairement insolvable, et 89 ne fut pas seulement une révolution, mais une banqueroute. Et c'est par un instinct d'économie autant que par un sentiment de haine que la Convention nationale supprima le palanquin.

Le type de l'association, si la France voulait m'en croire, ne serait pas le palanquin, mais l'omnibus.

Un modeste parisien qui veut aller de la Madeleine à la Bastille, peut choisir entre le fiacre et l'omnibus. Le fiacre, où il monte seul, lui coûtera deux francs et trois quarts d'heure ; l'omnibus, qui est une association roulante, ne lui prend qu'une demi-heure et trois sous. L'État, ou la grande société française, ne donne ni encouragement, ni subvention aux hôtes de l'omnibus ; en revanche, il ne les soumet à aucune surveillance ; il ne leur impose pas le fardeau de l'autorisation préalable, quoiqu'il les voie souvent réunis au nombre de vingt et plus. Le citoyen qui marche à pied, sur le trottoir, n'est pas contraint de débourser un centime pour alléger la dépense ou pour gêner la liberté de ces tranquilles voyageurs.

En vérité, je vous le dis, l'omnibus n'est pas seulement une voiture à quatre roues, c'est le char du progrès, le symbole de l'association pacifique fondée sur la liberté. On y entre quand on veut, on en sort sans demander la permission de personne ; tous les voyageurs y ont les mêmes droits, pour leur argent, sans acception de naissance ; le conducteur, autorité modèle, obéit poliment au public qui le nourrit ; il ne s'avise jamais de tyranniser ses maîtres. Quelle que soit votre conversation, et la forme de votre chapeau, et le journal que vous lisez, il n'aura garde de vous réclamer un sou de plus, ou de faire asseoir une grosse dame sur vos genoux, ce qui serait, j'ose le dire, une oppression intolérable. Ce fonctionnaire tout privé n'a pas d'opinion, ne fait pas de zèle, ne commet point d'abus, attendu que l'omnibus est une association étrangère à la politique et à toutes ses absurdes conséquences.

Comprenez-vous maintenant pourquoi les émeutiers, gent stupide et brutale, préludent toujours au renversement des lois par la culbute des omnibus ?

Je voudrais qu'on ne fît jamais de révolutions, parce que les révolutions cassent, brûlent ou détruisent toujours quelque chose, et parce que la moins dévastatrice de toutes a pour effet certain d'arrêter le Progrès.

Je voudrais que les citoyens de notre pays, lorsqu'ils éprouvent le besoin d'essayer en commun quelque entreprise utile, pussent s'associer *librement,* au nombre de vingt mille ou plus, comme ils s'associent au nombre de trente pour aller de la Madeleine à la Bastille. Tu devines, ami lecteur, pourquoi j'ai souligné le mot *librement*. Si l'État remplaçait le cocher par un gendarme et le conducteur par un argousin, l'omnibus deviendrait par le fait une voiture cellulaire et personne n'y monterait plus que contraint et forcé. Tout le monde se rabattrait sur les fiacres, quoiqu'ils aillent moins vite et qu'ils coûtent plus cher.

Je voudrais bien aussi que les citoyens ne fissent pas intervenir la politique dans leurs associations, lorsqu'elle n'a rien à y voir. Si les voyageurs de l'omnibus arborent le drapeau rouge à toutes les portières, ils légitiment l'invasion du gendarme et de l'argousin.

Malheureusement le peuple français a la monomanie de mêler la politique à tout ce qu'il entreprend, et l'État, dûment averti par une assez longue expérience, voit partout, *à priori*, la politique sous roche. Il faudrait que gouvernants et gouvernés pussent s'entendre une bonne fois à l'amiable et consacrer un terrain neutre aux essais d'association.

S'il y a une besogne respectable et sacrée ici-bas, c'est l'exercice de la bienfaisance. Lorsque des citoyens s'associent entre eux pour soulager la misère d'autrui, quelle que soit leur force numérique et le chiffre de leur budget, il ne semble pas à première vue qu'ils puissent porter ombrage à personne, ni qu'on les doive placer sous aucune surveillance. Mais pourquoi une société distributrice de pain et de bouillon arbore-t-elle de gaieté de cœur un drapeau politique? Si le gouvernement se croit menacé, il fera un coup d'autorité; l'association, attaquée dans son indépendance, va se mettre en grève, et deux pouvoirs importants, l'un public, l'autre occulte, se battront sur le dos des pauvres, au nom de saint Vincent de Paul!

Le plus plaisant de cette affaire (assez triste d'ailleurs) c'est que le gouvernement français, pour se montrer impartial, a frappé du même coup l'indépendance des francs-maçons. Or, la première loi de la franc-maçonnerie est de ne point toucher à la politique. C'est une ancienne et respectable association, fondée sur le rationalisme absolu et la pure philanthropie. Quel intérêt avait-on à violer son indépendance? Quel profit a-t-on tiré de ce coup d'État? On a fait entrer les agitations politiques dans un milieu tranquille et serein. La proclamation d'une sorte de dictature a eu pour effet immédiat d'aliéner le rite écossais et de diviser le rite national.

Après ces deux actes d'autorité, les citoyens qui nous gouvernent ont fondé la société du prince impérial. But excellent, système déplorable. Pourquoi donner une couleur politique à une association de philanthropie privée? Si le gouvernement croyait devoir fonder une banque de prêt au profit des pauvres, il n'avait qu'à présenter une loi. Si quelques milliers d'individus honorables jugent à propos de s'unir pour cette bonne œuvre, le caractère officiel est de trop. Le titre d'une association bienfaisante ne doit jamais être exclusif. La société de saint Vincent de Paul, par son nom seul, exclut certaines catégories de Français; la société du prince impérial en exclut d'autres. Une société de crédit ouvrier n'a pas besoin d'être dynastique; une société de bouillon à domicile n'a pas besoin d'être cléricale.

Le gouvernement que nous avons est assez éclairé pour comprendre qu'il faut décentraliser, c'est-à-dire restreindre le domaine de l'État aux choses politiques et laisser tout le reste aux citoyens associés librement selon leurs affinités, leurs besoins et leurs ressources. Mais pour être homme d'État, on n'en est pas moins homme. On se promet de ne toucher à rien; on ne peut se défendre de mettre la main à tout. C'est aujourd'hui par amour-propre, demain par bonté d'âme, le plus souvent par habitude prise, pour obéir à la tradition légèrement communiste de tous les gouvernements français.

Cette tendance de nos chefs est encouragée par la complicité des citoyens. Chacun de nous, lorsqu'il croit faire une chose belle ou utile, réclame comme un droit la faveur du gouvernement. Tout peintre qui est content de son tableau crierait à l'injustice si 37 millions de citoyens ne se cotisaient pour l'acheter. Tout savant qui a fait un livre indigeste exige, au nom de l'intérêt public, que 37 millions de Français, dont quelques millions ne savent pas lire, le fassent imprimer à frais communs. Cette prétention, déjà passablement absurde chez les individus, devient tout à fait intolérable chez les sociétés. Chacune d'elles, en échange des services qu'elle rendra, demande des priviléges, des honneurs, et surtout des subventions sur le budget. Elle veut que, d'office, on oblige tous les citoyens, riches et pauvres, à supporter une partie de ses dépenses.

Eh! bonnes gens, n'entreprenez que ce que vous pouvez achever vous-mêmes, avec vos propres ressources, et demandez pour toute faveur que l'État vous laisse agir en paix, à charge de revanche! C'est ainsi que les choses se passent en Angleterre, dans la patrie de l'association. Mais comment faire entrer dans nos mœurs une chose si simple et si franchement libérale? Il faudrait avoir entre les mains un journal aussi répandu que le *Siècle,* mais sans aucune couleur politique; importuner le public au jour le jour, en frappant tous les matins sur le même clou, lui prêcher l'association sous toutes les formes, lui faire toucher du doigt les avantages qu'il en peut tirer, et à quel prix, lui raconter l'histoire des sociétés existantes, énumérer les services qu'elles ont rendus, en conseiller de nouvelles, enfin rabâcher sans trêve un *delenda Carthago. Carthago,* dans le cas présent, c'est l'impuissance de l'individu isolé.

Un bon bourgeois, de mœurs douces, rencontre un charretier stupide et brutal au bas de la rue des Martyrs. La pente est raide, la voiture est trop chargée, le cheval n'en peut plus ; l'homme, si toutefois il mérite le nom d'homme, ramasse une bûche devant la porte d'un boulanger et se met en devoir d'assommer la pauvre bête. Que fera le bourgeois humain, mais faible et isolé ? Il souffrira sans rien dire, ou s'il risque une observation, il se fera rouer de coups.

Mais supposez qu'il fasse partie d'une association fondée pour protéger les animaux domestiques. Le voilà beaucoup plus fort. Il ne parle pas en son nom, mais au nom d'une véritable armée d'hommes honnêtes et bons comme lui. S'il requiert l'intervention d'un sergent de ville, il est sûr de ne pas demander en vain : la société dont il fait partie a des récompenses toutes prêtes pour les agents inférieurs qui l'aident dans le bien. Si le malheur voulait qu'il fût victime de son zèle, ses associés se joindraient à lui devant les tribunaux et poursuivraient en commun la répression d'une violence qui les intéresse tous. Si l'on s'apercevait un jour que les rigueurs édictées par la loi[1] contre les brutalités d'un certain genre

---

1. L'homme qui exerce abusivement et publiquement de mauvais traitements contre les animaux domestiques qui lui appartiennent est passible d'une amende de 5 à 15 fr. ; il peut être emprisonné pour cinq jours au maximum. Cependant il est plus mauvais, plus dangereux, plus difficile à corriger, plus

laissent encore à désirer (ce que je crois), la société protectrice des animaux serait en mesure d'organiser une agitation pacifique, de provoquer des pétitions, de les appuyer elle-même au Sénat, de réclamer une loi plus sévère et de faire prévaloir ses idées au sein du Conseil d'État et du Corps législatif.

Vous est-il jamais arrivé de battre une plaine, dix heures durant, sous un soleil d'août, sans faire lever la moindre compagnie ni le plus modeste levraut? Vous rentrez bredouille en maugréant contre le braconnage qui dépeuple votre canton comme les neuf dixièmes de la France. Les braconniers vous sont connus, et le recéleur aussi; vous savez pertinemment que l'auberge du Lion d'Argent regorgeait de gibier quinze jours avant l'ouverture, et qu'on servait des perdreaux à la table d'hôte de MM. les magistrats. Mais comme vous n'êtes rien qu'un individu isolé, votre pouvoir se réduit à quelques criailleries intimes et stériles. Supposez au contraire que tous les chasseurs de France se réunissent en société pour la protection du gibier. On se cotise; on vote un

---

menaçant pour la société, il se porterait plus facilement au crime contre les personnes que le filou condamné à un an pour avoir avoir pris un foulard dans une poche.

budget consacré spécialement à la répression du braconnage; on offre une prime aux gardes et aux gendarmes pour chaque procès-verbal; on surveille les recéleurs, on les assigne au besoin en police correctionnelle, et l'on se porte partie civile. Vous voilà fort. Avant trois ans, la France sera peuplée de lièvres et de perdrix comme l'Allemagne, où le gibier pullule parce qu'il y est protégé par des associations particulières. Il est vrai que le plaisir de la chasse vous coûtera quelque dix francs de plus tous les ans; mais vous en dépensez bien vingt-cinq pour un permis qui ne vous sert de rien!

Ce que je dis à propos de la chasse, les pêcheurs ont le droit de le prendre pour eux. Qu'ils s'associent par canton ou par bassin, pour empêcher le dépeuplement des eaux françaises et même pour les repeupler, ce qui devient plus facile de jour en jour. Si jamais dépense minime a pu donner des profits exorbitants, c'est celle-là. Essayez!

Je n'ai pas le loisir d'énumérer ici toutes les associations qui restent à fonder chez nous; mais je veux esquisser en quelques traits de plume une sorte de château en Espagne, pour vous montrer les grandes choses qu'on peut faire avec beaucoup d'union et un peu d'argent.

Il y a dans notre pays un million d'employés, tant du commerce que de l'industrie. Sur ce nombre imposant, on compte 70 000 individus qui voyagent à peu près toute l'année, dînant à l'auberge, obligés de passer la soirée et une partie du jour au café. Les employés sédentaires très-rarement nourris chez le patron, sont condamnés, comme les voyageurs, à la vie de café et de restaurant. Ils sont mal, ils payent cher, sans compter le fléau du pourboire qui prend aux plus rangés dix centimes environ par jour.

Je suppose qu'un employé, voyageur ou sédentaire, soit admis par faveur à traverser les salons du jockey-club. « Tudieu ! dit-il en voyant ce beau luxe, il faut avoir des millions de rente pour habiter un appartement comme celui-là ! C'est dommage ! Mon café me paraîtrait meilleur si je pouvais le prendre ici tous les jours. »

Employé, mon brave ami, si tu veux donner un sou par jour et prouver à la moitié de tes confrères qu'ils sont intéressés à faire comme toi, je me charge de vous donner dix jockey-clubs dans Paris et quatre-vingts autres dans les grandes villes de France. Un sou par jour, c'est la moitié de ce que tu dépenses en pourboires, et dans la combinaison que je propose, tu n'auras plus aucun pourboire à donner. Tu seras mieux nourri, par-dessus le marché, et à meilleur compte ; tu seras assuré contre l'empoisonnement des liqueurs frelatées. Pour un sou par jour, un franc cinquante par mois, dix-huit francs par an, tu commences par économiser trente-six francs de pourboires, et plus de cent francs, j'en suis certain, sur le budget ordinaire de ta bouche. Moyennant ce léger sacrifice (ou plutôt cette économie), tu trouveras dans toutes les villes importantes un domicile à toi, une bibliothèque à toi, des livres, des journaux, un mobilier, une vaisselle, des serviteurs et des livrées à toi. Pour tes affaires, un centre de renseignements, un bureau de placement, des relations faciles et cordiales avec ces mêmes clients qui t'ont souvent fermé leur porte au nez. Qu'en dis-tu ? Que je rêve. Tu vas bien voir que non.

Si une moitié des employés français se décidait à profiter des bienfaits de l'association, le club commercial et industriel disposerait chaque année d'un revenu de neuf millions. Cinq cent mille individus payant un sou par jour ! cela n'a l'air de rien à première vue, mais l'arithmétique qui luit pour tout le monde nous fait voir que $500\,000 \times 18 = 9\,000\,000$, ni plus ni moins.

Le jockey-club a 100 000 francs de loyer pour un premier étage. On pourrait au même prix louer un bâtiment complet dans n'importe quel quartier de Paris. Il n'y a pas un entrepreneur qui ne soit prêt à construire sur les deux rives de la Seine dix maisons neuves d'un million chacune, si on lui garantit par bail un revenu de dix pour cent. A Marseille, à Lyon, à Bordeaux et dans les centres de premier ordre, le loyer serait probablement aussi cher qu'à Paris; mais je connais une infinité de villes secondaires où on loue un palais ou tout au moins une préfecture pour 25 à 30 000 francs. Ce n'est donc pas quatre-vingt-dix établissements, qu'on va créer pour neuf millions, mais peut-être cent cinquante. La construction ou l'aménagement de ces édifices durerait un an et donnerait de l'ouvrage à plusieurs milliers de travailleurs, ce qui n'est jamais à dédaigner.

Le restaurant et le café seraient tenus par un employé choisi par la société, choisi par une commission, et tenu de livrer les denrées au prix coûtant. Il lui serait alloué un bénéfice de tant pour cent, dix ou douze, par exemple, non pas sur les affaires de chaque jour, suivant l'arithmétique des restaurateurs, mais sur celles de l'année. Les plus honnêtes gens de Grenoble ont fondé sur cette base une société alimentaire qui se porte fort bien, et qui a résolu dans une mesure très-convenable le problème de la vie à bon marché.

Pour la nourriture de l'esprit on traiterait avec la société Franklin, qui établirait partout des bibliothèques constamment renouvelées. Un voyageur prendrait un livre à son cercle en quittant Paris, et l'échangerait jusqu'à vingt fois de club en club, tout le long de sa route.

Si les employés comprenaient bien leurs intérêts, ils ne se montreraient point exclusifs et ouvriraient les portes de leur association à tous les honnêtes gens de la ville. Les poissonniers de Londres, qui sont une très-antique et très-respectable corporation, avaient admis le prince Albert au milieu d'eux ; ils lui ont même décerné la présidence.

Il serait fort bon et fort moral que les chefs de grandes maisons, les Dollfus, les Arlès Dufour, les Hachette, les Devinck et tant d'autres, vinssent quelquefois s'asseoir familièrement au milieu de leurs employés, devant une table de club. Les colonels de la garde dînent bien à la *mess* avec leurs officiers, et c'est quelquefois un sous-lieutenant qui préside.

Les industriels et les négociants riches à qui j'ai soumis ce projet m'ont tous répondu : « nous entrerons avec joie dans une combinaison qui

doit augmenter le bien-être de nos employés. »
Quelques-uns ont ajouté qu'ils inscriraient tout
leur monde d'office et payeraient les cotisations de
grand cœur. Qu'est-ce que dix-huit cents francs
de plus, sur les frais généraux d'une maison de
cent personnes ? Tous les chefs de maison, ceux-là
surtout qui ont neuf ou dix voyageurs sur les
routes, savent ce qu'ils gagneraient à créer des
caravansérails honnêtes, fermés au jeu d'argent
et à la débauche. Tel employé qui s'enivrait le
soir (on n'est pas parfait) craindra de se faire
exclure ou censurer par ses pairs. Tel autre, devant donner son paletot à un domestique en livrée,
fera la dépense d'un col neuf.

Je confie à la sagacité de nos jeunes commerçants, à la dextérité de nos jeunes industriels le
soin d'achever cette ébauche et de la mettre à
exécution. Il y a quelques détails à trouver, quelques lacunes à combler et très-probablement
quelques difficultés à vaincre. C'est l'affaire des
intéressés. J'ai fourni le grelot ; l'attache qui
voudra !

Il ne faut pas que la majesté des grandes associations nous empêche de voir ce qu'il y a d'utile
et d'ingénieux dans les plus petites. Le livre que
vous lisez est *composé* par une petite association,
dans les ateliers de M. Lahure. Étant donné

un travail à faire, quelques ouvriers l'entreprennent en commun, se le partagent suivant leurs aptitudes, proportionnent le salaire au service rendu, excitent l'émulation entre eux, suppriment une multitude de mouvements inutiles, font la besogne mieux et plus vite, et augmentent de vingt-cinq pour cent le produit de leurs journées. Qu'on se le dise !

VII

LES NON-VALEURS DE LA TERRE.

C'est dans les landes de la Gironde, au printemps de 1857, que l'idée de Progrès m'est apparue pour la première fois dans toute sa splendeur.

Il y avait au sud-ouest de Bordeaux 300 000 hectares de terres, arides en été, noyées en hiver, incultes et insalubres en toute saison. Ces trois milliards de mètres carrés, situés à proximité de la mer, sous une latitude heureuse, aux portes d'une grande ville, valaient quelque chose comme 900 000 francs, le prix d'un hectare à Montmartre.

Une moitié de cette vaste et inutile étendue appartenait aux communes; la vaine pâture y promenait quelques moutons maigres, et aucun Conseil municipal ne songeait à en tirer meilleur parti. L'autre moitié se divisait en propriétés privées; mais la plupart des propriétaires, après des expériences coûteuses et stériles, étaient tombés dans le découragement. Les essences forestières les plus robustes végétaient misérablement et ne tardaient guère à périr. Les glands semés en avril ne germaient qu'en juin, après l'évaporation des eaux pluviales; le soleil de juillet et d'août tombait d'aplomb sur les arbrisseaux naissants et les tuait. Sur ce sol maudit, les bonnes pluies du printemps et de l'automne n'engendraient que la pourriture; l'excellente chaleur du soleil ne servait qu'à tout brûler.

Mais un modeste ingénieur, envoyé dans les Landes vers 1842, cherchait le moyen d'employer toutes ces eaux, tout ce soleil et toute cette terre au profit de l'humanité. Les yeux fixés sur les dunes dont Brémontier a arrêté la marche menaçante, il rêvait de devenir le Brémontier de la plaine; d'assainir, de cultiver et de peupler cet autre désert.

Il y a réussi. Après de longues années d'études et d'expériences, il a prouvé aux théoriciens et aux hommes pratiques, aux savants et aux paysans, que la lande pouvait être assainie et cultivée à peu de frais, malgré son sous-sol imperméable. Il a inventé, à l'usage de cette plaine infinie, sans aucune pente visible, un drainage économique qui coûte un sou par mètre courant, et vingt francs par hectare. Pour mieux convaincre son public, il a prêché d'exemple et créé au milieu du désert une oasis de 500 hectares. Sa lande de Saint-Alban, acquise en 1849, est aujourd'hui une ferme modèle ; elle sera bientôt un village, peut-être même une ville, et les Landais s'y rendront en pèlerinage, comme les musulmans à la Mecque ; car c'est de là qu'est partie la prophétie et l'exemple.

J'avais vu Saint-Alban dans les premières années de sa création ; je viens d'y retourner après six ans d'absence : j'y ai trouvé des forêts toutes venues, des cultures, des plantes sarclées, des prairies artificielles, des vergers, des pâturages sous bois. L'hectare de pommes de terre y donne 145 hectolitres, semence déduite ; ces tubercules, qui sont d'excellente qualité, se vendent sur place 3 francs l'hectolitre : total, 435 francs. Un hectare planté en tabac a donné 1025 francs de revenu brut, 330 francs de revenu net. C'est six fois plus que le sol n'a coûté. Le domaine entier a été payé 30 000 francs environ ; le drainage, le défrichement, les bâtiments, les travaux et les engrais portent le total des déboursés à 100 000 francs. Dans vingt ans, Saint-Alban vaudra un million, rien que pour ses bois. J'y ai vu faire cette année une éclaircie dont le produit brut a été de 20 000 francs. Tous ces chiffres, pris sur place, sont d'une authenticité absolue. Les arbres d'éclaircie se vendent pour poteaux et barrières. Une usine s'est établie auprès de Saint-Alban pour les injecter.

Si l'auteur de ces merveilles s'était contenté de décupler sa fortune, il aurait déjà bien mérité. Créer un capital d'un million sans rien prendre dans la poche d'autrui, c'est œuvre pie, et toute conquête sur le néant a droit à la reconnaissance des hommes. Mais M. Chambrelent, comme tous les fanatiques du progrès, est animé de l'ambition la plus impersonnelle. Après avoir tracé le plan général de l'assainissement des Landes, il s'est mis au service de tous les particuliers qui voulaient marcher sur ses traces; il a éveillé les indolents, poussé les retardataires, conseillé les ignorants, remplacé les absents. Il est l'homme d'affaires, le factotum infatigable et gratuit de tous ceux qui veulent cultiver une lande. Je l'ai vu parcourir à grandes enjambées les 1100 hectares que MM. Salvador et Lechatelier ont acquis à Lugos. On aurait dit qu'il mettait sa gloire à se surpasser là lui-même, et à créer un nouveau Saint-Alban plus miraculeux que le sien. Quels beaux semis de pins et de chênes ! Quelles châtaigneraies ! Quels vergers d'arbres à fruits ! Il m'a fait voir à Lugos des hectares d'asperges magnifiques, excellentes, et d'une telle précocité que la première botte expédiée à Paris au printemps de 1863 fut estimée 30 francs à la halle. La vigne y réussit très-bien et justifie la prédiction du père de la viticulture : « Je suis convaincu, dit le docteur Guyot, que la vigne sera l'arbrisseau rédempteur du pays de maître Pierre[1]. » J'ai goûté du vin des Landes, et je vous assure qu'il vaut son prix. Je ne dis pas qu'il soit possible de reculer les limites du Médoc jusqu'au pied des Pyrénées ; mais n'est-ce pas déjà beaucoup de récolter un vin agréable et léger sur un sol qui, depuis sa formation, ne produisait que des fièvres ?

L'État est venu à l'aide des propriétaires : il a établi dans deux départements 500 kilomètres de routes agricoles, bordées de larges fossés collecteurs, d'après les plans très-simples et très-économiques de M. Chambrelent. Grâce à ce travail, il n'y a plus aujourd'hui de lande inac-

---

1. Sur la viticulture du S. O. de la France, page 199.

cessible; il n'y a plus de lande insalubre; il n'y a plus de lande marécageuse; et si quelques bergers landais marchent encore sur des échasses, c'est pour aller plus vite (ils me l'ont dit eux-mêmes) ou pour surveiller leurs troupeaux de plus loin.

Toutes les propriétés particulières (150 000 hectares environ) sont cultivées ou ensemencées. Voilà qui est fait. L'intérêt personnel est un ressort qui pousse vivement les choses.

Quant aux landes communales, elles auraient pu rester longtemps stériles, si l'autorité d'une loi et l'activité d'un homme n'avaient forcé la routine dans ses derniers retranchements. Il a fallu que M. Chambrelent répétât sur tous les tons à tous les conseils municipaux :

« Vendez vos landes ! Elles ne servent qu'à nourrir misérablement quelques moutons étiques; personne ne prendra soin de les assainir et de les cultiver, parce qu'elles n'appartiennent en propre à personne. Vendez-les, et vous transformerez un foyer d'infection en source de richesses. Vous manquez de mille choses nécessaires; vous n'avez ni écoles, ni mairies, ni églises, ni eau potable; la vente des communaux peut vous donner tout cela et plus encore; vendez donc ! »

Les conseils municipaux laissaient dire et ne vendaient guère, lorsque la loi du 19 juin 1857 vint les mettre au pied du mur. On leur donnait douze ans pour assainir et ensemencer leurs 150 000 hectares. Il fallut trouver de l'argent : une moitié du communal fut vendue au profit de l'autre. Les acquéreurs se présentèrent en foule; ces terrains, sans valeur il y a quelques années, atteignirent de fort bons prix; et bientôt les municipalités, mises en goût, vendirent à qui mieux mieux. Elles ont aliéné 85 000 hectares; elles se déferont incessamment des 65 000 autres. Le prix des terres, qui était de 9 francs il y a une quarantaine d'années, de 30 francs il y a quinze ans, s'est élevé jusqu'à 300 francs. Les communes s'enrichissent à vue d'œil, à mesure qu'elles se dépouillent. L'argent abonde; partout où le communal est vendu, on voit croître des édifices d'utilité publique.

Le clergé voudrait bien que tout le prix des communaux fût employé à construire ces églises gothiques, blanches, uniformes, qui se voient de très-loin et qui réjouissent le cœur de M. le Cardinal Donnet; mais le bon sens pratique des paysans réserve quelques écus pour la maison d'école et pour le puits d'eau potable inventé par M. Chambrelent. Les travaux d'assainissement communal, qui devaient être achevés en 1869, aux termes de la loi, seront finis en 1865. C'est peut-être la première fois, depuis bien des siècles, qu'un travail d'utilité publique aura été conduit à bonne fin avant le terme prescrit. Il est vrai que l'intérêt personnel poussait à la roue.

Dans deux ans, il n'y aura pas un hectare inculte dans les landes de la Gironde. Dans trente ans, on n'y trouvera pas un hectare qui rapporte moins de cent francs, qui en vaille moins de deux mille. Et cette immense étendue, qui ne représentait pas un million lorsque nous étions au collége, en vaudra *six cents* en 1893. Et si l'on n'a pas le bon esprit de conserver quelques mètres de vieille lande comme échantillon du passé, nos enfants lèveront les épaules au récit de cette féerie, et diront qu'on abuse de leur crédulité.

Mais ce n'était pas tout d'assainir et de cultiver les landes, il y avait encore un tour de force à accomplir. Le drainage général de 300 000 hectares a pour résultat de verser rapidement dans un immense réservoir toute la pluie qui tombe en un hiver sur 3 000 kilomètres carrés. Ce réservoir existe; il s'étend, sur une longueur de 88 kilomètres, entre le plateau des landes et la barrière impénétrable des dunes; il aboutit d'un côté au lit de la Gironde, de l'autre au canal de

Lége et au bassin d'Arcachon ; c'est un marais de 22 lieues de long sur une largeur qui varie sans cesse.

Dans un pays où la pente des terrains ne dépasse pas un millimètre, une élévation de niveau d'un mètre entraîne l'inondation d'un quart de lieue. Réciproquement, chaque fois que le niveau s'abaisse d'un mètre, l'eau découvre, en se retirant, un quart de lieue de marécages sur 22 lieues de longueur. Par cette malheureuse condition, tous les terrains situés entre l'extrémité des landes et les premières pentes des dunes semblaient condamnés à une stérilité incurable ; la fièvre, chassée des landes, s'était réfugiée dans les marais du littoral.

Le desséchement de ces 22 lieues humides présentait un problème aussi gigantesque et aussi compliqué que les travaux du lac Fucino. La masse d'eau à écouler est à peu près égale ; l'étendue des terrains à conquérir est sensiblement la même : 15 000 hectares environ. Ces 15 000 hectares, couverts d'eau, valaient 8 fr. 15 l'un dans l'autre, d'après une estimation régulièrement faite en 1859 et en 1860. Desséchés, ils acquerront nécessairement une plus-value moyenne de 225 francs, c'est-à-dire qu'ils vaudront demain vingt-huit fois ce qu'ils valent aujourd'hui.

Mais viendra-t-il jamais, ce généreux lendemain qui doit enrichir tant de propriétaires? Rassurez-vous; il est tout venu. M. Chambrelent a trouvé le moyen d'évacuer sûrement, régulièrement, toutes les eaux que le ciel répand sur la lande et que la lande drainée en tous sens déverse dans les marais. Il en a fait deux parts, dont l'une sera jetée dans le bassin d'Arcachon, et l'autre dans le lit de la Gironde. Les travaux du premier canal touchent à leur fin. J'ai déjà parcouru à pied sec de vastes étendues où je m'étais promené en bateau six années auparavant. Le sol conquis est une tourbe moderne, épaisse de plus d'un mètre. On y a créé des pâturages; on y voit des troupeaux magnifiques, bien différents de ces vaches maigres qui broutaient les roseaux, tandis qu'une légion de sangsues broutait leur pauvre corps ensanglanté. Les marais transformés en prairies fourniront 3 000 kilos de foin à l'hectare et 1 200 kil. de regain.

Un système complet d'irrigation permet de leur donner 50 000 mètres cubes d'eau par an et par hectare. On conserve sur ce versant, pour les besoins de l'irrigation et pour l'avenir de la pisciculture, deux étangs d'une superficie totale de 10 000 hectares. Tout ce travail est fait ; il n'y manque plus que le coup de pioche de l'inauguration officielle. Tous les riverains sont dans la joie, excepté un. C'est un médecin, plus artiste que philanthrope. Il a menacé d'un procès les ingénieurs qui, en surprimant la fièvre paludéenne, lui avaient enlevé tous ses malades.

Le canal qui aboutit à la Gironde offrait de plus grandes difficultés, car l'eau du fleuve, à la marée haute, monte jusqu'à trois mètres au-dessus des marais à dessécher. Il a fallu établir des portes de flot, et arrêter l'écoulement des eaux six heures sur douze. Mais, en revanche, on a de ce côté une irrigation splendide, aussi féconde, ou peu s'en faut, que les inondations du Nil. Les eaux de la Gironde, introduites à volonté, déposent une alluvion qui s'élève annuellement jusqu'à cinq centimètres. Et telle est la fécondité de ce dépôt qu'une terre irriguée par le fleuve a donné sans engrais 28 hectolitres de blé à l'hectare dans la campagne de 1862.

En résumé, voici le bilan des progrès que le génie et la persévérance d'un homme auront réalisés dans l'espace de quelques années : 3000 kilomètres carrés[1] assainis, mis en cul-

---

1. Six fois la superficie du département de la Seine.

ture, acquis à l'usage de l'homme; 150 kilomètres carrés annexés au sol de la France par une victoire sans larmes; la fièvre chassée d'un pays qu'elle rendait inhabitable; la race humaine et toutes les espèces d'animaux utiles améliorées et multipliées; une énorme augmentation d'être, ou de bien, produite à la surface de la terre.

L'homme à qui nous devons tous ces bienfaits n'a pas besoin de laisser après lui une gloire immortelle; il pourrait même à la rigueur se passer des récompenses que la Foi lui promet dans une autre vie. Le bonheur de travailler utilement au Progrès, la certitude de laisser la terre plus habitable et meilleure qu'elle n'était avant lui, voilà le prix de ses peines. Si quelque heureux hasard permet que son nom soit inscrit sur les registres de la gloire; si même, après la décomposition du corps, quelque chose de lui pouvait survivre dans un monde idéal et jouir d'une félicité bien méritée, ce serait un surcroît de rétribution que je ne veux point déprécier, mais qui n'a rien de nécessaire.

M. Chambrelent, dès le début de son entreprise, a été secondé par les deux grands auxiliaires du progrès : le journal et le capital.

Il a trouvé un avocat éloquent, dévoué, infatigable, dans notre confrère André Lavertujon, candidat écrasé, publiciste harcelé, mais, n'en déplaise à l'administration, un des cinq ou six écrivains dont le talent honore la presse française en 1863.

La question du capital avait aussi son importance. Rien que pour dessécher les marais du littoral, il fallait 800 000 francs d'argent net et sonnant. Deux grands propriétaires du pays apportèrent la somme. L'un d'eux, M. Teyssier, est un véritable Landais; il habite au bord des lacs plus souvent qu'à la ville; le pin des Landes distille la térébenthine, et M. Teyssier en distille l'essence dans son usine de la Canau. L'autre, M. J.-B. Clerc, est un vrai citadin, armateur, commerçant, exportateur, le type du grand négociant bordelais. Il s'est donné pour maison de campagne le château du pape Clément, et il a ressuscité par des efforts et des dépenses incroyables le fameux cru pontifical.

Ce haut commerce de Bordeaux est plus athénien qu'on ne pense : il lit, il raisonne, il gasconne, il plaisante finement; il a des façons d'agir assez grandes et qui ne sentent pas la boutique. Les terrassiers qui creusaient le canal buvaient de l'eau médiocre; on vint dire à M. Clerc que leur santé pourrait bien en souffrir : « Si l'eau ne leur convient pas, répondit l'excellent homme, qu'ils boivent du grog! » Il leur adjugea un décilitre de tafia par jour, et cette innocente plaisanterie lui coûta 20 000 francs. Mais on n'eut pas de malades sur le chantier, et c'est peut-être le seul desséchement de marais qui n'ait pas fait une victime.

Il faut rendre justice à tout le monde : l'administration elle-même a favorisé cette grande entreprise. L'*officiel*, en France, n'est pas méchant ni malveillant par nature; il n'est qu'ignorant et routinier. Mais lorsqu'on est parvenu à lui faire entrer une idée dans la tête, il se persuade aisément qu'il en est l'auteur et il s'y intéresse en père. Qui ne connaît ce mot admirable et mélancolique du colonel X? Il avait inventé, sous le premier Empire, un nouveau caisson d'artillerie, infiniment supérieur à tous les autres : « Ce qui m'a donné le plus de mal, disait-il, ce n'est ni la construction de mon caisson, ni la suspension, ni l'attelage; le difficile a été de faire comprendre le système au général Y, qui, d'ailleurs, a bien voulu lui donner son nom. »

J'écarte les questions d'amour-propre et j'arrive au fait. L'État, qui doit contribuer à tous les travaux de salubrité publique, a fourni une subvention de 64 000 francs; le département et les communes en ont donné 46 000. MM. Clerc et Teyssier se rembourseront des 690 000 francs restants sur la plus-value des terrains assainis, et l'on peut espérer dès à présent qu'ils auront fait, eux aussi, une bonne affaire. Le Progrès n'est pas toujours un maître ingrat, quoi qu'on dise ; il récompense quelquefois ceux qui l'ont servi.

Dans le département du Nord, aux portes de Dunkerque, s'élève une chaîne de montagnes sablonneuses, mobiles et envahissantes. Impossible d'arrêter ces dunes par le procédé de Brémontier ; le pin maritime ne réussit pas sous cette latitude, et d'ailleurs il n'y a pas un arbre qui tienne contre les vents farouches de la mer du Nord. Il fallait inventer autre chose. Un ancien représentant de 1848, M. Gaspard Malo, armateur à Dunkerque, a trouvé le secret d'utiliser le fléau, de changer le mal en bien, de tourner à notre avantage ces mêmes dunes qui semblaient n'exister que pour nous nuire. Non-seulement il les fixe, mais il les cultive avec profit. Il plante en lignes une sorte de chiendent indigène, connu dans le pays sous le nom d'oya. L'oya trace beaucoup, ne pivote point et s'attache par toutes ses racines à la surface du sol. Dès que la plantation a pris, la dune est fixée. Le cultivateur revient alors, et, sur ce fonds désormais immobile, il sème de la luzerne. Le sable blanc des dunes n'est stérile qu'en apparence ; il contient une énorme quantité de calcaire ; l'Océan, qui l'a roulé dans ses vagues, l'a chargé de sels précieux. La luzerne y lève bien ; elle y plonge indéfiniment ses racines pivotantes, et bientôt, étouffant l'oya, elle s'étend libre et maîtresse en belles prairies ondulées. Je ne crois pas que personne ait encore loué publiquement l'heureuse et simple découverte de M. Malo. J'en parle *de visu*, mais c'est un pur hasard qui m'a conduit jusqu'aux dunes de Dunkerque. Qu'importe si l'inventeur obtiendra jamais la gloire qu'il mérite ? Il est sûr de laisser la France un peu plus belle et plus riche qu'elle ne l'eût été sans lui. Il a supprimé une non-valeur de la terre.

Les non-valeurs abondent encore dans notre pays, quoique la France soit un des sept ou huit coins du monde où il en reste le moins. Sous un ciel privilégié, sur un sol cultivé depuis bien des siècles, on trouve de vastes étendues de terre inutile aux hommes. Parcourez la Sologne, la Dombes, la Bretagne, la Camargue et vous serez de mon avis. Presque tous les sommets de nos montagnes sont nus à faire peine. Or, les montagnes déboisées nous procurent des inondations, comme les marais croupissants nous donnent la fièvre :

on dirait que la nature a voulu, pour stimuler notre zèle, que toute richesse négligée devînt un danger de mort.

Il faut ajouter à la liste des non-valeurs absolues celle des non-valeurs relatives. Par exemple, une terre à blé si on la cultivait en bois; une terre à viande comme la vallée d'Auge ou le Cotentin, si on la cultivait en blé; une rivière à truites, si elle ne nourrissait que du brochet; un étang à carpes, si l'on n'y trouvait que des ablettes. Tout grand jardin sans abeilles[1] est une non-valeur relative, puisqu'on y perd tous les ans, sans profit pour personne, un bon quintal de miel. Une terre où le braconnage a détruit le gibier ne donne pas tout ce qu'elle doit à l'homme, et, fût-elle aménagée dans la perfection à tous les autres égards, elle rentre par un côté dans la catégorie des non-valeurs[2].

L'existence des non-valeurs, soit absolues, soit

---

1. Le revenu annuel de toutes les ruches de France s'élève à neuf millions environ (8 817 817 fr.). Il serait facile de le tripler, au grand profit des diverses cultures, car l'abeille aide à la fécondation des fleurs. Elle marie les pistils aux étamines en distribuant le pollen.

2. La magnifique terre d'E.... près de Lieusaint, est affermée pour 75 000 francs. La chasse se loue à part au prix de 4000.

relatives, s'explique par trois causes, qui sont : l'ignorance, la pauvreté ou l'indifférence du possesseur. Exemple : j'ai cent hectares de mauvaises terres en Sologne, mais je ne sais pas qu'il serait facile de les améliorer par la chaux ; ou je le sais, mais il me manque les 20 000 francs dont j'aurais besoin pour en gagner 100 000 ; ou je possède ce bien sans en être propriétaire, et je n'ai aucun intérêt à me priver de mes revenus pour accroître un capital qui ne m'appartient pas.

De ces trois causes, la première est combattue activement par la propagation des lumières : les Bixio, les Barral, les Jourdier, les Léonce de Lavergne et leurs disciples auront bientôt appris à tous les propriétaires tout ce qu'ils ont intérêt à savoir. La seconde disparaîtra presque aussi vite, grâce aux institutions de crédit foncier, qui sont une des merveilles de notre temps. Mais, quant à la troisième, on ne la supprimera pas sans l'emploi des moyens héroïques : il faudra éveiller l'intérêt personnel par des mesures qui sont tout une révolution.

Je ne crains pas de dire que la presque totalité des non-valeurs de la terre appartient aujourd'hui à des êtres impersonnels : l'État, les communes, les établissements de bienfaisance. Un hospice possède un champ de 10 000 francs ; il l'affermie au premier paysan solvable par un bail de neuf années, et s'assure un revenu net de 250 francs à 2 1/2. Supposez que le fermier, homme instruit et à son aise, vienne dire au conseil d'administration : « Remettez-moi le fermage des quatre premières années, je drainerai ce champ qui en a bon besoin, et je vous payerai 4 1/2 pour le reste du bail. » Le conseil répondra d'une voix unanime : « Nous savons assez d'arithmétique pour comprendre que $450 \times 5 = 250 \times 9$; mais vous pouvez mourir au bout de quatre ans, ou faire de mauvaises affaires. D'ailleurs les pauvres, nos pupilles, ne peuvent pas vivre d'espérance durant quatre ans. Enfin, nous n'avons pas été investis de l'administration d'un hospice pour augmenter ses revenus, mais pour les percevoir et les employer régulièrement. » Ces messieurs sont dans leur rôle, et personne n'a le droit de les blâmer; mais s'ils vendaient le champ à ce paysan solvable et capable, les 10 000 francs placés à 5 rapporteraient 500 francs aux malheureux, et le champ drainé rendrait 7 ou 8 au propriétaire. Tout le monde y gagnerait, les pauvres, le paysan et les administrateurs eux-mêmes, qui pourraient consacrer quelques heures de plus par semaine à leurs affaires ou à leurs plaisirs.

Si quatre cents villageois possèdent en commun une propriété de vingt hectares, vous pouvez dire à l'avance que ce terrain ne sera ni drainé, ni amendé, ni fumé, ni cultivé. Chacun en tirera ce qu'il peut; personne n'y dépensera un sou de capital ou un quart d'heure de travail. Les conseillers municipaux, chargés d'administrer la fortune publique, donneront l'exemple de l'incurie ou du gaspillage, et le communal, fût-il une terre à chanvre de première qualité, ne rendra pas 1/2 pour 100. La raison? Parce que c'est le communal. Vendez ces vingt hectares au premier venu; je ne dis pas à un Gasparin ou un Mathieu de Dombasle, mais à ce petit berger qui rôde là-bas avec douze moutons : la commune aura bientôt une maison d'école, et les vingt hectares produiront cinq cents hectolitres de blé.

Or, les communes de notre pays possédaient en 1861 tout près de 5 millions d'hectares (4 873 360) et sur cette immense étendue, représentant la onzième partie du sol français, il n'y avait pas 600 000 hectares en culture.

L'État possède des forêts pour 1500 millions à ce qu'il croit; je ne crains pas d'élever le chiffre à 3 milliards. L'estimation officielle évalue l'hectare à 1000 ou 1200 francs; c'est par modération que je me contente de doubler le chiffre, car je sais des forêts entières dont le mobilier seul, c'est-à-dire le bois, vaut 7 à 8000 francs.

Ce capital énorme a donné en 1863 un produit net de 33 millions en chiffres ronds, c'est-à-dire 1 pour 100 et le dixième en sus. Or l'État, propriétaire d'un si beau domaine, est chargé de dettes : son passif s'élève à plus de dix milliards dont il paye les intérêts à 5 pour 100. Que penserions-nous d'un fils de famille qui servirait des intérêts à 5 pour 100 et garderait un domaine rapportant 1 et un dixième? Nous nous empresserions de le faire interdire.

Entre les mains de quelques propriétaires intéressés, les forêts nationales rendraient jusqu'à cinq. L'État paye tout plus cher que vous et moi, et vend tout à meilleur marché.

Un propriétaire autre que l'État, faisant ses affaires lui-même, confierait la garde de ses forêts à des serviteurs et non à des fonctionnaires. Ses intérêts seraient mieux défendus et la rapine plus énergiquement réprimée. On détruirait en peu de temps le fléau du vagabondage forestier. Vous ne verriez plus des populations entières vivre sur une forêt comme la vermine sur un gueux. Il y a plus de cent mille français dont l'unique industrie consiste à ramasser des feuilles sèches et à faire des fagots de bois mort. Comme c'est un métier qui ne donne pas de quoi vivre, on y ajoute le vol de bois sain et le braconnage, qui conduit souvent au meurtre, comme chacun sait.

Lorsque les gardes forestiers seront des serviteurs à gages et non des fonctionnaires publics, ils ne nourriront plus un troupeau de vaches avec les jeunes pousses de la forêt. Ils seront armés d'une carabine et non d'un fusil de chasse à deux coups ; ils protégeront le gibier au lieu de le détruire. Combien d'espèces utiles ou charmantes ont déjà disparu de nos bois ! Dans la forêt de X, la gelinotte abondait encore il y a dix ans ; elle a disparu. Pourquoi ? Il y avait, dit la légende, un garde qui excellait à prendre les gelinottes. Les rossignols eux-mêmes sont partis ; il y avait un garde sans rival dans l'art de prendre les rossignols !

L'administration va crier que je la calomnie. Il y a des règlements, des arrêtés formels. Aucun garde ne peut nourrir plus de deux vaches, et il doit les faire paître exclusivement dans les chemins de la forêt. Aucun garde ne peut avoir des chiens, ni tendre des piéges au gibier, ni sortir avec un fusil de chasse. A qui le dites-vous ? Mais quand les témoignages les plus accablants viendraient se réunir contre un de vos fonctionnaires ; quand son brigadier, son garde général, son inspecteur et le conservateur lui-même sauraient qu'il braconne, qu'il pille, êtes-vous bien certains qu'on le mettrait à la porte? C'est un père de famille, on le connaît, il a rendu quelques petits services, apporté quelques humbles présents, de vassal à seigneur; il ne fait tort qu'à l'État qui est riche, ou à ce monsieur de Paris qui loue la chasse; enfin il est fonctionnaire, c'est-à-dire membre d'un corps où tout se tient de la tête aux pieds. S'il n'était qu'un domestique il ferait son devoir; sinon, chassé dans les vingt-quatre heures.

Essayez seulement de vendre les forêts nationales, et vous verrez si l'intérêt personnel ne décuple pas la production du gibier, tout en quadruplant le revenu des bois!

Lorsque toutes les forêts de l'État et des communes seront régies par l'intérêt personnel, on pourra autoriser le défrichement de toutes les plaines. Un terrain propre à la culture du blé ne doit pas s'éterniser dans la production du bois. « Mais vous allez mettre à nu tout le sol de la France! — Au contraire. On exigera que le propriétaire, avant de défricher un hectare en pays plat, prouve qu'il a planté avec succès deux hectares de montagne, et même quatre si vous voulez!

« — Mais où trouver des citoyens assez riches pour verser trois milliards d'un seul coup? — Rien ne vous oblige à tout vendre à la fois; la prudence la plus élémentaire veut même que l'aliénation des forêts et le rachat de la dette ne se fassent pas en moins de vingt ans. Autrement on déprécierait ce qui est à vendre et l'on ferait hausser outre mesure ce qu'il s'agit de racheter. »

Il serait bon que chaque forêt à défricher fût acquise en bloc par une Compagnie et devînt le noyau d'une grande exploitation rurale. Les Compagnies sont des êtres collectifs comme l'État ou la commune, mais quelle différence dans le principe et dans l'action! Mettez en parallèle le fonctionnaire le plus zélé et le directeur d'un chemin de fer. Lequel des deux est choisi pour son talent, en dehors de toute influence? Libre dans son action, tant qu'il fait bien? Révoqué dès qu'il fait mal? Responsable de tout? intéressé si directement à la prospérité de l'entreprise qu'il ne puisse s'enrichir qu'en faisant la fortune des associés? L'autre est pétri de conscience, de timidité, de soumission, de morgue, de routine et de mécontentement. Que vous passiez à son bureau pour verser un million ou pour toucher pareille somme, vous le trouverez également maussade et grognon, car la vue des gros capitaux lui rappelle à chaque minute son traitement de deux mille écus et la retraite de 3000 francs, seul espoir de sa vieillesse.

Un fonctionnaire honnête homme, s'il possède un benêt de fils entre vingt et un et vingt-cinq ans, n'hésitera pas à le demander pour secrétaire. Il ne se risquerait point à l'employer comme ingénieur, s'il exploitait une mine ou un haut fourneau. C'est que dans le premier cas les bévues du nigaud ne portent préjudice qu'à la France.

Il est avéré dans notre pays que faire tort au public c'est ne faire tort à personne. Voilà pourquoi l'opinion a toujours mis une grande distance entre un contrebandier, par exemple, et un voleur.

La Compagnie du chemin de fer du Nord a poursuivi, rejoint et arrêté jusqu'en Amérique trois caissiers qui lui avaient fait tort. Ces trois individus courraient peut-être encore s'ils n'avaient pris que les médailles de la Bibliothèque ou quelque autre trésor national.

Mais nous reviendrons encore plus d'une fois sur la puissance des associations et la faiblesse de la société.

Nos gouvernants de l'heure présente, qui ne manquent pas de bonne volonté, s'appliquent sérieusement à la pisciculture. Ils comprennent qu'on rendrait un service immense à 37 millions d'hommes assez mal nourris si l'on parvenait à repeupler nos cours d'eau. Fleuves, rivières, ruisseaux, canaux, tout est chez nous à l'état de non-valeur absolue ou relative. Certes, l'État est assez riche pour fonder dix magnifiques établissements comme celui d'Huningue et produire chaque année plusieurs milliards de petits poissons. Mais ce n'est pas tout de les faire éclore ; il faut les élever et les protéger jusqu'à l'âge adulte. A qui confiera-t-on ce soin délicat? On hésitait naguère entre l'administration des eaux et forêts et celle des ponts et chaussées qui a fini par l'emporter. Mais à quoi bon? Les ingénieurs des ponts et chaussées ont mille affaires, et le braconnier d'eau douce n'en a qu'une. Il se lève à toute heure; tous les moyens lui sont bons pour détruire. Il a de longs filets qui tamisent littéralement une rivière; il n'épargne ni le frai, ni le poisson engourdi qui fraye; quand tous ses engins sont en défaut, il ne craint pas d'empoisonner un torrent pour prendre une demi-douzaine de truites. A cette férocité de l'intérêt personnel, quelle barrière opposer? Nous avons les garde-pêche, mais ils sont fonctionnaires, et parfaitement désintéressés dans la question. Ils auraient bien de la vertu s'ils se brouillaient avec leurs voisins, leurs amis, leurs compères, pour rendre service au public, qui ne leur en sait aucun gré.

Mais supposez qu'il se fonde une compagnie particulière pour la culture et l'exploitation d'un cours d'eau. L'intérêt personnel est éveillé : on choisit un directeur intelligent, qui aura tant pour cent sur les bénéfices. On crée à peu de frais une fabrique d'alevins; on sème en pleine eau les espèces utiles, on détruit les nuisibles; on fait surveiller la pêche par des serviteurs intéressés; on assure une prime à tous les agents de l'autorité locale qui saisiront un braconnier sur le fait; on prend des mesures efficaces contre le colportage et la vente du poisson dans la saison du frai; en un mot, on fait sa police soi-même et on la fait bien, parce que le profit est au bout. Dans ces conditions, un modeste capital peut rendre cent pour cent avant la troisième année; l'État, propriétaire des cours d'eau, se crée un nouveau revenu, le peuple est mieux portant parce qu'il est mieux nourri et le Progrès va son train sans que les chefs de bureau aient sacrifié une minute de leur précieux loisir.

La marée couvre et découvre alternativement sur nos têtes une bande de 2075 kilomètres de long et d'environ 200 000 hectares de superficie. Le propriétaire de cette vaste étendue n'en tire aucun profit : c'est l'État. Si l'État consentait à aliéner ce domaine inutile, l'intérêt privé y cultiverait le poisson, le homard et les huîtres; on y récolterait cent millions par année en 1870. Mais l'administration suivra-t-elle les conseils du plus pratique de nos savants! Permettra-t-elle à M. Coste d'ajouter un nouveau bienfait à tous ceux que la France lui doit déjà?

Je n'ai pas la prétention d'énumérer tous les biens que nous laissons perdre et que le Progrès emploiera tôt ou tard au profit de l'humanité[1]. Nos cours d'eau ne serviront pas seulement à nourrir des troupeaux de poissons; l'irrigation les répandra en larges nappes sur nos prairies pour remplacer l'engrais qui nous manque; les

---

1. Les citoyens français excrètent bon ou mal an, pour 600 millions d'engrais ; ils en jettent plus de moitié dans les rues ou dans les rivières. Le paysan laisse périr par évaporation un bon tiers du fumier produit par son bétail. Il méprise le purin, cet or liquide! Mais l'or même est négligé chez nous, et l'on n'en tire pas les services qu'il devrait rendre. Que de millions dorment encore dans les tiroirs poudreux ou dans les bas de laine, sans profit pour personne! Le peuple le plus vaudevilliste du monde ne sait pas qu'une somme de mille francs oubliée pendant un mois dans une armoire fait tort de cinq francs à son propriétaire et de cinq francs au pays. Jetez-la dans les affaires, elle produira 6 pour 100 de revenu net qui représentent au moins 12 de revenu brut : total dix francs par mois à répartir. Nous sommes bêtes.

modestes industries de la campagne tireront parti de leur force, qui chôme aujourd'hui presque partout. Chaque ferme un peu bien située aura sa machine à battre, transformable en moulin et en coupe-racines. Dans les plaines sans eau, on utilisera la puissance de l'air, qui est incalculable. Savez-vous que la moindre bourrasque qui effleure le sol de la France est une force de plusieurs millions de chevaux? Les Américains plantent sur leur maison un petit moulin à vent qui tire l'eau du puits et rend mille services domestiques : c'est un serviteur ailé, comme le follet dont parle La Fontaine. Les mêmes Américains, qui sont décidément plus pratiques que nous, mettent en magasin l'hiver lui-même, pour le retrouver en été. Il gèle aussi dans nos campagnes, mais la vue des fleuves et des étangs glacés ne nous inspire que l'idée de battre la semelle. On fait provision de glace à Paris et dans les grandes villes; mais les neuf dixièmes de la France n'y ont jamais pensé. Cependant la construction d'une glacière dans chaque village ne coûterait pas beaucoup plus cher que le coq du clocher de l'église; et quand un malade a besoin de glace en été, ce n'est pas la vue d'un coq doré qui le guérit. N'allez pas dire au moins que je conseille la destruction des églises! Loin de là! Je voudrais que le moindre clocher fût armé d'un paratonnerre contre les inadvertances du ciel.

On exploitera, un jour ou l'autre, tous les trésors enfouis; non-seulement les mines et les carrières qui sont encore à trouver, mais les biens précieux que nous manions journellement sans le savoir. Depuis cent siècles et plus, nous pétrissons l'argile; il n'y a pas dix ans que M. Deville en a tiré le premier lingot d'aluminium. Depuis combien de temps l'agriculture met-elle à profit les gisements de phosphate fossile? C'est un progrès qui date d'hier. Les Grecs et les Romains exploitaient les mines de houille; les Français n'ont appris à s'en servir que depuis cent cinquante ans. Il n'y a guère plus de trente ans que nous en tirons le gaz d'éclairage; c'est hier seulement qu'on a trouvé dans le résidu des usines à gaz les admirables couleurs qu'il contient. Pour moi, je ne passe jamais auprès des rebuts accumulés en montagnes auprès de toutes les fabriques, sans penser que la chimie exploitera un jour ces mines dédaignées, au grand profit du genre humain. Et la mer, cette immense mine liquide, dont nous tirons à peine tous les ans quelques poignées de sel[1]!

1. La mer Morte renferme 3 kilogrammes de bromure de

En vérité, lorsqu'on voit tout ce qu'il reste à faire de beau et de bon dans un petit pays de cinquante-cinq millions d'hectares, on s'explique difficilement la mélancolie et la désespérance des jeunes générations qui s'écrient, en plongeant les mains dans leurs poches : « Qu'avions-nous besoin de naître? Il n'y a plus d'ouvrage pour nous! »

Aimables jeunes gens, si les travaux de l'agriculture et de l'industrie ne vous paraissent pas dignes de vos talents; si vous craignez de déroger en canalisant nos rivières, en défrichant nos solitudes, en perçant des chemins à travers nos montagnes, éloignez-vous pour quelques années du boulevard ou du clocher natal; affrontez les fatigues et les dangers de quelque long voyage aux pays inconnus; enfoncez-vous dans les profondeurs de l'Afrique centrale, de l'Australie ou de la Nouvelle-Calédonie; et le plus chétif d'entre vous deviendra grand comme Alexandre, car il aura ouvert de nouveaux chemins à la civilisation. Si ces travaux vous font peur, enfermez-vous dans un poêle comme Descartes ou dans un cabinet obscur comme Malebranche et cherchez la solution des problèmes métaphysiques

---

magnésium dans chaque mètre cube d'eau. On peut donc la considérer comme un vaste réservoir de brome.

que ces rêveurs sublimes n'ont pas résolus. Si la métaphysique vous paraît vide, écrivez des contes pour les petits enfants ou une histoire de France en un volume à l'usage des hommes mûrs. Livrez-vous à la peinture, à la sculpture, à la musique et produisez de belles choses; c'est encore une façon de faire le bien. Il n'y a point d'arts inutiles, et l'homme qui contribue au plaisir de ses semblables, qu'il s'appelle Homère ou Perrault, rend service à l'humanité.

VIII

LES NON-VALEURS DE LA SOCIÉTÉ.

Malheureusement, le peuple le plus spirituel du monde ne progresse qu'à son insu, ou même à son corps défendant.

Réunissez dans la plaine Saint-Denis toutes les mères de famille et demandez à chacune d'elles quel avenir elle rêve pour son fils. Vous n'en trouverez pas deux qui préfèrent l'humble gloire de Parmentier, de Jacquart ou de Franklin aux épaulettes d'un colonel, à la mitre d'un évêque ou l'habit brodé d'un préfet. Les pères seront du même avis, et les fils ne feront aucune résistance : tous les cœurs de la nation battent à l'unisson pour la passementerie, qui ne fut dans aucun temps la livrée du Progrès.

Les ouvriers du Progrès, gent fort peu galonnée, sont :

Les agriculteurs, grands et petits, depuis le plus riche éleveur de la Normandie, jusqu'au dernier garçon de charrue ;

Les artisans, grands et petits, depuis M. de Lesseps qui perce l'isthme de Suez, jusqu'au plus humble terrassier ;

Les artistes en tout genre, depuis M. de Lamartine et M. Ingres jusqu'aux peintres d'enseignes et aux poëtes de cabaret ;

Les professeurs et savants de tous étages, depuis François Arago jusqu'au sous-maître d'une école primaire ;

Les marins du cabotage et du long cours, depuis l'armateur jusqu'au mousse ;

Les commerçants, depuis M. de Rotschild qui vend des millions au sultan des Turcs jusqu'à l'épicier de village qui vend des sulfates en détail pour le chaulage du blé.

L'administration, la diplomatie, l'armée, la flotte, la magistrature, le barreau et le clergé sont des institutions très-honorables et très-utiles, mais créées à la seule fin de conserver le monde tel qu'il est. L'enseignement, l'agriculture, l'industrie, le commerce, les arts et les sciences ont pour but de le rendre meilleur qu'il n'est. Voilà ce qu'il faudrait persuader à toute la France.

En Amérique et même en Angleterre, lorsqu'un enfant vient au monde, on se demande : que fera-t-il? En France, on dit : que sera-t-il? « A quels galons, madame, destinez-vous M. votre fils? — Je voudrais que mon fils fût habillé comme tout le monde; qu'il ne commandât à personne, mais que personne n'eût d'ordres à lui donner; qu'il travaillât obscurément dans la mesure de ses facultés, à son bonheur et à celui des autres. — Hélas ! vous n'avez donc pas d'ambition pour lui ! »

C'est la monarchie de Louis XIV et de Louis XV qui nous a faits si ridicules. En 1764, la France était la propriété d'un homme médiocre et corrompu à qui Dieu l'avait donnée, disait-on. L'honneur consistait à s'approcher du roi, à le servir, à mériter ses bonnes grâces, à obtenir de lui un peu de pouvoir et d'argent. De là, le prestige des fonctionnaires.

En 1864, la France n'appartient à personne. L'honneur consiste à être libre et à bien faire. Mais cette vérité n'est pas encore entrée dans les esprits. Le peuple se tient bouche béante devant les beaux emplois et les gros traitements; il oublie à chaque instant que tout cela vient de lui et revient à lui. Le peuple français ressemble à ce sculpteur de l'antiquité qui fit un Jupiter tonnant et tomba sottement à genoux devant son propre ouvrage.

Regardez un propriétaire campagnard lorsqu'il entre dans les salons de son préfet. Les beaux meubles qu'il a payés, l'habit brodé dont il a doré les coutures, l'embonpoint majestueux dont il fait les frais, tout l'intimide à tel point qu'il se laisserait couper en morceaux plutôt que d'accepter une chaise. Mais le plus singulier, c'est que le préfet lui-même oubliera peut-être de l'inviter à s'asseoir. Il s'imagine aussi, par une distraction moins explicable, qu'il tient son autorité du roi Louis XV, et qu'il est (au second degré) l'élu de Dieu.

Dans ces siècles déplorables qu'on appelle par antiphrase le bon vieux temps, il n'y avait de sécurité pour les biens et les personnes que dans le pouvoir. De là, ce désir immodéré d'être quelque chose. La révolution de 1793 ne nous en a pas guéris, au contraire. Elle a rendu les emplois accessibles à tout le monde et inspiré à tous les citoyens la rage d'y parvenir. Pas une ville en France qui ne sollicite un collége gréco-latin ; pas un père qui ne se saigne pour donner l'instruction classique à son fils, et pourquoi? Parce que le collége aboutit au baccalauréat, qui est la porte majestueuse et stupide de toutes les carrières publiques.

En théorie, le programme du baccalauréat embrasse toutes les sciences. Pic de la Mirandole, ressuscité et remis au collége pendant dix ans, ne trouverait pas réponse à tant de questions. En pratique, « il nous faut 30 000 bacheliers par an, disait M. Guizot, pour le recrutement des services publics. »

Si l'on trouvait moyen de simplifier la machine administrative, on économiserait 15 000 bacheliers par an. Et l'on ne m'ôtera pas de l'esprit qu'au bout de dix années 150 000 jeunes gens enrégimentés dans les industries et les arts utiles finiraient par donner une belle poussée au Progrès.

Avec la somme de talent et d'activité que nos 500 000 fonctionnaires dépensent pour arriver, pour se maintenir en place, ou pour passer sur le corps de leurs concurrents, on résoudrait tous les problèmes scientifiques, industriels et commerciaux, qui retardent la marche de l'humanité. Avec la somme de courage, de discipline et d'abnégation que nos 500 000 soldats promènent de caserne en caserne dans une seule année de paix, on construirait un pont de Calais à Douvres dans l'intérêt du commerce et de la civilisation.

Je lisais ce matin le programme d'un concours qui s'ouvrira le mois prochain dans seize villes de France. Les candidats doivent être vaccinés, irréprochables au point de vue des mœurs, et nés dans une famille où l'on ait de quoi vivre. Ils prouveront qu'ils écrivent correctement le français, et qu'ils rédigent avec une certaine élégance ; ils répondront par écrit et de vive voix aux questions qu'on voudra leur adresser sur la géographie, l'arithmétique, l'algèbre, la géométrie, le levé des plans, la physique, la chimie, la botanique et la géologie. Les vainqueurs de ce combat seront admis à servir gratuitement durant quelques années dans l'administration des tabacs.

Il me semble que le premier venu de tous ces aspirants surnuméraires en saurait assez long pour faire une fortune dans le commerce ou l'industrie. Mais il ne serait peut-être pas invité à la soirée annuelle du sous-préfet.

On sera bien étonné dans cent ans si l'on découvre qu'il existait en 1864 des savants dont l'unique emploi était de recevoir et d'emmagasiner le tabac des manufactures impériales. « Assurément, dira-t-on, il fallait que la nation entière fût bien instruite en ce temps-là. » Mais que pensera la postérité, si elle apprend qu'à la même époque, dans le même empire, plusieurs millions d'adultes ne savaient ni lire, ni écrire, six cent mille enfants ne fréquentaient aucune école, et un bon million de citoyens des deux sexes n'entendaient pas la langue du pays? Car enfin nous sommes là; et si tous les pouvoirs qui se sont succédé depuis 1789 n'avaient pas gouverné au jour le jour, ils auraient mis une certaine coquetterie à enseigner notre langue aux Alsaciens, aux Bretons, et à quelques autres peuplades qui sont assurément françaises par le cœur, mais qui ne le sont guère par la voix.

Est-ce à dire qu'il faille transformer tous les fonctionnaires en maîtres d'école, comme on a transformé par mesure générale tous les fusils à pierre en fusils à piston? Rassurez-vous; je ne vais pas si loin.

Mais si l'on me permet d'emprunter une comparaison aux sciences industrielles, je dirai que nos manufactures à vapeur employaient autrefois la vieille machine de Watt, une énorme, coûteuse et bruyante machine, armée de volants gigantesques, chargée de lourdes ferrailles et terriblement avide de charbon. Le Progrès l'a remplacée par un appareil simple, économique, presque silencieux, et qui fait la même besogne. On pourra, j'en suis sûr, introduire un perfectionnement du même genre dans la machine administrative, et faire la besogne avec moins de fonctionnaires, qui prendront moins sur le budget. Les hommes qu'on économisera se livreront à des travaux plus utiles ; l'argent ménagé trouvera entre les mains du peuple un meilleur emploi.

Il est certain, par exemple, que les progrès du sens commun tendent à guérir la manie ruineuse des procès. Déjà, la jolie comédie des *Plaideurs* devient assez difficile à comprendre ; encore un pas en avant, et personne ne l'entendra plus. Les charges d'avoués sont en baisse, faute de clientèle ; l'esprit de conciliation gagne du terrain à mesure que les hommes comprennent mieux le prix du temps. Nous n'aurons pas toujours autant de tribunaux civils.

Les Progrès de l'instruction publique, si la nation s'y met sérieusement, abaisseront d'année en année la moyenne des délits et des crimes : il nous faudra moins d'avocats et moins de juges, moins de greffiers, d'huissiers et de geôliers.

Les progrès de la science économique, en introduisant le libre échange absolu, économiseront un beau matin le zèle et le dévouement de

27 000 douaniers. C'est ainsi que les progrès de la moralité ont rendu au travail utile le personnel assez nombreux qui vivait sur la loterie.

Les progrès de la conscience publique, en supprimant la contrainte par corps, renverront à l'industrie honnête tous les gardes de commerce et tout l'état-major des prisons pour dettes. En ce temps-là, qui n'est pas loin, je l'espère, MM. les exécuteurs feront d'excellents bouchers.

Les progrès de la liberté nous affranchiront de la censure ; et les membres de toutes les commissions d'examen, hommes de science et de talent pour la plupart, reprendront les travaux honorables par lesquels ils ont débuté dans la vie.

Les progrès du droit des gens et l'invasion de l'honnêteté dans la politique européenne congédieront l'armée permanente et nous permettront d'utiliser 500 000 paires de bras, et 500 millions tous les ans.

Ai-je besoin de faire observer au lecteur intelligent que toutes les non-valeurs de la société sont des non-valeurs relatives ? Tout homme, quel qu'il soit, quoi qu'il fasse, fût-il le dernier des ignorants et le plus dangereux des fous, vaut mieux que rien ; la plus humble existence humaine a son prix. Si j'ose porter au compte des non-valeurs des classes entières, et les plus importantes de la société actuelle, c'est que je me place au point de vue du Progrès. Un diplomate plein de malice, un administrateur plein de sagesse, un capitaine plein de courage et d'entrain, sont des hommes très-utiles, très-précieux, indispensables même dans l'état présent de notre société; mais ils ne lègueront aucun *mieux* à l'avenir. Ces trois individus, s'ils étaient entrés dans la carrière du progrès, où il y a place pour tous les hommes, auraient peut-être trouvé la direction des aérostats, ou la charrue à vapeur, ou la synthèse qui doit concilier les tourbillons de Descartes avec la gravitation de Newton.

Toute une moitié de la nation, le sexe féminin, appartient à la catégorie des non-valeurs relatives. Assurément, la nature n'a rien fait de meilleur ni de plus intelligent que la femme; elle est propre à tous les travaux de l'esprit; elle est capable de tous les actes de dévouement et d'héroïsme. Elle est plus courageuse que l'homme (et sans cela, la terre serait dépeuplée depuis longtemps); elle est plus sobre; elle a toujours plus de finesse et souvent plus d'élévation dans les idées. Elle aborde avec succès le commerce, l'industrie, l'art, les lettres, les sciences, la politique même, lorsqu'un heureux hasard la met hors de page et émancipe ses talents. Mais l'homme, qui s'applique si bravement à perfectionner ses bœufs, ses chevaux et ses chiens; l'homme qui a su dresser les éléphants à danser la polka, les barbets à faire l'exercice et les petits oiseaux à dire la bonne aventure, met presque autant de zèle à rabaisser sa compagne et son égale par la plus odieuse et la plus sotte éducation.

J'ai lu je ne sais où, mais assurément dans des livres écrits en style noble, que le christianisme et la chevalerie avaient mis la femme sur le trône : comment se fait-il donc qu'elle soit encore gouvernée comme une ilote en jupons? Pourquoi l'instruction qu'on lui donne est-elle entièrement tournée à l'ignorance ou à la niaiserie? Dans quel intérêt traitons-nous son cerveau comme le mandarin traite les pieds de sa chinoise? Pourquoi poursuivons-nous d'une sorte de réprobation toute femme qui cultive un autre art que la musique? Pourquoi le travail est-il organisé de telle façon qu'une femme ne puisse honnêtement gagner sa vie? Pourquoi les industries féminines par excellence sont-elles envahies par MM. les lingers, corsetiers et couturiers, tandis qu'une femme est généralement reçue à coups de fourche lorsqu'elle se présente comme compositeur dans une imprimerie[1]?

Tout ce système d'iniquité n'aurait-il point sa source dans l'égoïsme du sexe fort? Il me semble que le roi du globe terrestre abaisse la femme tant qu'il peut afin de l'employer à son profit ou à son agrément comme un joli bétail. On ne veut avoir en elle qu'un instrument de multiplication ou une machine à plaisir.

Mais les esclaves antiques se vengeaient quelquefois du despotisme de leurs maîtres. L'esclave de la société moderne se venge toujours, et cela innocemment, sans y songer, en suivant la pente fatale où nous l'avons poussée nous-mêmes. Voici comme.

Nous voulons avant tout que la femme soit fidèle à son mari. Mais, comme le mari n'a pas le temps de se faire aimer, ce qui rendrait la fidélité facile et charmante; comme il faudrait une certaine application pour faire naître en elle la vraie vertu, qui n'est que la fleur de la raison cultivée, nous trouvons plus économique de confier son éducation à une communauté de

---

[1]. Je ne connais que deux imprimeurs qui osent donner du travail aux femmes : M. Didot et M. Dupont. *Quos honoris gratiâ nomino*.

sciences, sans excepter la science de la vie, animées du zèle le plus pur et le plus ardent pour les intérêts du ciel. Nous espérons que, formée à cette école, la jeune fille apportera dans le monde une provision d'ignorance angélique à l'épreuve de toutes les tentations.

Le même père qui cite avec orgueil les succès de son fils dans les arts ou les sciences, est encore plus fier de pouvoir dire à son gendre: « Je vous livre un petit ange qui n'est jamais sorti du couvent, qui n'a rien vu, qui ne sait rien; un véritable trésor d'ignorance! »

Ainsi raisonnent les deux tiers du peuple français, si j'en crois le dernier Exposé de la situation de l'Empire. Les deux tiers des jeunes filles de notre pays sont élevées par des religieuses dignes de tous les respects, mais sans autre certificat de capacité que leurs lettres d'obédience.

Si l'éducation de ces enfants avait été confiée à des mères de famille pieuses, dévotes même si l'on veut, mais d'une dévotion éclairée, d'un esprit cultivé par l'étude et affranchi de toutes les superstitions puériles, la jeune vierge apporterait dans son ménage une sainteté douce, aimable et contagieuse. Elle aurait, sans nul doute, un peu plus de religion que son mari; cependant les deux époux, éclairés de la même lumière, pourraient mettre en commun un fonds d'idées communes. La raison plus mûre chez l'un, la foi plus vive chez l'autre, ne formeraient qu'une de ces nuances fugitives que l'amour et l'habitude effacent aisément.

Mais entre le collége où nous élevons nos fils et le couvent où nous élevons nos filles, il y a plus qu'une nuance : c'est une barrière.

Cette pauvre petite belle, qui a vu de tout près et envié plus d'une fois les énervantes suavités de la vie monastique, va s'éveiller un beau matin entre les bras d'un avocat qui raisonne, d'un agent de change qui calcule, ou d'un soldat qui jure. Il n'y a peut-être pas six mois qu'elle écrivait à ses parents, sur un papier tout chamarré d'emblêmes mystiques, pour leur déclarer sa vocation ardente, irrésistible. Quel changement! La voilà bien dépaysée, et son mari ne l'est pas moins auprès d'elle. Tout ce qu'il dit, tout ce qu'il fait la scandalise ou pour le moins l'effarouche. Lui-même ne peut s'empêcher de la trouver niaise et de hausser les épaules à tous les mignons préjugés qu'elle fait voir, à toutes les petites pratiques dont elle a contracté l'habitude. L'amour concilie tout, jusqu'au dernier quartier de la lune de miel; mais après? Tous les dimanches matin, tous les vendredis à l'heure du repas, tous les jours au sujet d'un spectacle, d'un sermon, d'un livre, d'une robe plus ou moins montante; à propos de tout, à propos de rien, on constate avec aigreur qu'on n'a pas été élevés l'un pour l'autre.

Plus la jeune fille a profité de son éducation, plus il sera difficile de signer une paix durable. Ses vertus même à la fin seront prises en grippe, et le mari qui l'estime, qui l'aime bien, qui ne peut s'empêcher de respecter et de chérir en elle la mère de ses enfants, ira chercher ailleurs des vertus moins célestes et des préjugés moins agaçants.

Voilà comment les femmes les mieux nées, les mieux douées et les mieux dotées, contribuent quelquefois elles-mêmes, et fort innocemment, à la destruction de la famille.

Les pères comprendront un jour que la jeune fille, n'étant ni plus mauvaise ni plus sotte que son futur mari, doit connaître les mêmes vérités, marcher au même but et fonder ses vertus sur la même raison. Il suffirait de donner au sexe gracieux une bonne et solide éducation laïque pour doubler l'armée du Progrès, resserrer les liens du ménage et ruiner cette société extra-conjugale (le *Demi-Monde* de Dumas fils), qui prospère terriblement[1].

A qui la faute? Un garçon sans fortune trouve un emploi, une occupation utile aux autres et à lui-même; il gagne sa vie; souvent il crée un capital. Une fille sans argent n'a qu'une ressource, une industrie, un commerce possible. De là cette prostitution qui nous déborde.

« Il en faut! » disent les philosophes de la police. « Nous avons même organisé quelque chose de normal et de semi-officiel dans l'intérêt des mœurs. La débauche administrative et réglementaire que nous couvons sous nos ailes est une soupape de sûreté. Le trop plein des passions du peuple s'échappe par-là. Sans cette précaution, les vierges de bonne famille ne seraient pas en sûreté dans la rue. » Est-il encore opportun de réfuter ce vieux paradoxe cynique? C'est un de ces lieux communs du mensonge que tout le monde répète et auxquels personne ne croit. Ignorez-vous, bonnes gens, que tous les vices sont frères? que, dans les sociétés corrompues, le viol n'est pas en raison inverse mais en raison directe de la prostitution? que l'un et l'autre ont

---

1. A Paris, sur 100 naissances, l'état-civil enregistre 28 enfants naturels.

leur source dans la brutalité des passions, l'impatience de jouir et le relâchement du frein moral? que la politesse, la courtoisie, le respect de la jeune fille sans défense se réfugient dans les petites villes honnêtes et patriarcales dont la prostitution n'a jamais sali le pavé? Non, ce n'est pas dans l'intérêt des bonnes mœurs que la police se résigne à tolérer les mauvaises. C'est parce que la prostitution est un fruit nécessaire de l'arbre social tel qu'il est planté, la tête en bas, les racines en l'air. C'est parce qu'un demi-million de filles sans fortune, sans mari, sans éducation morale, sans talent ou sans débouchés pour leur talent, n'ont d'autre capital exploitable que leur corps, et que si on les empêchait d'en faire commerce, il faudrait les nourrir ou les tuer.

Je n'apprendrai sans doute à personne que la population de notre pays a cessé de croître depuis quelques années[1]. Ce temps d'arrêt ne peut s'expliquer que par une épidémie. Or, nous n'avons eu ni peste, ni choléra, ni famine; l'épidémie

---

1.   En 1821............ 963 358 naissances
       En 1860.......... 946 875 —

Cependant la France est plus peuplée; pourquoi? Parce que la richesse, la nourriture, la salubrité et la médecine sont un progrès : on meurt moins.

est dans les mœurs. A l'exception de quelques cas assez rares, toute femme de plaisir redoute la maternité comme une faillite de son corps, une ruine de son commerce. Il suit de là que la corruption croissante de nos mœurs à Paris et dans les grandes villes réduit le chiffre de la population ou l'effectif de l'armée du Progrès. Il n'y aura jamais trop d'hommes sur la terre; il n'y en aura jamais assez. Toute existence est un bien par elle-même, puisque l'être et le bien sont identiques. Ajoutez que l'individu peut produire par son travail plus qu'il ne consomme pour la satisfaction de ses besoins, et que, par conséquent, chaque naissance augmente le capital vivant de la société.

Donc il faut réagir contre tous les vices, tous les préjugés et même toutes les lois qui tendent à faire décroître la population.

Émile Augier a résumé dans un vers célèbre (Nous pourrons nous donner le luxe d'un garçon) un préjugé de notre bourgeoisie. Les hommes les plus riches et les plus moraux du temps présent croient agir en bons citoyens et en bons pères lorsqu'ils limitent leur postérité. Ils se font un devoir de ne pas engendrer plus d'enfants qu'ils n'en peuvent enrichir. S'ils se conformaient simplement à la nature, comme le prolétaire qui suit l'instinct, ils donneraient plus d'hommes à la société, et des hommes plus utiles, c'est-à-dire plus actifs. Ajoutez qu'ils assureraient mieux le bonheur de leurs enfants en les poussant sur le chemin de la fortune qu'en leur fournissant les moyens de vivre sans travail.

La loi réactionnaire du 8 mai 1816, que 1830 et 1848 n'ont pas su abroger, ajoute tous les ans un appoint au demi-monde, et contribue pour sa part à la décroissance de la population. Qu'est-ce que le mariage ? Un contrat par lequel l'homme s'engage à protéger sa femme, et la femme promet d'être fidèle à son mari. Si l'un des deux contractants viole la foi jurée, il dégage la liberté de l'autre; c'est une vérité d'évidence. Un mari trompé par sa femme redevient aussi libre que s'il n'avait jamais dit oui. Il reste veuf, et aucun pouvoir ne devrait lui défendre de former une autre union. La femme contre qui les tribunaux ont prononcé le divorce reprend son nom de fille; elle est exclue du mariage à tout jamais. Elle a prouvé qu'elle était incapable de remplir ses engagements, et la société ne permet pas qu'elle aille trahir un autre homme. Les enfants, s'il y en a, demeurent avec l'époux qui n'a point failli. La même loi s'applique avec la même rigueur au mari qui a maltraité grossièrement sa femme. Ainsi le veut le sens commun, et le législateur de 1792, et le vrai Code Napoléon. Ainsi fait-on en Angleterre, en Allemagne, en Russie, en Pologne, en Suède, en Grèce, en Turquie et même en Belgique. Pourquoi la France a-t-elle remplacé une loi si juste et si décente par la ridicule séparation de corps? Pourquoi une femme condamnée pour adultère promène-t-elle dans les ruisseaux le nom honorable de son mari? Pourquoi l'époux trahi, s'il veut offrir une seconde mère à ses enfants, est-il réduit à prendre une maîtresse? Pourquoi celle qui n'est plus sa femme conserve-t-elle à cent lieues de lui le singulier privilége de lui donner des héritiers?

Pourquoi? Parce que le législateur de 1816 a cru voir une contradiction entre le Code Napoléon et un texte de l'Évangile. Ce texte[1] est sujet à la controverse; à telles enseignes que tous les protestants et beaucoup de catholiques l'interprètent moins étroitement que nous. Mais fût-il de la clarté la plus éblouissante, il ne constituerait qu'un article de foi; il ne devrait exercer aucune action sur un code laïque et moderne.

1. XIX Matth.

Les lois sont l'expression de la raison publique à un moment donné de l'histoire ; il est dans leur essence de s'améliorer incessamment, à mesure que l'humanité progresse et que l'idée du bien s'éclaircit.

IX

LES VILLES ET LES CAMPAGNES.

Que gagnez-vous par an? — Par an? Ma foi, monsieur,
        Repartit d'un ton de rieur
Le gaillard savetier, ce n'est pas ma manière
De compter de la sorte, et je n'entasse guère
Un jour sur l'autre. Il suffit qu'à la fin
        J'attrape le bout de l'année.
        Chaque jour amène son pain.

Le budget du savetier de La Fontaine a été pendant de longs siècles et pour ainsi dire jusqu'aujourd'hui le budget de tous les petits bourgeois de nos villes. On vivotait. L'artisan gagnait par journée « tantôt plus, tantôt moins, » et mangeait en proportion. Chemin faisant, il apprenait le métier à son fils. Le garçon héritait de l'atelier et de la clientèle, et nourrissait le père sur ses vieux jours. Le petit commerce cheminait du même pas que la petite industrie. Avec peu d'ambition, peu d'argent, peu de crédit, peu de marchandise et peu de clientèle, on gagnait tout juste de quoi laisser venir la mort. M. Jourdain, le bourgeois gentilhomme, est une exception presque aussi rare qu'Alceste, le courtisan honnête homme.

L'artisan pauvre et isolé, obligé de tout faire par ses mains et avec ses propres ressources, produit peu et lentement : il est forcé de vendre cher. Le petit boutiquier est dans le même cas ; il achète de cinquième ou sixième main ; il garde longtemps la marchandise, il ne renouvelle pas son argent deux fois dans l'année ; il perd une multitude de choses par vétusté, décomposition, caprice de la mode, et le reste.

Si la somme de produits fabriqués en un an par dix hommes pouvait être créée par deux dans l'espace de six mois, il est évident que le consommateur aurait neuf personnes de moins à nourrir, à vêtir et à loger. Car c'est lui qui donne aux artisans de quoi vivre.

Si la ménagère de village qui a besoin d'un mille d'aiguilles pour son année pouvait les acheter directement au manufacturier, il est tout aussi évident qu'elle ne serait pas obligée de donner quelques centimes à chacun des sept ou huit intermédiaires qui se sont passé les aiguilles de main en main jusqu'à elle. Ces petites vérités économiques sont tellement rebattues aujourd'hui, tellement enfantines qu'on est presque honteux de les écrire.

Et cependant si l'on venait dire à tous les ouvriers en boutique, à tous les artisans qui se privent du nécessaire, à tous les petits fabricants qui s'endorment chaque soir sous l'épée de la faillite : « Vous êtes trop nombreux pour nous et pour vous-mêmes; vous nous ouvrez trop de bouches à nourrir en proportion des services que vous nous rendez; aussi êtes-vous tous assez mal nourris. Liquidez votre position, mettez votre actif en commun, associez vos talents et fondez-nous de belles manufactures! » Ils pousseraient des cris de Mélusine et jureraient qu'on les écorche vifs. « Nous sommes maîtres chez nous, et nous irions nous faire ouvriers chez les autres! Passez votre chemin, bonhomme, et laissez-nous travailler sans profit jusqu'à ce que mort s'ensuive. Car tel est notre bon plaisir! »

Si l'on disait à tous les petits marchands de Paris et de la province : « C'est beaucoup de quatre épiciers dans la même rue; dix-neuf marchands de nouveautés dans une ville de six mille âmes, c'est beaucoup. Ne feriez-vous pas mieux de vous associer, corps et biens, pour entreprendre le commerce en grand, que de vous dévorer les uns les autres? » Chacun d'eux répondrait sans hésiter : « Je suis au-dessus de mes affaires, c'est mon voisin qui fera faillite avant six mois, car il n'entend rien au commerce et je suis incomparablement plus malin que lui. »

A votre aise, mes amis! Charbonnier est maître en sa maison. C'est pourquoi tous les charbonniers de Paris s'exténuent chaque matin à fendre des cotrets qu'ils vendent un sou. Le plus humble cours d'eau traversant une forêt à cent lieues du département de la Seine fendrait en une saison tous les cotrets qui se brûlent à Paris, et les marchands pourraient avoir ce bois tout débité presque au même prix que les bûches; mais charbonnier est maître en sa maison d'attraper une pleurésie, si tel est son bon plaisir.

Je ne vous mettrai pas à la porte de chez vous; je n'en ai pas le droit. Permettez-moi seulement d'écrire sur les murs de vos petits ateliers et de vos petites boutiques trois mots tirés de l'Écriture sainte : *Mané, Thécel, Pharès.* Les grands capitaux mangeront les petits.

Ceci n'est pas une menace en l'air, mais un

fait bientôt accompli. Jetez les yeux sur la dernière page de votre journal, et vous verrez que le million a pris en main toutes les affaires lucratives. Il est armateur, assureur, conducteur d'omnibus, cocher de fiacre, maçon, filateur, tisserand, mineur, forgeron, tailleur, cordonnier, aubergiste et restaurateur, remorqueur, lapidaire, directeur de théâtres, marchand de nouveautés, épicier, chiffonnier, boulanger, verrier; l'eau, la houille, le gaz, le zinc, le fer et l'acier lui appartiennent en propre. Il est tout, il a tout. Il a même raison, s'il faut qu'on vous le dise! car il n'a pas accaparé pour vendre cher, mais pour produire à bon marché; car il n'est pas la richesse égoïste d'un seul, mais la fortune de tous mise en commun dans l'intérêt de tous! Allez à lui avec le peu que vous possédez; il vous associera d'emblée à ses bénéfices.

L'association règne dès aujourd'hui dans l'industrie et le commerce. Elle a créé tous nos chemins de fer, que l'État lui-même n'eût pas osé entreprendre; elle a creusé une partie de nos canaux; elle reconstruit nos grandes villes, elle exploite nos mines, elle a rendu facile tout ce qui paraissait impossible il y a cent ans. Elle offre de tels avantages à tout le monde que la plupart des habitants des villes transforment leur fortune en valeurs mobilières pour tirer meilleur parti de leur capital; que le consommateur éloigné des centres trouve un profit réel à envoyer ses commandes à un grand magasin de Paris, vendant de seconde main, au lieu de s'adresser à la boutique voisine [1]; qu'enfin tout jeune homme intelligent gagne plus à s'engager comme travailleur ou comme employé dans une grande entreprise qu'à se lancer tout seul dans une petite, au péril de son avoir, de sa considération et de sa liberté.

Comme le progrès de l'association a entraîné tout d'abord le perfectionnement de l'outillage et l'emploi général de la vapeur, on a pu croire un instant que cette révolution industrielle laisserait beaucoup de bras sans ouvrage et beaucoup d'hommes sur le pavé; de là quelques émeutes. Mais les besoins du peuple ont crû plus vite encore que la production, et l'industrie a manqué de bras au milieu de ses puissantes machines. La création des chemins de fer devait supprimer, disait-on, tous les voituriers de la France; elle les a multipliés. Le besoin de loco-

---

[1]. Cette vérité a fait un tel chemin dans l'opinion publique que le moindre détaillant de Paris se déguise en compagnie, en société, en comptoir général, pour inspirer plus de confiance à la clientèle.

motion s'est développé encore plus rapidement que la facilité des transports.

L'attrait de l'association, l'espoir de profiter des chances de fortune qu'elle offre à tous les hommes de bonne volonté, a provoqué l'émigration des campagnes vers les villes. Paris surtout, centre de presque toutes les grandes associations, attire les paysans par milliers. Est-ce un mal? Est-ce un bien? Question grave.

Le préjugé régnant et presque officiel assure que c'est un mal. Le fait est que les gouvernements, qui tiennent à vivre, et qui sont dans leur droit, redoutent un tant soit peu ces grandes accumulations d'hommes autour du moteur administratif. Ils craignent que cent mille paires de bras, condamnées au chômage par quelque crise politique ou industrielle, ne s'avisent (comme on l'a déjà vu) de briser la machine. Une autre réflexion, moins directe et moins personnelle, fait craindre à nos hommes d'État que les champs ne restent sans culture. Il est certain que les bras manquent dans les campagnes. Traversez la France du nord au sud, de l'est à l'ouest, c'est partout la même doléance et quelquefois le même cri.

Quant à moi, dussiez-vous un instant m'accuser de paradoxe, je veux voir tous les pauvres émigrer à la ville et tous les riches émigrer à la campagne; la France ne sera prospère et éclairée qu'à ce prix.

Le domaine de l'industrie est infini; le champ de l'agriculture nationale est limité par les frontières de la France. Il se passera bien des années avant que nos concitoyens aient autant de maisons, de navires, de voitures, de meubles, d'armes, d'outils, d'habillements, de linge et de souliers qu'il leur en faut pour vivre bien. Quand l'industrie aura fourni tout cela en abondance au peuple français, aucune puissance humaine (pas même l'Angleterre) ne lui défend d'exporter ses produits chez les peuples moins industrieux. Le programme de l'agriculture est beaucoup plus modeste : tirer de 55 millions d'hectares tout ce qu'ils peuvent produire annuellement sans s'épuiser. S'il était démontré que 6 millions d'individus suffisent à cette besogne, il serait non-seulement inutile mais absurde d'y consacrer vingt millions de Français.

Absurde n'est pas assez fort; c'est funeste qu'il fallait dire. La France ne consomme pas assez de pain (97 millions d'hectolitres de blé pour 36 millions d'hommes) la France manque de viande[1],

---

1. D'après la statistique officielle de 1840, citée par M. Mi-

de cuir et de laine; la France est obligée d'aller chercher des chevaux à l'étranger parce qu'elle a trop de cultivateurs.

La révolution de 93, en morcelant les biens nationaux, a fait une chose agréable au peuple et même utile pour un certain temps. Il est bon qu'il y ait beaucoup de propriétaires; un propriétaire est un homme plus heureux, plus pacifique, plus civilisé, plus complet et pour ainsi dire plus étendu que celui qui n'a rien; car la propriété est comme une rallonge de la personne humaine. Le code civil a consacré un principe d'équité naturelle en supprimant le droit d'aînesse. Mais personne n'avait prévu l'effet désastreux que ces deux causes associées devaient produire en un demi-siècle. Le paysan, ivre de propriété, a fait pour la terre toutes les folies qu'un amant fait pour sa maîtresse. Tout le monde a voulu acheter, presque personne n'a

---

chel Chevalier, la ration moyenne d'un citoyen français se réduisait à 20 kil. de viande par année. Elle est de 23 kil. d'après le dernier document publié par le ministère de l'agriculture (1859). Et dans ce chiffre si modeste la charcuterie compte pour plus d'un tiers.

Pour ce qui est du blé, j'ai pris un chiffre beaucoup plus récent dans le livre de M. de Charnacé (1863). Trente-sept millions de Français devraient consommer 111 millions d'hectolitres; ils n'en ont absorbé que 97 l'an passé.

voulu vendre. Si un hectare tombait aux mains de dix héritiers, chacun d'eux prétendait garder et cultiver ses dix ares[1]. Celui qui avait entre les mains un petit capital disponible ne s'en servait pas pour améliorer sa terre, mais pour en acquérir une nouvelle. La concurrence des acheteurs a produit une telle hausse que le revenu net est tombé en plus d'un endroit au-dessous de 2 pour 100. Et plus d'un malheureux, aveuglé par la passion, empruntait à des taux usuraires de quoi payer le prix de son champ! C'était la ruine organisée ; la ruine des hommes et du sol. Car la terre ne tarde pas à s'épuiser si l'on ne lui restitue sous forme d'engrais les éléments qu'on lui a pris sous forme de récolte. L'hectare de blé nous donne en moyenne 17 hectolitres[2]; l'expérience a démontré qu'il en pouvait donner trente.

1. Au 1ᵉʳ janvier 1851, on comptait en France, 7 846 000 propriétaires. La propriété du sol était divisée en 126 millions de parcelles ! Sur 7 846 000 propriétaires, trois millions étaient considérés comme indigents, ou à peu près, et dispensés pour cette raison, de la contribution personnelle. On en comptait 600 000 dont l'impôt, en principal, ne dépassait point un sou par an. Les calculs datent de 1851, nous sommes en 1864, et il est certain qu'en treize ans la division du sol a fait encore du chemin.

2. 1863. M. de Charnacé.

Il faut avouer, pour être juste, que l'opiniâtreté du paysan a fait des miracles. Le malheureux compte pour rien son temps et sa peine, il se donne par-dessus le marché. Il y a tel canton de France, surtout dans le voisinage des villes, où la terre arable paraît tamisée par le travail; où la mauvaise herbe est arrachée avant de croître; où les salades plantées en quinconce et serrées l'une contre l'autre, laissent croître un poireau dans chaque intervalle, pour ne pas perdre un centimètre carré. Mais quand tout le pays deviendrait, comme la Chine, un merveilleux spécimen de culture maraîchère (et c'est là que nous allons) où trouverions-nous des engrais? Nous en demanderions au Pérou, à la Patagonie, à la population des villes, à la chimie, aux déchets de l'industrie. J'y consens; mais ces ressources fort limitées ne nous mèneraient pas loin. Et tous les engrais de l'univers ne nous donneront pas de la viande. Rien, sinon la grande culture, ne peut nous en donner.

Lorsqu'on vous fait payer trop cher un beefsteak ou une côtelette, vous vous en prenez à l'avarice insatiable du boucher, et vous n'avez pas tout à fait tort. Mais il faudrait maudire avant tout la division des propriétés. On peut élever un potiron dans un tonneau coupé en deux; on n'y peut pas cultiver des moutons ou des vaches. L'élève du bétail exige absolument deux conditions : gros capital, grand pâturage. Gros capital, parce que le bœuf dont vous nous nourrissez ne mûrit pas en moins de sept ou huit ans, s'il est indigène; de trois ou quatre, s'il est Durham pur ou croisé. Nous voilà loin, convenez-en, de ces heureuses maisons de commerce qui renouvellent leur argent à chaque saison. Le grand pâturage est nécessaire, parce que les animaux, comme les hommes, ne prospèrent pas sans une certaine dose de liberté. Les aliments pris à l'étable se transforment aisément en graisse; pour fabriquer des muscles, il faut du mouvement. Entre tous les pays de l'Europe, notre patrie jouit d'un sol et d'un climat prédestinés à la pâture. Sully disait que pâturage et labourage sont les mamelles de la France. La division des propriétés a mutilé la France à la mode des Amazones antiques : elle lui a brûlé un sein [1].

---

[1]. Sur 20 millions d'hectares cultivés, l'Angleterre en a 11 en prairies. La France en a 7 sur 42. En autres termes, nos agriculteurs consacrent un sixième de leurs terres à la production de la viande, et les Anglais plus de moitié. Il suit de là non-seulement que les Anglais ont plus de viande, mais qu'ils ont plus d'engrais, et qu'ils récoltent en moyenne 27 hectolitres de blé à l'hectare au lieu de 17. Ces chiffres sont donnés

Nos races de chevaux, cette gloire de la vieille France, ont été dégénérant avec une rapidité foudroyante depuis 1793 jusqu'à 1833. Ce n'est pas seulement aux réquisitions de l'Empire, aux rapines des alliés et à l'ingénieuse administration des haras qu'il faut attribuer ce malheur et cette honte. C'est surtout la destruction de la grande propriété foncière qui a mis la France à pied. Devant un spectacle si lamentable, on est presque tenté de regretter ces abbayes de l'ancien régime, où les moines, grands reproducteurs eux-mêmes, entretenaient des haras pour les chevaliers[1]. En 1833, une association d'hommes du monde, bien connue du public sous le nom de Jockey-Club, se cotisa très-noblement pour encourager l'amélioration des races. Le bien qu'elle a produit est considérable, et pourtant nos soldats auraient manqué de chevaux si la guerre de Crimée en 1855, si la guerre d'Italie en 1859 avait duré un an de plus. Pourquoi, sinon parce qu'il faut, coûte que coûte, reconstituer la grande propriété ?

par M. Léonce de Lavergne, le plus populaire de nos écrivains agricoles et peut-être celui qui a fait le plus de bien.

1. Voir l'excellent livre du comte de Charnacé : *Études d'économie rurale*.

Changeons le point de vue. Suivez-moi en Alsace, dans une commune de deux cents feux, peuplée d'environ mille individus des deux sexes, grands et petits, tous cultivateurs. Ils possèdent, entre eux tous, cinq cents hectares en bonne terre, c'est-à-dire un demi-hectare par tête. L'hectare vaut là de quatre à cinq mille francs. Donc ces gens sont riches en comparaison de bien d'autres. En fait, rien de plus mal vêtu, mal logé, mal nourri; rien de plus misérable et de plus ignorant qu'eux. Ne les accusez pas de paresse ou d'ivrognerie, vous auriez tort; ils travaillent toute l'année et ne boivent guère que de l'eau. Mais leurs propriétés sont si bien divisées qu'ils ne sauraient avoir ni pré ni herbage, et partant ni chevaux ni bœufs. Ils sèment par-ci par-là un bout de prairie artificielle qui leur permet de nourrir une ou deux vaches à l'étable. On met les vaches à la charrue, on les attelle à la charrette ; mais presque toutes les façons s'exécutent à bras d'hommes, presque toutes les récoltes se rentrent dans des paniers, sur la tête des femmes. Presque tous les produits se consomment sur place; seulement, le vendredi de chaque semaine les femmes vont au marché de la ville voisine vendre une paire de poulets, quelques légumes, deux ou trois douzaines de fruits. A la fin de l'année, tout le monde a mal vécu, mangé beaucoup de pommes de terre, un peu de porc et deux fois de la vache; mais personne n'a mis un sou de côté. On a même emprunté quelque argent aux petits banquiers de la ville. Le revenu net de ces 500 hectares, estimés plus de deux millions en capital, n'est pas même zéro; c'est une quantité négative. Si les habitants du village s'apercevaient un beau matin qu'ils font un métier de dupes; si, d'un commun accord, ils vendaient tout ce qu'ils ont à une association de capitalistes, le pays changerait de face en un rien de temps.

Le nouveau propriétaire commencerait par diviser la ferme en deux parties égales, dont l'une, cultivée en fourrage, nourrirait 250 têtes de gros bétail, à raison d'une par hectare. Ces 250 animaux donnent juste l'engrais qu'il faut pour mettre en valeur 250 hectares de terres labourées. On y ajoutera, si besoin est, du phosphate de chaux, de la potasse, ou tout autre amendement industriel, selon la nature du terrain et la culture qu'on veut entreprendre. Deux cents hectares en blé, bien cultivés et bien fumés, vont donner avec un peu d'effort trente hectolitres, c'est-à-dire le pain de dix hommes à l'hectare. Voilà deux mille hommes nourris par les deux cinquièmes d'un terrain dont la totalité suffisait petitement à mille. Il reste encore cinquante hectares qu'on peut consacrer aux cultures commerciales, telles que la garance, le houblon, la betterave à sucre, le lin, le chanvre, le tabac. Pendant ce temps, la viande grandit et se multiplie sur une superficie de 250 hectares. L'année suivante, on remplacera le blé par la pomme de terre, qui nourrira non plus 2000 personnes mais 5000, d'après les calculs les plus authentiques et les mieux vérifiés[1]; ou même par le maïs, qui rend 70 hectolitres à l'hectare dans les vallées de la Suisse. Vingt personnes, vingt-cinq au plus suffiront à cette exploitation qui absorbe aujourd'hui mille existences. Une vingtaine d'individus bien nourris, aidés par douze chevaux, quinze bœufs et quelques machines économiques, obtiendront sans fatigue les fruits que la terre refuse à mille travailleurs exténués. Tous les capitaux engagés dans l'affaire produiront un revenu net de 5 à 10 pour 100[2].

---

1. Tous ces chiffres sont puisés à la source la plus irréprochable. Lisez l'*Examen du système protecteur*, édition de 1853, par Michel Chevalier. Cependant je dois avouer qu'en France le rendement du maïs n'est pas de 70 hectolitres à l'hectare, mais de 14, en chiffres ronds, d'après les documents officiels de 1859.

2. Si l'on adopte les calculs très-compétents de M. Ed. Le-

Mais les paysans dépossédés? Que deviendront ces 975 individus à qui nous avons persuadé qu'il fallait vendre leur modeste domaine?

Ne vous hâtez pas trop de les plaindre. D'abord ils ont un petit capital qui peut fructifier assez joliment dans l'industrie. Une famille de quatre personnes qui aurait vendu deux hectares il y a quelques années pour placer 10 000 francs dans l'usine Cail, tirerait aujourd'hui 22 pour 100 de son capital, c'est-à-dire 2200 francs de rente. Celle qui, redoutant les hasards de l'industrie, eût placé son argent en rentes sur l'État, jouirait d'un revenu de 500 francs environ. C'est 500 francs de plus qu'elle ne gagnait au village; car chaque individu est rentré en possession de ses deux bras; il peut travailler dans une fabrique ou se placer comme serviteur dans une maison de la ville : or il n'y a ni travail ni domesticité plus pénible que le labeur et la servitude du paysan.

Mais l'État n'a-t-il pas à craindre que ces propriétaires déchus ne deviennent des perturbateurs? Ils n'auront garde. En échangeant leur im-

---

couteux, la culture *intensive*, qui fume la terre au maximum pour lui faire donner son produit maximum, est un placement à 15 1/2 pour cent.

meuble rural contre des valeurs mobilières, ils n'ont fait que resserrer le lien qui enchaînait leurs intérêts privés à la sécurité publique. Les révolutions n'atteignent le propriétaire foncier que dans ses revenus; elles menacent la propriété mobilière dans son capital. Le plus léger désordre dans les rues de Paris a pour effet certain de faire baisser tout le papier qui circule en France. Or, une baisse d'un pour 100 sur 40 milliards de valeurs, détruit 400 millions sans profit pour personne dans les poches de tous ceux qui possèdent des actions. La paix publique a donc tout à gagner dans la transformation que je propose. Mille villageois expropriés de leur libre consentement demeurent propriétaires sous une autre forme. La terre qu'ils cultivaient mal et qui valait deux millions sans rien rapporter, est mobilisée elle-même, c'est-à-dire mise en actions, ce qui permet d'intéresser plusieurs milliers d'individus à la prospérité d'une seule ferme. Et nous avons résolu ce problème posé dernièrement par M. le marquis d'Andelarre : augmenter le nombre des propriétaires en diminuant le nombre des propriétés.

Un économiste a dit fort ingénieusement que la civilisation d'un peuple se peut mesurer à la quantité de fer qu'il consomme. Il me semble qu'on pourrait encore indiquer un autre étalon. C'est le rapport de la population agricole à la totalité du peuple. En Russie, les hommes des champs font à peu près toute la nation. En France, ils en font la moitié. En Angleterre, c'était le quart en 1852; aujourd'hui ce n'est peut-être plus que le cinquième [1]. Commençons par rejoindre les Anglais. Mais j'espère fermement que nous ne nous arrêterons pas en si beau chemin. Il suffirait de trois ou quatre millions d'individus pour cultiver logiquement la France.

Le village est la dernière forteresse de l'ignorance et de la misère. Méditez une minute sur le dénûment physique et moral du paysan qui n'a rien [2]. Sa pauvreté notoire, montrée au doigt, est

1. Il y a dix ans on y comptait 306 767 fermiers et agriculteurs en général; aujourd'hui ce nombre est descendu à 249 276. C'est une diminution de 20 pour 100. Toute la population agricole a décru simultanément.

	1854	1864
Fermières....................	201 735	163 735
Fils et filles de fermiers..........	275 170	176 161
Propriétaires de fermes..........	34 627	30 766
Ouvriers agriculteurs dans les fermes......................	235 943	155 401
Servantes dans les fermes.......	128 251	46 561
Ouvriers de culture habitant hors des fermes..................	1 027 877	958 270

2. D'après la statistique agricole de 1859, t. II, p. 416, les

aggravée par la honte. Est-il faible et délicat, les enfants le battent volontiers. Les femmes lui font l'aumône, mais comme on peut la faire lorsqu'on a juste assez pour vivre. Est-il robuste ? on l'em-

dépenses habituelles d'une famille moyenne de journaliers (père, mère, et trois enfants) s'élèvent à 604 fr. 46 c. par an pour le logement, le pain, les légumes, la viande, le lait, le vin, la bière et le cidre, le sel, l'habillement, le chauffage l'impôt, etc Le même ouvrage, que je ne saurais trop louer, car il est plein des renseignements les plus précieux groupés dans un ordre admirable, nous apprend qu'un journalier moyen travaille moyennement 215 jours, et gagne en moyenne 1 fr. 41 c., non nourri. Une femme, dans les mêmes conditions, fait 139 journées à 0 fr. 89 c. Un enfant, 82 journées à 0 fr. 64 c. Il suit de là que ces cinq personnes à supposer qu'elles soient toutes en âge de travailler et qu'elles ne tombent jamais malades, gagnent dans leur année $303^f.15 + 113^f.71 + 3 \times 51^f 68 = 571^f.90$, ou $32^f.59$ de moins que le total de leurs dépenses moyennes. Donc, les journaliers de la campagne soldent régulièrement leur budget en déficit, et leur vie, si pénible déjà, se complique d'une faillite inévitable. Que sera-ce s'ils ont des charges de famille, des vieillards à nourrir, des nouveau-nés à allaiter? Or, nous comptons en France 2 216 682 journaliers mariés, de l'un et l'autre sexe. Et savez-vous combien de personnes à leur charge? 2 723 273. Ce chiffre est pris, comme tous ceux qui précèdent, dans les deux excellents volumes officiels rédigés par l'honorable M. Legoyt. Que direz-vous maintenant de ces sages conseillers, de ces moralistes charitables qui prêchent aux journaliers le séjour des champs, le jeûne et la faillite? Sont-ils des philanthropes ou des meurtriers par imprudence?

ploiera, car il est bien convenu que les bras sont demandés partout. Mais on le nourrit et on le rétribue avec une parcimonie dérisoire, et, ce qu'il y a de plus triste à dire, le maître le plus généreux ne pourrait agir autrement. Le revenu net de la terre est déjà si peu de chose! Le maître lui-même travaille pour rien, et vous voudriez qu'il payât ses garçons de charrue! Je ne parle que pour mémoire de l'ignorance incurable où croupit le mercenaire des champs. Si on ne lui a pas appris à lire quand il était petit, où trouvera-t-il une école ouverte aux adultes? D'ailleurs ce n'est pas quand on s'est levé à trois heures du matin qu'on est tenté de courir à la classe du soir. Et voilà l'homme que certains moralistes persécutent de leurs sermons pour qu'il demeure au fond de son trou! Ne les écoute pas, mon garçon; mets tes meilleurs souliers, si tu en as, et prends le chemin de la ville. Là-bas, personne ne te jettera des pierres dans la rue sous prétexte que tu es pauvre. Tu y trouveras des écoles du soir, si tu veux t'instruire; des hôpitaux, si tu tombes malade; un service de bienfaisance organisé, si tes petites affaires ne vont pas. Mais tu y trouveras surtout le travail intelligent, utile au capitaliste, au consommateur et à l'ouvrier lui-même. Sois honnête et actif, tu vivras; peut-être même, si les choses tournent bien, amasseras-tu un joli pécule. On a vu plus d'un pauvre paysan faire fortune à la ville ; on n'a jamais conté qu'un pauvre citadin se fût enrichi au village. C'est pourquoi, fais ton paquet!

La critique va m'objecter que, si l'indigent des campagnes émigre volontiers à la ville, il en est tout autrement du paysan propriétaire. Celui-là se cramponne à sa masure et à son champ; hardi qui l'en viendrait arracher! Je le sais bien, et je ne songe pas à violenter personne. J'indique ce qui me paraît bon; le temps et le raisonnement feront peut-être le reste. N'a-t-on pas déjà vu, dans nos départements de l'Est, des villages presque entiers donner leur démission, vendre tous leurs immeubles et s'enfuir en Amérique? L'État de l'Ohio les voit encore arriver de temps à autre ; il y a un quartier alsacien dans la ville de Cincinnati. Beaucoup de paysans français ont la vocation de l'agriculture; c'est un don très-heureux qu'il ne faut pas négliger. Lorsqu'un homme intelligent a fini par comprendre que la culture en petit est un travail de dupe, il échange ses trois ou quatre hectares de terre épuisée contre un domaine un peu éloigné, mais vaste et neuf. Rien de mieux ; le mal est que nos émigrants ne se décident à quitter la France que le jour où il ne leur reste plus rien. Le mal encore est qu'ils s'en aillent coloniser l'Amérique du Nord quand nous avons des colonies à nous.

Nous n'en avons peut-être pas assez pour la satisfaction de la vanité nationale, mais nous en avons plus qu'il ne faut pour tirer d'affaire en quelques années quinze millions de paysans. Cette admirable ressource est à peu près perdue, car excepté les îles à sucre et à café, aucune de nos colonies ne rend à la métropole un demi pour cent du capital qu'elle a coûté.

On assure, pour nous consoler, que le génie et le tempérament de la race française sont impropres à la colonisation. Je croirai qu'on dit vrai lorsqu'on aura tenté une expérience au moins dans des conditions favorables. Écumer dans quelques villages de l'Alsace une population épuisée, la transporter au milieu d'une plaine inculte et malsaine, la soumettre à la discipline militaire, lui distribuer des rations et lui bâtir de méchants gourbis, voilà ce que la France a fait de mieux jusqu'à cette heure par les puissantes mains de l'État.

Un publiciste qui a fait un assez beau chemin (puisqu'il règne aujourd'hui sur 36 millions d'hommes) a écrit cette phrase que l'on devrait graver en lettres d'or sur tous nos monuments publics : « Il faut éviter cette tendance funeste qui entraîne l'État à exécuter lui-même ce que les particuliers peuvent faire aussi bien et mieux que lui. »

Supposez que l'État, converti à cette idée très-judicieuse, se décide à traiter l'Algérie, le Sénégal, la Guyane, la Nouvelle-Calédonie, comme le parc de Monceaux. On appelle les grands financiers; on leur vend au prix de deux ou trois francs l'hectare toutes les terres coloniales qui n'appartiennent à personne. Chacun de ces messieurs commence par trouver des actionnaires (c'est le fonds qui manque le moins); ils versent dans les coffres de l'État une somme assez ronde. Savez-vous que notre Sénégal, à lui seul, est aussi grand que l'Espagne? La première formalité remplie, chaque banquier se hâte d'ouvrir un boulevard Malesherbes conduisant de la Madeleine à la colonie qu'il veut exploiter. En autres termes, un service de bateaux à vapeur et de transports à voiles. Cela fait, on pourvoit aux communications intérieures par un réseau de chemins de fer économiques, provisoires, avec autant de stations qu'on trouvera de points salubres. On procède alors au lotissement des terrains, et l'on revient dire aux cultivateurs du doux pays de France :

« Qui est-ce qui veut échanger un hectare de mauvais terrain contre 500 hectares de bon ? Vous vous tuez sans profit sur un malheureux coin de terre qui vous a coûté 5000 francs ; nous vous offrons au même prix 500 hectares tout neufs que nous avons achetés 1500 francs, où nous en avons dépensé 1000. Notre bénéfice est de cent pour cent, et personne n'y peut trouver à redire ; mais vous gagnez dix fois plus que nous. N'oubliez pas de vous munir du capital nécessaire à votre premier établissement ; si, par quelque accident, la somme était insuffisante, une compagnie de crédit foncier, établie par nos soins et à notre profit, vous prêterait jusqu'à 2500 francs sur un gage de cinq mille. Une autre vous bâtira votre maison au plus juste prix, si vous ne préférez la construire vous-même ; une autre vous donnera du bétail à cheptel autant que vous en pourrez nourrir ; une autre assurera votre vie au profit de vos enfants, dès que vous gagnerez assez pour ne pas craindre d'écorner votre revenu. La facilité des transports que nous avons établis vous assure contre la nostalgie ; nous ne sommes plus au temps où l'émigrant s'expatriait sans esprit de retour. Les lignes de fer que nous avons tracées suppriment presque tout le danger des défrichements. C'est depuis la chute du jour jusqu'au lever du soleil que la terre remuée exhale des miasmes. L'ouvrier qui peut se réfugier tous les soirs en lieu sain a véritablement peu de chose à craindre[1]. Au bout de quelques années, quand tout le pays sera défriché et mis en culture, vous pourrez vous installer en toute sécurité chez vous, et vous régnerez en famille sur un territoire aussi étendu que tout le ban de votre ancien village. Enfin nous vous garantissons, pour couronner l'édifice, le plus précieux de tous les priviléges et le plus rare : personne ne vous protégera ! Vous serez défendus, comme il convient, contre toute invasion étrangère ; mais vous n'aurez jamais à redouter cette protection à l'intérieur, cette providence taquine, ruineuse et exaspérante qui a fait avorter jusqu'à ce jour presque toutes les colonies du peuple français. »

L'expérience apporterait sans doute quelques modifications à ce programme, mais il est bon dans son ensemble ; il a même fait ses preuves (les Anglais, les Hollandais et les Américains peuvent le dire) et la France y viendra. Nous ne verrons assurément pas cette besogne accomplie, mais il y a quelque consolation à la prévoir.

1. DE L'ALGÉRIE, *sous le rapport de l'hygiène et de la colonisation*, par le Dr Cabrol, médecin principal d'armée. Strasbourg, 1863.

Il serait peut-être imprudent de prendre un homme au cinquantième degré de latitude nord et de le transporter sans transition au dixième. Mais entre la France et le Sénégal nous avons cette admirable Algérie qui doit être la première étape et comme le jardin d'acclimatation de nos émigrants. Quand les Anglais veulent envoyer un régiment aux Indes, ils commencent par le mettre en garnison à Malte. Nos émigrants suivront la même méthode, sage et sûre. Ils s'arrêteront quelques années et au besoin quelques générations dans ces plaines fertiles que les puits artésiens arrosent depuis dix ans et que les chemins de fer ne tarderont point à peupler. C'est pourquoi j'admire faiblement la mesure plus magnanime que prévoyante qui vient de rendre à la propriété indivise et à la barbarie une grande moitié du sol algérien.

Tous les produits de l'équateur finiront par s'acclimater chez nous, pourvu qu'on leur ménage la transition. On les transportera graduellement à Alger, à Marseille, à Lyon, à Paris, ou, suivant une autre route, à Alger, à Bordeaux, à Nantes, et sur les côtes du Finistère où l'air humide et tiède en décembre permet aux arbousiers de passer l'hiver au jardin. L'émigration des hommes remontera ce courant. Elle ira de France en Algérie, pour rayonner bientôt vers la Guyane, le Sénégal, nos lamentables possessions des Indes orientales et la Cochinchine, si nous y restons. Entre le détroit de Gibraltar et le canal de Suez, ces deux grandes routes dont l'une sera bientôt ouverte et l'autre bientôt libre[1], Alger sera la station, le magasin, le dépôt, l'hôtellerie.

Mais la France? Que sera-t-elle? A quoi ressemblera-t-elle quand les progrès de l'agriculture et la marche de l'émigration en auront fait sortir 15 millions d'hommes? Est-ce que nos petits enfants habiteront un désert égayé par la fumée de quelques manufactures? N'en croyez rien. Personne ne songe à dépeupler les campagnes : on voudrait seulement les peupler de gens heureux.

Savez-vous pourquoi le *Times* est si long qu'il faut la journée d'un homme pour le lire? C'est parce que les Anglais ne placent pas le bon-

---

1. Les Anglais étonneront l'Europe par leur désintéressement. Vous les verrez bientôt restituer Gibraltar à l'Espagne comme ils ont remis les îles Ioniennes au petit royaume de Grèce. C'est que la construction et l'armement des navires ont bien changé depuis dix ans. Pour mettre Gibraltar en état de barrer le passage à une flotte cuirassée, il en coûterait deux milliards, sinon plus. Mais c'est au nom du principe des nationalités qu'on rendra à l'Espagne ce rocher espagnol.

heur au même endroit que nous. Nous le logeons à la ville et par excellence à Paris; ils ne le voient qu'à la campagne.

Il y a quelques années, à bord d'un paquebot du Lloyd autrichien, je liai conversation avec deux négociants qui voyageaient pour affaires. L'un était Provençal, l'autre Anglais du Lancashire. Tous les deux poursuivaient le même but sur terre et sur mer : cent mille francs de rente. Mais leurs châteaux en Espagne ne se ressemblaient que par la base.

« Moi, disait le Provençal, j'irai manger mes rentes à Paris. Marseille est bon et beau, mais il n'y a qu'un Paris au monde. Dîner au restaurant, flâner sur le boulevard, causer dans les cafés, regarder les boutiques du Palais-Royal, faire un tour en voiture aux Champs-Élysées, applaudir tous les soirs une pièce nouvelle, voir les bals de l'Opéra et surtout vivre gaiement au milieu des hommes les plus spirituels du monde : voilà l'existence comme je la comprends, et elle n'est possible qu'à Paris.

— Moi, disait l'indigène du comté de Lancastre, j'ai jeté mon dévolu sur une jolie propriété d'agrément et de rapport, à 200 milles au nord de Londres. La maison n'est ni cottage ni château, mais quelque chose entre les deux. En revanche, le parc est magnifique : les pelouses les plus vertes, les eaux les plus limpides, les plus vieux chênes où jamais une corneille ait fait son nid. Des fenêtres du parloir, on voit la mer. Il y a des voisins agréables, l'un à deux milles, l'autre à quatre, sans compter le pasteur du village et un officier de la compagnie des Indes en retraite : c'est plus qu'il n'en faut pour faire un whist. J'épouserai ma cousine Arabella qui m'attend depuis sept ans et qui n'a pas sa rivale dans le Royaume-Uni pour la lecture de la Bible et les rôties au beurre. Je recevrai le *Times* et la *Revue de Westminster*, je monterai à cheval, je boirai le meilleur vin de Bordeaux à mon dessert, je ferai des heureux autour de moi et j'aurai huit enfants roses, bien portants, bien mangeants, qui grandiront dans l'amour du travail et les autres respectables traditions de la vieille Angleterre. Chacun d'eux choisira un métier conforme à ses goûts; ils iront faire fortune à Liverpool, à Manchester, à Londres, au Cap, ou même à Calcutta; après quoi ils achèteront, s'il plaît à Dieu, des cottages pareils au mien et ils s'y reposeront dans une vie honnête et douce. C'est à la ville que l'homme s'enrichit, mais c'est à la campagne qu'il jouit de la richesse.

— Nous avons raison tous les deux, répondit

le Provençal. Je comprends qu'un Anglais place le bonheur à cent lieues de la capitale, parce que Londres est une ville d'industrie, de commerce, de politique, de vanité, de misère, de brouillard, de *gin*, de plaisir nocturne et grossier. Londres ne dit rien à l'esprit. Pour l'indigène, c'est un atelier fumeux et dévorant; pour l'étranger, c'est un caravansérail splendide et stupide; pour quelques grands seigneurs qui ont des millions de revenu, c'est un théâtre où l'on peut parader trois mois. Si Paris ressemblait à Londres, j'opterais pour la campagne, ainsi que vous. »

Mon Provençal a gagné les cent mille francs de rente qu'il demandait. Il est venu s'établir à Paris au printemps de cette année; mais il trouva que Paris commence un peu trop à ressembler à Londres; et si vous aviez un joli château à lui vendre, je crois qu'il s'en arrangerait.

Il est certain que Paris a bien changé en peu d'années. Du temps qu'il ne comptait pas un million d'habitants, c'était la ville la plus aimable et la plus spirituelle du monde, gouvernée par une centaine de femmes agréables et autant d'hommes distingués. On vivait entre soi, à peu de frais, sans aucune vanité d'argent. L'esprit et la grâce, monnaies parisiennes par excellence, avaient cours en tous lieux. Le ridicule était chargé de la police; une idée juste, ou simplement comique, avait force de loi. Demandez à Gavarni, à Gautier, à Dumas, à Méry, à tous ces génies parisiens qui ont eu le bonheur de rester jeunes, tandis que Paris se faisait vieux. Ils vous raconteront ces soirées féeriques et modestes où les hommes se rendaient à pied, les mains nues, où les lustres et les diamants ne brillaient que par leur absence, où l'on ne dépensait que des bons mots et des idées piquantes, et d'où l'on sortait ébloui, fasciné par l'éclat de la jeunesse et les girandoles de l'esprit. En ce temps-là, un jeune homme faisait figure avec six mille francs de rente; on louait pour cinq cents francs, rue de Provence, un entre-sol idéal. On déjeunait d'une côtelette et d'un verre de vin; le bourgeois changeait de chemise le jeudi et le dimanche; et pourtant (chose invraisemblable), il paraissait aussi propre que nous le sommes aujourd'hui. Est-ce le blanchissage qui a dégénéré, ou notre goût qui est devenu plus difficile? Le problème est trop grave pour que j'essaye de le résoudre en courant. En ce temps-là, un volume de M. Victor Hugo se vendait à douze cents exemplaires et le bruit d'un succès si prodigieux remplissait le monde.

Une pièce de M. Scribe avait quarante représentations, et c'était l'événement de l'année. Le public du théâtre et de la librairie était restreint, mais choisi. C'était une aristocratie de vingt-mille individus qui jugeait une oligarchie de cent personnes. Pour obtenir les suffrages du monde parisien, il fallait un coup d'éclat; pour se maintenir en faveur, il fallait une série continue, une succession ininterrompue de chefs-d'œuvre. Quelques étrangers de distinction abordaient au commencement de l'hiver dans cette île fortunée. Ils n'étaient pas nombreux, car les chevaux de poste coûtaient cher, et les cahots de la diligence ont toujours été rudes. Mais ils s'amusaient, ces bienheureux! Et leur bourse n'en souffrait guère. Lorsqu'ils retournaient dans leur pays, ils décrivaient les merveilles de la vie parisienne, et semaient autour d'eux une violente curiosité de voir Paris. Quant aux Parisiens, ils ne se déplaçaient qu'à la dernière extrémité, pour affaires graves. Ils étaient bien chez eux; la dépense et la fatigue des voyages leur faisaient peur. Courir trente lieues en voiture par simple curiosité était presque un ridicule. Voyez plutôt la comédie du *Voyage à Dieppe*. Les promenades du dimanche ne dépassaient pas Montmorency. Je me rappelle l'année précise où le bois de Meudon fut découvert par quelques chercheurs d'aventures. Les chasseurs parisiens étaient parqués dans la plaine Saint-Denis. La tapissière et le coucou tournaient dans le département de la Seine comme dans un manége.

Que les temps sont changés! Je le dis sans amertume et sans tristesse. Car enfin, il ne faut pas se le dissimuler, c'est le Progrès qui a détruit la ville de Balzac et de Paul de Kock, ce pauvre, brillant, joyeux, sublime, infect et adorable Paris. N'est-ce pas la vapeur qui nous amène à toute heure du jour ce flot d'étrangers toujours nouveau, toujours croissant et de plus en plus envahissant, au milieu duquel la population du vieux Paris disparaît comme noyée? N'est-ce pas pour satisfaire la curiosité légitime de cette invasion que les théâtres de Paris, autrefois si français, si féconds, si variés, se condamnent à représenter quatre ou cinq cents fois de suite des pantomimes ineptes et éblouissantes? Il faut parler aux yeux de ces gens-là, puisqu'ils n'entendent rien aux finesses de la langue. N'est-ce pas le progrès de l'industrie et le débordement du luxe, qui, à force de multiplier les voitures, nous ont valu tant de démolitions, de percements et de boulevards? Les loyers ont enchéri; c'est un malheur pour les pauvres gens d'esprit, mais la hausse des loyers est un signe évident de la prospérité publique. N'est-ce pas à la Bourse, cette « enragée boutique » à progrès, qu'il faut attribuer la rapidité des fortunes, l'insolence des parvenus et la révolution qui a détrôné le talent au profit du million? N'est-ce pas la démocratie absolue, incarnée dans le suffrage universel, qui a placé au sommet de la société l'exemple du *high life* et du grand luxe aristocratique?

Ces conséquences du Progrès vous affectent désagréablement lorsqu'elles dérangent vos habitudes. Vous occupiez un bel appartement à bon marché, il faut en prendre un médiocre et le payer cher. Vous étiez riche avec un revenu de tant, vous vous éveillez pauvre un matin. Ce n'est pas que les voleurs aient forcé votre cabinet; c'est la livre de beurre qui a monté de vingt-quatre sous à trois francs. Tandis que vous méditez à la façon de Marius, assis sur vos propres ruines, Madame vient vous annoncer qu'il faut tripler sa pension ou qu'on la prendra partout pour une femme de chambre. Les amis que vous aviez à votre porte, que vous fréquentiez à toute heure du jour, douce et charmante habitude, commencent à vous coûter cent sous de voiture, chaque fois qu'il vous plaît de les voir. Ce Paris est devenu si grand, depuis l'annexion des banlieues! Le théâtre vous excède par l'uniformité de ses affiches lorsqu'il ne vous dégoûte point par la stupidité de ses exhibitions. L'orchestre des Italiens coûte seize francs, le prix d'un hectolitre de grain, et l'on a supprimé le parterre. Vous commencez à voir que votre Paris tant aimé n'est plus qu'une vaste auberge où les riches de tout l'univers viennent dépenser à la hâte non pas leur revenu, mais un capital déterminé : tant pour le Grand Hôtel, tant pour la Maison-d'Or, tant pour voir le ballet de l'Opéra et la féerie à la mode, tant pour les bals publics et tant pour être présenté à je ne sais quelle fille de concierge chez qui l'Europe et l'Amérique défilent au grand trot. Tout cela vous déplaît, mais, ne vous en déplaise, tout cela n'est que le mauvais côté d'une chose très-belle, très-bonne et très-grande appelée le Progrès. Aimeriez-vous mieux que les chemins de fer ne fussent pas inventés? que la Bourse fût démolie? que la France fût privée du suffrage universel?

Paris ne redeviendra probablement jamais la ville artistique et spirituelle que vous avez adorée dans votre jeunesse; mais il sera plus et mieux qu'un lieu de débauche ouvert à toutes les nations. Il sera, il est déjà le centre politique, financier et industriel du monde moderne. On n'y vivra jamais à bon marché parce qu'une boutique ou un atelier se loue plus cher qu'un appartement bourgeois. Mais si la cherté vous épouvante, si la cohue vous étourdit, aucune loi ne vous défend d'abandonner la place à ceux qui ont besoin d'y être, parce qu'ils ne peuvent s'enrichir que là. Avez-vous de quoi vivre ailleurs? Profitez du chemin de fer. Non-seulement il amène les gens, mais il les emmène. Et il reste assurément plus d'une vallée en France où l'on peut être heureux et tranquille à peu de frais.

Désirez-vous vivre longtemps? Vivez à la campagne. Vous plaît-il vous marier pour vous? La campagne! Avoir des enfants sains et robustes? La campagne! Suivre sans distraction dans les livres, les revues et les journaux le mouvement de l'esprit humain? La campagne! On n'a pas le temps de lire à Paris. Avez-vous l'ambition de faire un peu de bien? La campagne! A Paris, un homme riche, qui a sa porte gardée, et qui sort en voiture, peut ignorer l'existence de la misère. A la campagne, il la coudoie nécessairement, et il est tout porté pour lui tendre la main. Vous voulez que vos enfants développent leur corps et leur esprit; qu'ils sachent tout ce qu'il n'est pas permis d'ignorer sans honte ; qu'ils distinguent le blé du seigle et le trèfle de la luzerne ; qu'ils apprennent de bonne heure à bien traiter les animaux, nos esclaves sans rancune ; qu'ils mettent leurs jeunes cœurs à l'unisson du monde entier, qu'ils vivent en communauté avec la nature ? La campagne ! Il sera toujours temps de les envoyer à la ville quand vous voudrez former leur caractère par le frottement et la lutte. Vous-même, rien ne vous défend de revenir à Paris et d'y séjourner un mois ou deux pour vos affaires ou vos plaisirs. Promettez-vous cela, le jour où vous quitterez la ville ; c'est le moyen d'adoucir l'amertume des adieux. Mais vous n'y retournerez pas souvent, j'ose vous le prédire. Le faubourg Saint-Germain s'est retiré à la campagne après les trois journées de 1830, comme autrefois le peuple de Rome sur le mont Aventin. « Laissez faire ! a-t-on dit ; c'est une bouderie. Ils reviendront à nous. Comment peut-on vivre hors de Paris ? » Bien peu sont revenus, et ceux-là même ne sont pas revenus pour longtemps. La campagne les avait pris par ce charme intime, discret, timide, qu'on ne sent pas d'abord, qui nous laisse indifférents, presque ennuyés, mais qui bientôt, l'habitude aidant, s'empare de tout notre être et enchaîne jusqu'aux dernières fibres du cœur. C'est le bon despotisme des plaisirs naturels. On commence par regretter le bruit, le gaz, les coups de coude de la foule, le grondement lointain des fiacres dans la nuit, les balayeurs allemands qu'on rencontrait à trois heures du matin en sortant du cercle, le jeu, le théâtre, la voix nasillarde ou glapissante de tel comique, le sourire fardé de telle poupée et les parfums compliqués dans lesquels elle était confite. Mais un matin on a vu le soleil se lever dans les vapeurs bleuâtres qui courent sur la rivière ; un soir, on est resté en admiration devant quelques nuages monstrueux, incendiés par le soleil couchant ; on a remarqué comme la forêt est riche et variée dans ses couleurs au premier frisson de l'automne ; on a perçu directement par tous les sens cet admirable silence qui enveloppe le monde entier dans les belles nuits de décembre, lorsque tout dort sous la neige. Mais ce qui vous attache à jamais, ce qui efface de votre esprit les derniers souvenirs et les derniers regrets de la ville, c'est le bonheur de mesurer la croissance d'un arbre que vous avez planté. Il a gagné un mètre en un an ; quelle joie ! Vous voudriez être à l'année prochaine, pour voir les progrès nouveaux qu'il aura faits. A Paris, tout vous reprochait les années que vous aviez prises ; à la campagne tout vous récompense et vous remercie de vieillir.

Lorsque Paris ne sera plus habité que par des gens d'affaires au travail et des viveurs en goguette ; lorsque l'Institut, chassé par la cherté des loyers, tiendra ses séances à Meaux ou à Pontoise, la France sera colonisée par les riches. L'esprit de la nation ne s'entassera plus dans un coin ; on le trouvera disséminé sur toute la surface du sol. On jouera la pantomime et la féerie à Paris, la comédie en province. On écrira n'importe où, on lira partout. En ce temps-là, il n'y aura plus de provinciaux, ou si l'on en découvre un par aventure, ce sera quelque pauvre diable ignorant, ahuri et mal élevé pour n'être jamais sorti de Paris.

La dispersion des familles les plus riches et les plus éclairées exercera sur la vie politique de la nation une heureuse influence. Avez-vous lu ce joli roman qu'on appelle le *Gentilhomme campagnard ?* Il enveloppe une idée juste, à part la question de gentilhommerie qui n'est qu'une innocente puérilité. L'auteur montre comment un homme intelligent et bienfaisant peut devenir, du consentement général, l'arbitre, le conseil, le chef naturel et légitime d'une commune. Si la France possédait dans chaque département une cinquantaine de particuliers comme ce baron de Vaudrey, la pression des administrateurs serait avantageusement suppléée par une politique amiable, et le peuple n'aurait pas besoin d'être tenu en bride, parce qu'il serait conduit en main.

X

L'ÉTAT.

Ces jours derniers, un philosophe, que j'aime et que j'admire infiniment, nous disait comme par boutade :

« La Révolution de 89, en tuant la noblesse et le clergé, a coupé les deux jambes du peuple français. Elles étaient gangrenées, j'en conviens ; mais depuis qu'on nous les a ôtées, nous ne marchons plus. La bourgeoisie riche et instruite qui devrait pousser le peuple en avant se fait traîner à la remorque. La France est menée par les sous-préfets et les chefs de bureau qui ne sont ni une force ni une intelligence. »

Il y a du vrai dans ce paradoxe.

Rien de plus monstrueux que la société française lorsque Louis XIV osait dire : l'État c'est moi. Mais cet organisme avait un avantage sur les abstractions qui l'ont détrôné : il vivait.

L'immortel Bossuet, précepteur d'un gros garçon qui faillit être roi, a rédigé avec sa verve et son intrépidité habituelles la théorie du droit divin. Je copie : « Les hommes n'ont qu'une
« même fin et un même objet, qui est Dieu.
« Dieu était le lien de la société humaine. Le
« premier homme s'étant séparé de Dieu, par
« une juste punition, la division se mit dans sa
« famille. La médisance, et le mensonge, et le
« meurtre, et le vol, et l'adultère ont inondé
« toute la terre. La seule autorité du gouverne-
« ment peut mettre un frein aux passions et à
« la violence devenue naturelle aux hommes.
« Le gouvernement monarchique est le meilleur.
« Dieu établit les rois comme ses ministres et
« règne par eux sur les peuples. La personne
« des rois est sacrée. On doit obéir au prince
« par principe de religion et de conscience.
« L'autorité royale est absolue. Le prince ne doit
« rendre compte à personne de ce qu'il ordonne.
« Quand le prince a jugé, il n'y a point d'autre
« jugement. Il faut obéir aux princes comme à
« la justice même ; ils sont des dieux, et parti-
« cipent en quelque façon à l'indépendance di-

« vine. Le prince doit se faire craindre des
« grands et des petits. Tout l'État est en lui; la
« volonté de tout le peuple est renfermée dans la
« sienne. Considérez le prince dans son cabinet.
« De là partent les ordres qui font aller de
« concert les magistrats et les capitaines, les
« citoyens et les soldats, les provinces et les
« armées par mer et par terre. C'est l'image de
« Dieu qui assis dans son trône au plus haut des
« cieux fait aller toute la nature. » Au clergé,
maintenant! « Le sacerdoce et l'empire sont deux
« puissances indépendantes, mais unies. La
« crainte de Dieu est le vrai contre-poids de la
« puissance. Il n'y a qu'une exception à l'obéis-
« sance qu'on doit au prince, c'est quand il com-
« mande contre Dieu. Les princes ont soin non-
« seulement des personnes consacrées à Dieu,
« mais encore des biens destinés à leur subsis-
« tance. Les rois ne doivent pas entreprendre
« sur les droits et l'autorité du sacerdoce, et ils
« doivent trouver bon que l'ordre sacerdotal les
« maintienne contre toutes sortes d'entreprises.
« Le prince ne souffre pas les impies, les blas-
« phémateurs, les jureurs, les parjures ni les
« devins. Il *courbe des voûtes* sur eux, ou même
« il *tourne des roues* sur eux. Il doit exterminer
« de dessus la terre les devins et les magiciens

« qui s'attribuent à eux mêmes ou qui attribuent
« aux démons la puissance divine. Le roi promet
« d'exterminer de bonne foi, selon son pouvoir,
« tous hérétiques notés et condamnés par l'Église. »
Et si par imprudence un roi manquait à ces devoirs ? « Dieu laisse répandre dans les peuples
« un esprit de soulèvement. Sans autoriser les
« rébellions, Dieu les permet. Le bonheur des
« princes vient de Dieu et a souvent de grands
« retours[1]. »

Tout cela se tient et s'enchaîne. Tout cela est appuyé sur le texte d'un livre que la majorité du peuple plaçait au-dessus de toute discussion. Cette politique ne faisait qu'un avec la foi ; cette constitution était pour ainsi dire un corollaire du catéchisme. Tous les caprices des rois, guerres, conquêtes, violences étaient légitimés par l'Église, pourvu qu'on ne s'avisât point d'attenter contre la religion. Tous les droits appartenaient à Dieu, qui en transmettait quelque chose au roi, qui en abandonnait quelques bribes au peuple. A propos de la propriété : « tout droit, dit Bossuet, doit venir de l'autorité publique. »

Un malheureux pasteur protestant s'était permis de dire que l'esclavage n'est pas une insti-

---

1. Politique tirée de l'Écriture sainte. *Passim*.

tution très-légitime. Il faut entendre de quel ton Bossuet le rappelle à des sentiments plus chrétiens ! « L'esclave ne peut rien contre personne qu'autant qu'il plaît à son maître; les lois disent qu'il n'a point d'état, point de tête, *caput non habet*, c'est-à-dire que ce n'est pas une personne dans l'État. Aucun bien, aucun droit ne peut s'attacher à lui. Il n'a ni voix en jugement, ni action, ni force qu'autant que son maître le permet; à plus forte raison n'en a-t-il point contre son maître. De condamner cet état.... (l'esclavage) ce serait non-seulement condamner le droit des gens où la servitude est admise, comme il paraît par toutes les lois ; mais ce serait condamner le Saint-Esprit, qui ordonne aux esclaves, par la bouche de saint Paul, de demeurer en leur état, et n'oblige point leurs maîtres à les affranchir (I. Cor. VII, 24. Eph. VI, 7, etc.[1]). »

Quel était donc l'audacieux mortel qui traitait si cavalièrement le Saint-Esprit, en pleine révocation de l'édit de Nantes?

C'était un nommé Jurieu, natif de Mer ou Menars-la-Ville, à quelques lieues de Blois. Je ne sache pas que la Révolution de 1789 lui ait élevé

---

[1]. *Cinquième avertissement sur les lettres de M. Jurieu.* Édit. Didot, 1841 ; t. IV, p. 404, 2ᵉ colonne, ligne 35 et suivantes.

de statues, et pourtant il est l'ancêtre de Rousseau, l'apôtre de la *souveraineté du peuple* (le mot est de lui), l'inventeur du *pacte social*. Voici sa doctrine résumée ironiquement par Bossuet lui-même. Elle vous paraîtra moins nouvelle et moins plaisante qu'à l'illustre évêque de Meaux :

« Le peuple fait les souverains et donne la souveraineté : donc le peuple possède la souveraineté et la possède dans un degré plus éminent ; car celui qui communique doit posséder ce qu'il communique, d'une manière plus parfaite : et quoiqu'un peuple qui a fait un souverain ne puisse plus exercer la souveraineté par lui-même, c'est pourtant la souveraineté du peuple qui est exercée par le souverain ; et l'exercice de la souveraineté, qui se fait par un seul, n'empêche pas que la souveraineté ne soit dans le peuple comme dans sa source, et même comme dans son premier sujet. » (*Cinquième Avertissement*, pag. 403, 1re col. ligne 20.)

Comme un seul grain de blé contient le germe de plusieurs moissons, cette idée contient en germe Rousseau, le *Contrat social*, Mirabeau, Robespierre, Babeuf, les bienfaits et les crimes de la Révolution française, la destruction du despotisme royal et la fondation du despotisme populaire.

Bossuet, chrétien et persécuteur, proclamait que le roi est le fondé de pouvoir de Dieu. Jurieu, chrétien et persécuté, cherchait un appui dans le peuple. C'est le peuple, disait-il, qui exerce la puissance de Dieu sur la terre et qui hérite de son infaillibilité. « Il n'y a point, dit Bossuet, de force coactive contre le prince. — Il est certain, répond Jurieu, que si les peuples sont le premier siége de la souveraineté, ils n'ont pas besoin d'avoir raison pour valider leurs actes. » Ainsi, le prince suivant Bossuet, le peuple suivant Jurieu, a raison même quand il a tort.

Tous ceux qui veulent fonder un État tout-puissant sur les bases d'une infaillibilité absolue sont condamnés à choisir entre Bossuet et Jurieu. Lamennais, jeune, ardent, avide de certitude, se prononce d'abord pour l'autocratie du pape. Il reconnaît bientôt qu'il s'est trompé et se rabat sur l'autocratie du peuple.

Ouvrez votre Bossuet et relisez la *Politique tirée de l'Écriture*. Prenez ensuite je ne dis pas Jurieu, car il est rare, mais le *Contrat social* et les autres traités politiques de Rousseau. Vous serez émerveillé de voir que les deux doctrines aboutissent fraternellement à la destruction de toute liberté, à l'oppression de l'individu, à la négation du droit.

Selon le grand évêque de Meaux et son école, tout homme est esclave au deuxième degré. Il appartient à un maître invisible qui est Dieu, et à un maître visible imposé par Dieu. Selon Rousseau et l'école théodémocratique, l'individu appartient à Dieu qui n'est pas gênant et à l'État, despote visible, maître absolu, animal supérieur qu'il a pris soin de créer lui-même. Selon la religion du Progrès, si nous étions assez heureux pour la voir se fonder, l'individu n'appartiendrait à personne.

Bossuet vous déclare cavalièrement que vous naissez tous mauvais, parce que votre ancêtre commun a transgressé une loi divine. C'est pourquoi vous avez besoin d'un tyran qui vous parque et vous fouette. Est-il bien nécessaire de prouver à Bossuet que nous ne sommes pas tous des scélérats dignes du bagne?

Rousseau vous fait assavoir par une déclamation éloquente que vous naissez tous bons; que la réunion de toutes vos idées s'appelle sagesse; que l'ensemble de toutes vos volontés s'appelle justice. Faut-il remonter bien haut le courant de l'histoire pour prouver à Rousseau que nous ne sommes pas si parfaits?

Quant à moi, je vous dis, sans avoir la prétention de vous l'apprendre : L'homme à son origine ne valait pas beaucoup mieux que le singe, et l'on trouve encore aujourd'hui d'assez tristes échantillons de l'homme primitif. Mais il était, il est encore le plus perfectible des animaux. Il s'est amélioré visiblement par l'association, qui le fera meilleur encore ; mais l'association, pour produire cet heureux effet, n'exige pas le sacrifice de la liberté.

Bossuet, fraction de roi, a les meilleures raisons pour mettre toutes nos libertés aux pieds d'un homme. Rousseau, pauvre et opprimé, envieux et hargneux, n'est pas moins intéressé à niveler tout ce qui dépasse sa tête. Il n'en veut pas seulement au Pouvoir, mais au luxe, au plaisir, au talent, à la propriété, à la famille, et pour cause. C'est le mousse persécuté qui se venge de l'équipage en faisant couler le navire. Pour qu'il n'y ait en France aucun front plus haut que le sien, il prosterne tous les citoyens devant une abstraction despotique et hautaine. Il crée en dépit de la nature un animal supérieur à l'homme : l'État.

« Le pouvoir souverain représente la tête; les
« lois et les coutumes sont le cerveau, principe
« des nerfs et siége de l'entendement, de la vo-
« lonté et des sens, dont les juges et magistrats
« sont les organes; le commerce, l'industrie et

« l'agriculture sont la bouche et l'estomac qui
« préparent la subsistance commune; les finances
« publiques sont le sang, qu'une sage économie,
« en faisant les fonctions du cœur, renvoie dis-
« tribuer par tout le corps la nourriture et la
« vie ; les citoyens sont le corps et les membres
« qui font mouvoir, vivre et travailler la ma-
« chine, etc. »

Cela n'est qu'une métaphore, mais cette métaphore est investie du pouvoir législatif, exécutif et judiciaire. Nos libertés, nos biens, notre existence n'ont d'autres garanties que celles que la métaphore (ou l'État) voudra bien leur accorder. La métaphore est maîtresse de tout ce que nous possédons, « les possesseurs étant considérés comme dépositaires du bien public. » La métaphore punit le luxe et met les arts à l'amende; elle établit « de fortes taxes sur la livrée, sur les équipages, sur les glaces, lustres et ameublements, sur les étoffes et la dorure, sur les cours et jardins des hôtels, sur les spectacles de toute espèce, sur les professions oiseuses, comme baladins, chanteurs, histrions. » Quoi de plus naturel? « Si le gouvernement peut interdire l'usage des carrosses, il peut, à plus forte raison, imposer une taxe sur les carrosses, moyen sage et utile d'en blâmer l'usage sans le faire cesser. »

La métaphore est maîtresse de tout le commerce ; elle peut spéculer pour son compte ; elle se livre à l'agriculture ; elle a plusieurs cordes à son arc. Mais personne n'a le droit de s'enrichir, excepté elle. Un système de spoliation progressive répartit les impôts « non-seulement en raison des biens des contribuables, mais en raison composée de la différence de leurs conditions et du superflu de leurs biens. » En deux mots, la métaphore s'applique à ruiner les riches « pour rapprocher insensiblement toutes les fortunes de cette médiocrité qui fait la véritable force d'un État.... La taxe de celui qui a du superflu peut aller au besoin jusqu'à la concurrence de tout ce qui excède son nécessaire. » Quant à la liberté, c'est encore plus simple. La métaphore nous ôte tout. Le roi de Bossuet, qui s'appelait Louis XIV, faisait prendre les jeunes protestants pour les élever dans la religion officielle. La métaphore de Rousseau, qui s'appelle *tout le monde*, s'empare des petits citoyens pour les façonner à son idée, attendu, dit Rousseau, « que l'éducation des enfants importe à l'État encore plus qu'aux pères. » Vous vous croyez peut-être assez vieux pour qu'on ne vous envoie plus à l'école ? Tout beau ! Ne vous fiez pas trop à vos cheveux blancs. La métaphore a décrété un catéchisme social, une profession de foi politique. Il faut penser comme tout le monde, ou déguerpir. « Et si quelqu'un, après avoir reconnu publiquement ces dogmes, se conduit comme ne les croyant pas, qu'il soit puni de mort : il a commis le plus grand des crimes, il a menti devant les lois. » Méditez ces quelques paroles; elles ont fait une large tache dans notre histoire. C'est de la graine de guillotine que Rousseau a semée sur le papier. Mme Roland, le poëte Chénier, l'astronome Bailly, le philosophe Condorcet, et le chimiste Lavoisier plus utile au genre humain que Napoléon, César et Alexandre, sont morts de cette phrase-là, pour le salut de la métaphore.

Est-ce à dire qu'il faille jeter au feu le livre de Rousseau et maudire la Révolution qui en fut le sanglant commentaire? Non. L'ancien régime était injuste; Rousseau a donc bien fait de le condamner et ses disciples de le détruire. Le malheur est qu'ils ne nous aient délivrés d'un despotisme sénile et paternel que pour nous jeter aux mains d'une tyrannie jeune et farouche.

La politique du *Contrat social* nous a nivelés sans nous affranchir. L'envieux Rousseau nous donne l'égalité civile, qui est un bien. Il pouvait du même coup nous faire libres, mais il n'y a pas songé. Pourquoi? Parce qu'il avait été laquais et qu'il resta laquais dans l'âme jusqu'à son dernier jour. Tout laquais affranchi hume l'air, met le pied sur le sol de la liberté, et rebondit lestement vers un nouvel esclavage. La force de l'habitude et de l'éducation! Le grand Descartes, élevé au sein des hypothèses, veut fonder une philosophie sur la base du vrai. Il s'élance d'un saut hardi sur le terrain de l'observation, il l'effleure du pied, et rebondit en pleine hypothèse.

L'État fondé par Rousseau est un maître plus intolérant et plus intolérable que Louis XIV dans sa gloire. La Convention nationale, héritière du pouvoir absolu, siégeant aux Tuileries, déclarant la guerre à l'Europe, votant les lois, décrétant une religion, marchant de sa personne à la tête des armées, faisant la police elle-même, jugeant sans appel, disposant de la vie et de la propriété des citoyens, n'est-elle pas un roi à sept cents têtes, plus semblable à Louis XIV qu'à Louis XVI, et même à Louis XI qu'à Louis XIV?

Que reste-t-il au citoyen, à l'homme isolé, à vous, à moi, sous un tel régime?

La qualité d'électeur! si toutefois nous jouissons du suffrage universel. Chacune de nos volontés, à cette condition, fait partie de la volonté générale, à laquelle toutes les volontés particu-

14

lières sont tenues d'obéir. Nous abdiquons sans réserve tous nos droits naturels, et nous recevons en échange une part d'autorité illimitée sur les droits de nos concitoyens. Quelle compensation ! Comprenez-vous bien toute la beauté du privilége que Rousseau vous accorde? Vous aurez chaque matin la satisfaction d'admirer dans votre miroir la figure d'un trente-sept-millionième d'oppresseur ! Il est vrai que vous aurez la honte et le dégoût d'y voir un opprimé tout entier !

Et le jour où la volonté générale croit devoir abdiquer entre les mains d'un particulier? Vous abdiquez comme oppresseur, mon pauvre homme; mais votre titre d'opprimé reste intact. Rousseau a prévu tout cela; il admet que le souverain, ou le peuple, abdique temporairement au profit d'un dictateur ou définitivement au profit d'une dynastie. Il admet qu'un représentant de la volonté générale aille droit son chemin sans assembler la nation pour lui demander son avis :

« Il faudra d'autant moins l'assembler qu'il n'est pas sûr que sa décision fût l'expression de la volonté générale; que ce moyen est impraticable dans un grand peuple, et qu'il est rarement nécessaire quand le gouvernement est bien intentionné ; car les chefs savent assez que la volonté générale est toujours pour le parti le plus favorable à l'intérêt public, c'est-à-dire le plus équitable; de sorte qu'il ne faut qu'être juste pour s'assurer de suivre la volonté générale. »

Le Comité du Salut Public est sorti de cette phrase, comme un vautour sort de l'œuf.

Rousseau permet les lois de salut public; il permet bien autre chose! L'honnête Jurieu serait grandement étonné s'il lisait ces deux lignes du *Contrat social :*

« Quoi! La Liberté ne se maintient qu'à l'appui de la servitude? Peut-être. »

Mais c'est assez de Rousseau pour aujourd'hui. Il me suffit de vous avoir fait comprendre que le despotisme de tous est aussi absurde et aussi odieux que le despotisme d'un seul. Je n'en aurais pas tant dit, si je ne voyais remuer dans les bas-fonds de la France une méchante queue de Rousseau, avec la guillotine, le drapeau rouge, le maximum, la confiscation et toutes les lois de Salut Public.

Revenons à l'État, qui n'est pas un animal supérieur à l'homme, mais une forme de l'association, une abstraction ingénieuse et utile, pourvu qu'on sache la renfermer dans de justes limites.

Ne prenons pas l'humanité dans le paradis terrestre; cela ne servirait qu'à embrouiller la question. Restons en France, et supposons que le dernier roi, ou mieux, l'avant-dernier vient d'abdiquer par la fuite. Nous sommes au 30 juillet 1830. Il n'y a plus d'autorité légitime ni semi-légitime. Les lois et les ordonnances n'ont plus de sanction; les magistrats qui jugeaient au nom du roi et procédaient de l'autorité royale ne sont plus que des citoyens comme nous; les soldats sont relevés du serment qu'ils ont prêté; la Chambre des pairs et la Chambre des députés qui représentaient le pays en vertu d'une fiction légale, sont dissoutes : que reste-t-il?

Trente-six millions d'individus vivant sur le même territoire, propriétaires de biens meubles ou immeubles, élevés dans les mêmes idées, parlant la même langue, arrivés au même degré de perfectionnement (sauf quelques nuances) et réunis par des traditions communes. L'État n'existe pas, ou n'existe plus. Un accident a rétabli le droit naturel en pleine civilisation. Quel sera, du commun consentement, la première chose à faire?

Avant tout, assurer la défense du sol : empêcher qu'un étranger, survenant à la tête de trois cent mille soldats, envahisse notre pays, impose à la communauté des Français une volonté arbitraire et saisisse d'un seul coup de filet tous nos biens et tous nos droits. Il s'agit en second lieu de protéger les droits et les biens de chaque individu contre la fraude et la violence de ses concitoyens. Ressusciter les lois qui étaient restées jusqu'à ce jour l'expression de la sagesse et de l'équité publiques, instituer les magistrats qui auront l'honneur de les appliquer, armer la gendarmerie qui doit prêter main-forte à l'exécution des jugements et des arrêts. J'ai résumé en quelques mots les premières mesures à prendre, ou pour mieux dire les seules qui intéressent également tous les citoyens sans exception. Le riche et le pauvre, le fort et le faible ont un même besoin de repousser l'invasion étrangère, une même nécessité d'opposer la barrière des lois au débordement des crimes. On se réunit donc et l'on fonde une association générale de tous les citoyens contre les ennemis du dehors et du dedans. Voilà l'État. On choisit, sous le nom de gouvernement, un ou plusieurs hommes qui seront les gérants de cette grande assurance. On convient de leur payer une prime annuelle, proportionnée à la somme de biens qu'ils garantissent à chacun. C'est le budget. Les familles se cotisent pour leur prêter, en cas de besoin, un certain nombre de jeunes gens capables de porter les armes. Voilà l'armée.

« Hé quoi! diront quelques Français; n'est-ce

que cela? Allez-vous exiger que nous restions nos maîtres? Ne prêterons-nous serment à personne? Et les plaisirs de l'obéissance? Et les mérites de la fidélité? Et la noblesse du renoncement? Faudrait-il que nous conservions, sous un gouvernement régulier, tous les droits de l'homme sauvage? Hélas! nous avons pris la douce habitude de regarder le gouvernement comme une Providence visible à qui l'individu sacrifie toutes ses libertés naturelles, dans l'espoir qu'on daignera lui en restituer quelque chose! »

Bonnes gens, vous êtes libres d'abdiquer tous vos droits, puisque vous y trouverez quelque mérite; mais n'abdiquez pas les miens, par un excès de zèle! Si le besoin d'obéir vous tourmente si fort, entrez dans une de ces associations particulières où l'on fait vœu d'obéissance : j'en serai quitte pour ne pas m'enfroquer avec vous. Mais il s'agit ici de fonder une société générale dont tout Français fait partie, bon gré, mal gré : souffrez donc que vos associés ne sacrifient rien au delà du strict nécessaire.

Il est urgent de choisir le chef ou les chefs de la grande société française. Tout citoyen a le droit de donner son avis. Que vous soyez riche ou pauvre, lettré ou illettré, vous faites partie de l'association, vous payerez votre quote part des frais généraux : par conséquent vous avez voix au chapitre. Les deux sous du portier sont aussi inviolables que les millions de M. Rothschild; nul ne doit les lui prendre sans son consentement. Voilà tout le peuple assemblé; où et comment, ce n'est pas l'affaire. Deux opinions sont en présence. Les uns veulent un chef unique, les autres préféreraient le commandement partagé : la grande association sera-t-elle monarchie ou république ? Chacun soutient son avis, personne ne veut céder, et, comme au fond chacun est dans son droit, il ne reste plus qu'à se battre. Mais un homme de bon sens élève la voix : « Bas les armes! dit-il. Vous savez que la victoire est toujours aux gros bataillons : ne vous battez donc pas : comptez-vous! »

On se compte, et la monarchie sort du scrutin. Que me reste-t-il à faire, à moi qui préférais la république ? Je ne vois que deux partis : sortir de l'association, ou accepter le vote de la majorité. Il y a bien encore la conspiration et la révolte; mais la révolte et la conspiration contre la volonté générale ne sont ni plus ni moins que le crime de tyrannie. Sortir de l'association? C'est l'exil. Bien ou mal gouvernée, la patrie est bonne. Les avantages réels de la société compensent le déplaisir que m'a causé d'abord le choix du gérant. Ce n'est pas qu'il soit très-agréable de se sentir vaincu par une majorité. Mais être terrassé par une minorité serait bien autrement insupportable.

Que m'importe d'ailleurs que les soldats aillent à la frontière au son de tel ou tel refrain, si les soldats ne servent qu'à me défendre et jamais à m'opprimer? Que m'importe de payer mes impôts à tel ou tel, si l'on n'en achète pas des bâtons pour me battre? Que la justice soit rendue au nom de celui-ci ou de celui-là, je m'en soucie médiocrement, pourvu que nos magistrats rendent bien la justice. En vérité, la forme du gouvernement serait une chose à peu près indifférente, si le rôle de l'État se renfermait dans ses justes limites, si le gouvernement n'était que le gérant d'une société générale contre les ennemis du dehors et les malfaiteurs du dedans. J'entends dire quelquefois que le grand peuple américain ne sortira de la guerre actuelle qu'en passant sous la monarchie. Quand même il serait vrai, la monarchie ne changerait que la forme la plus extérieure de ce gouvernement; car les Américains ont pris l'habitude de ne confier à l'État que les choses qu'ils ne pouvaient faire sans lui. C'est pourquoi ils resteraient citoyens avec un roi sur leurs têtes, tandis que nous, vieux enfants, on aurait beau nous donner la meilleure des républiques, nous trouverions encore moyen d'être les sujets de quelqu'un.

Mais supposons pour un instant que les éternels gamins du pays de France sont capables de se gouverner en hommes, et revenons à l'utopie dont j'ai jeté les fondements sur la table rase de 1830.

Nous venons de faire un nouveau prince chargé d'organiser la défense du sol et l'exécution des lois. Nous ne lui avons marchandé ni l'argent, ni les honneurs, et c'est justice, car les services que nous attendons de lui ne sauraient être payés trop cher. Nous avons même décidé, dans un élan d'enthousiasme, que nos enfants continueraient aux siens jusqu'à la consommation des siècles la même confiance que nous avons en lui. C'est ainsi que dans le roman de Bernardin de Saint-Pierre deux femmes unies d'une étroite amitié fiancent l'un à l'autre les enfants qu'elles auront. Il est bien entendu, ou du moins sous-entendu que cette promesse naïve est soumise à la ratification des enfants eux-mêmes, car si nous avons légitimement remplacé une dynastie par une autre, personne ne peut nier que nos fils, après nous, n'aient le droit d'en faire autant.

Mais il y a gros à parier que nos enfants seront fidèles à la famille de notre choix, si elle remplit fidèlement les devoirs que nous lui avons assignés. Or, pourquoi et comment un roi franchirait-il les limites dont nous avons entouré son pouvoir? Deux corps élus par nous constituent pour ainsi dire son conseil de surveillance. Une assemblée de légistes et de philosophes travaille incessamment à mettre nos divers codes au niveau du Progrès : c'est le corps législatif, absolument étranger, comme il convient, à toutes les questions brûlantes. Une autre assemblée, issue du suffrage universel comme la première, fournit à la politique du prince les hommes et l'argent dont elle a légitimement besoin. C'est le corps politique, chargé de discuter contradictoirement avec le prince ou ses ministres les questions de paix et de guerre. Il importe beaucoup que la législation soit mise à l'abri des orages financiers et politiques, si l'on veut que la discussion des lois, le plus auguste travail de la société, se fasse dans le calme et la sérénité convenables. D'ailleurs la nature ne réunit pas souvent dans un même homme l'éloquence du tribun et la sagesse du législateur. Cette vérité est si évidente, que dans les pays où le corps législatif est constamment troublé par la politique, on a dû le placer entre un conseil d'État qui lui mâche les lois et un sénat qui les rumine après lui.

Grâce à cette organisation très-simple, que nous pouvions nous donner en 1830, le conseil d'État et la chambre des pairs devenaient des rouages inutiles. La cour des comptes elle-même n'était plus qu'une section du corps politique.

Qu'est-ce que le conseil d'État ? Une réunion de magistrats législateurs qui tantôt prépare les lois à voter par le corps législatif, tantôt juge en dernier ressort les affaires que le gouvernement soustrait aux tribunaux civils. Certains fonctionnaires aujourd'hui, comme autrefois les gentilshommes, peuvent se réclamer d'une juridiction exceptionnelle : les bévues ou les iniquités d'un sous-préfet, les violences ou les diffamations d'un évêque n'ont rien à démêler avec notre grande et incorruptible magistrature : pourquoi ? N'eût-il pas été plus juste et plus simple de déclarer en 1830 que tous les citoyens, fonctionnaires ou non, toutes les affaires civiles, contentieuses et criminelles relevaient de l'unique et vénérée juridiction des cours et tribunaux ? Les hommes distingués qui composent le conseil d'État, affranchis désormais des soucis de la magistrature. auraient été la base du nouveau corps législatif.

Quant à la chambre des pairs.... Mais je n'ai pas le loisir de discuter les vieilles constitutions du peuple français, ni la vanité d'en proposer une nouvelle. Je m'applique seulement à chercher ce qu'on aurait pu faire en 1830 pour assurer aux individus de notre pays ces deux biens également nécessaires qui s'appellent l'ordre et la liberté.

Chacun savait dès ce temps-là que l'association est la source de tous les biens accessibles à l'homme. Mais on ne savait pas assez, on ne saura peut-être jamais dans notre pays que l'association doit être générale pour les besoins généraux et particulière pour les besoins particuliers. Cette loi, dont l'évidence n'est plus guère contestée en matière de mariage, est encore niée formellement en matière de religion, d'administration, de commerce, d'industrie et même d'agriculture. Vous trouverez, sans chercher beaucoup, dans les sociétés secrètes, des hommes qui rêvent de voir l'État cultivateur, marchand, industriel; labourant, fabriquant et vendant par l'organe de fonctionnaires innombrables, assurant le travail à tous les bras, cherchant des débouchés pour tous les produits, et distribuant à bureau ouvert le pain quotidien de chaque famille.

La classe éclairée hausse les épaules au seul énoncé de cette chimère, mais elle pousserait peut-être de grands cris si je lui disais : ce que vous méprisez sous forme de communisme, vous l'admirez sous forme de centralisation. Vous croiriez tout perdu si l'association générale instituée sous le nom d'État, en vue des besoins généraux, vous invitait à pourvoir vous-mêmes, en associations particulières, à vos besoins particuliers.

Un citoyen français, logé au fond de la Bretagne, éprouve le besoin légitime et respectable de prier en latin, dans une église, en compagnie d'un curé. Un Français de Strasbourg veut prier en allemand, dans un temple luthérien, en compagnie d'un pasteur. Un Français de Nîmes veut prier en français, dans un temple calviniste, en compagnie d'un ministre. Un Français de Paris veut faire sa prière en hébreu, avec un rabbin, dans une synagogue. Un philosophe logé où bon vous semblera n'éprouve aucun besoin de ce genre.

Il paraît juste et naturel que tous ceux qui sont possédés du même besoin mettent leurs ressources en commun pour le satisfaire. Les catholiques veulent des églises et des curés : rien de mieux. Qu'ils se cotisent entre eux! L'association générale pour la répression du crime et la défense du sol n'a rien à voir en cette affaire. Il s'agit d'un intérêt considérable, mais particulier. Que les catholiques s'unissent tous ensemble pour l'entretien du matériel et du personnel de leur culte ! Les luthériens s'associeront de leur côté, les calvinistes du leur, et les israélites feront comme les autres. Le philosophe, ayant moins de besoins, épargnera les frais du culte pour acheter des livres.

Et le roi ? Car je suppose que nous avons commencé par faire un roi. Le roi laissera les diverses communions vaquer à leurs affaires. Il priera lui-même où bon lui semble, et jouira de la liberté commune à tous les citoyens. En sera-t-il moins grand ? En sera-t-il moins fort ? Au contraire. Le fanatisme religieux, qui a fait tant de mal aux rois de France, ne saura plus par où le prendre. Les catholiques ne lui reprocheront plus de tolérer les protestants, ni les protestants de favoriser les catholiques.

Mais que nous sommes loin de là, bonté des hommes ! A peine un souverain s'est-il assis sur le trône, les citoyens de toutes les communions accourent en foule et lui disent : « Chargez-vous de notre salut ! Nous payerons ce qu'il faudra; vous ajouterez à nos impôts le chiffre nécessaire; mais il faut absolument que vous bâtissiez nos temples, et que vous nourrissiez nos prêtres. Si vous refusez de prendre notre argent pour l'employer au profit de nos âmes, nous accuserons l'État d'athéisme, et l'athéisme, suivant l'expression d'un grand homme, « est destructeur de « toute morale, sinon dans les individus, du « moins dans les nations[1]. »

Le roi pourrait répondre à ce terrible argument : « Non, l'État n'est pas coupable d'athéisme, ni même de tolérance : il est tout simplement étranger à la question. Tout ce qui n'intéresse pas l'universalité des citoyens est en dehors de son domaine. Toi, Breton, tu as cent mille écus à dépenser, et tu demandes une église? Fais bâtir ton église avec tes cent mille écus! Toi, Alsacien, tu apportes cent mille francs, et tu demandes un temple? Pourquoi ne te sers-tu pas toi-même? Tu serais sûr au moins d'être servi à ton goût. Je ne suis pas architecte, moi; je n'ai pas même la prétention de me connaître en architecture. Si je me mêle de tous les métiers, il ne me restera plus de temps pour faire le mien. Pourquoi veux-tu envoyer tes cent mille francs à Paris, puisqu'ils doivent être employés à Strasbourg? Les frais d'encaissement et de transport écorneront la somme, sans compter le papier noirci et le temps perdu. Qui t'as-

---

[1]. Napoléon. Lettre à M. de Champagny. Schœnbrunn, 22 frimaire, an XIV.

sure, d'ailleurs, que le budget te rendra exactement ce que tu lui as donné? Je vais être obligé d'avoir un ministère, ou tout au moins la moitié d'un, pour recevoir et renvoyer l'argent destiné aux cultes. Les ministres sont des hommes sujets à l'erreur autant que tous les autres, et même davantage ; car ils sont plus tiraillés. Le dernier qui leur parle a presque toujours raison. Si les cent mille francs que tu destines à un temple allaient être emportés par l'évêque d'Orléans ? Il parle fort, et les ministres l'écoutent. Tu me diras que tu peux te rattraper sur l'argent des juifs, qui se rabattront à leur tour sur la contribution des philosophes, qui payent ainsi la folle enchère de leur impiété. Mais ce va-et-vient de grosses sommes enfle le budget sans profit, et jamais budget enflé n'a rendu un gouvernement populaire. »

Voilà ce qu'il serait facile de répondre ; mais, hélas ! tous les gouvernements de notre pays ont été jusqu'à ce jour des gouvernements pour tout faire. On ne veut pas faire moins, et l'on passe condamnation sur le budget des cultes. La députation s'éloigne en criant : « Vive le roi ! » Et chaque communauté va chanter le *Te Deum* à sa manière.

A d'autres ! Voici tous les départements, suivis

de tous les arrondissements, escortés de toutes les communes. Chacune de ces associations demande un tuteur, plus un conseil de subrogés tuteurs! « Il faut, dit le département, que vous preniez soin de nos affaires. Trouvez-nous, dans Paris, parmi les anciens avocats ou les journalistes en retraite, un homme qui connaisse mieux que nous les choses dont nous avons besoin. Bâtissez-lui une préfecture; voici l'argent. Meublez la maison; voici l'argent. N'oubliez pas d'envoyer un secrétaire général et des conseillers de préfecture. Il sera bon aussi de nommer un conseil général; mais, en vérité, nous abusons de votre complaisance! Nous nommerons les conseillers nous-mêmes; veuillez seulement nous dire quels sont ceux que nous devons nommer! A propos! il nous faut un lycée, un chemin de fer, un canal, un télégraphe et quelques routes départementales; arrangez tout cela pour le mieux : voici l'argent. Pour le choix du proviseur, du censeur, des professeurs, des ingénieurs, des conducteurs et des piqueurs, nous vous donnons carte blanche; ayez soin seulement qu'ils soient capables autant qu'irréprochables, et faites-leur passer quelques petits examens. Nous aurions grand besoin d'un commissaire de police pour surveiller une douzaine de vauriens qui se cachent parmi nous. Vous entendez qu'il faut un habile homme, et qui connaisse notre département sur le bout du doigt; c'est pourquoi nous vous prions de le chercher dans Paris. Mais nous ne demandons rien pour rien : voici l'argent! »

Ainsi raisonnent 86 départements et plus de 360 arrondissements, et 37 000 communes ! Je vous ai fait grâce des cantons. Chacune de ces associations est adulte, plus que majeure, grande comme père et mère; chacune fait l'enfant et réclame des lisières à cor et à cri. Les communes surtout font un tapage effroyable. L'une demande la permission d'emprunter, l'autre la permission de vendre; celle-ci veut bâtir et celle-là veut démolir, mais aucune ne veut vouloir par elle-même; elle enverra ses désirs au sous-préfet, qui les renverra au préfet, qui les expédiera à Paris pour que le gouvernement dise ce qu'il en pense.

Le pauvre prince, étourdi par ce concert, ne sait plus où donner de la tête. Après avoir cherché en vain le moyen de contenter tout le monde, il finit par rassembler tous les citoyens et leur dit : « Au lieu de vous associer par groupes naturels pour faire vos affaires vous-mêmes, vous voulez me charger de tout? Soit. On mettra toutes vos demandes dans sept ou huit grands cartons et on les en tirera l'une après l'autre. La dépense qui en doit résulter sera répartie chaque année sur la totalité des citoyens. Mais si vous vous aperceviez par hasard que les contributions des Hautes-Alpes n'ont profité qu'au Tarn-et-Garonne, il ne faudrait pas vous en prendre à moi. »

Et la France d'applaudir; car l'important pour un Français n'est pas que ses affaires soient faites, mais qu'on lui donne prétexte à n'y jamais penser.

Comprenez-vous, lecteur, comment le pouvoir souverain, si noble, si beau, si facilement populaire lorsqu'il est maintenu dans ses limites naturelles, va devenir écrasant pour ceux qui le subissent et tuant pour celui qui l'exerce? Tandis que les associations religieuses adjurent le roi de faire leur métier, tandis que les associations civiles de tout degré, depuis le département jusqu'à la commune, le somment de vouloir pour elles, voici les associations industrielles qui demandent sa protection contre les manufactures étrangères : fermez les portes, ou nous mourons! Voici le commerce national qui le supplie non moins impérieusement d'ouvrir les portes! Et les consommateurs qui demandent l'introduction des blés étrangers! Et les cultivateurs qui se

croient perdus si l'on autorise la concurrence !
Et les agents de change, les courtiers, les notaires, les avoués, les huissiers, les greffiers, les commissaires-priseurs, les facteurs à la halle, les bouchers, les boulangers, les directeurs de théâtre qui crient : vive le monopole ! Et tout le monde qui crie : à bas le monopole ! Et l'Université qui tient au privilége d'enseigner le latin ! Et le clergé qui réclame ! Et les candidats aux emplois publics qui demandent à passer leurs examens ! Et les artistes qui veulent être encouragés ! Et les auteurs dramatiques qui prétendent que l'État lui-même doit corriger leurs vaudevilles ! Et les savants qui veulent voyager aux frais de l'État pour écrire de gros livres insipides qui seront imprimés aux frais de l'État ! Et tous les citoyens sans distinction qui demandent à porter un signe distinctif à la boutonnière, pour prouver que leur petit mérite est contrôlé par l'État ! C'est la désolation de la confusion. Pour contenter tout le monde, il faudrait que le roi pût employer, placer, distinguer, décorer tout le monde, et surtout donner beaucoup d'argent à tout le monde sans grossir le budget payé par tout le monde.

Comme le temps des miracles est passé, le roi, fût-il le meilleur et le plus honnête homme de la terre, fera des mécontents; il aura des ennemis. Il apprendra, par les signes les moins équivoques, que deux, trois, quatre associations se sont fondées dans l'État pour attenter à sa vie ou tout au moins à son pouvoir. Dès ce moment, l'instinct de la conservation lui commande de tracer des limites à l'activité des citoyens. Toute réunion d'hommes devient suspecte, tout papier imprimé devient dangereux. Les fonctionnaires choisis pour vaquer aux affaires du peuple sont mis dans l'obligation de vaquer, sans autre affaire, au salut du pouvoir. On n'administre plus, on fait du zèle. L'argent voté pour les besoins publics est employé contre les libertés publiques. Le budget enfle à vue d'œil, car l'oppression a toujours coûté plus cher que la liberté. Il faut créer des ressources, imposer les marchandises de première nécessité : le vin, le sel, le sucre et tant d'autres! Défense de puiser un seau d'eau dans la mer; défense de cultiver un arpent de tabac sans l'intervention du pouvoir; défense de raffiner le sucre, ou de brasser la bière, ou de déménager vingt-cinq bouteilles, ou de tirer le lièvre qui broute vos choux! Tous ces droits naturels sont confisqués par l'État, qui vous les revend à prix fixe. Et pourquoi? Parce que tu as insisté bêtement, vieux nigaud de peuple, pour que l'État fît tes affaires à ta place. Ce n'est ni par ambition, ni par méchanceté, ni par avarice que le prince t'a réduit à la condition de sujet, c'est par une nécessité que tu as créée toi-même en refusant de faire œuvre de citoyen!

Je ne voudrais pas qu'on crût voir dans ce qui précède une diatribe contre tel ou tel gouvernement. Si j'ai placé mon utopie en 1830, c'est parce que les lois que nous nous sommes données ne me permettent pas de discuter la Constitution de 1852. Personne plus que moi ne rend justice à la politique intérieure de Louis-Philippe, qui sut concilier, mieux qu'il ne semblait possible, la liberté individuelle et la vieille centralisation française.

Ce que je veux prouver, c'est que tous les Français, gouvernants et gouvernés, se porteraient beaucoup mieux si, d'un commun accord, ils renfermaient l'action de l'État dans ses justes limites.

Les gouvernements les plus forts ne sont pas ceux qui touchent à tout, mais ceux qui satisfont le plus largement aux besoins légitimes du peuple. Or, la France de 1864, rassurée sur les dangers du dedans et du dehors, enrichie par le développement de l'industrie et du commerce, illustrée par quelques guerres qui ont fait beaucoup de bruit, et même passablement de besogne, aspire décidément au progrès de la liberté individuelle. Ceux-là même qui composaient le parti de l'ordre en 1849, et qui réclamaient à grands cris des lois de compression, commencent à trouver que l'ordre est assez solidement établi pour que la liberté renaisse sans danger public. Ce n'est plus comme autrefois dans les bas-fonds de la société, mais plutôt dans la classe aisée et intelligente que le gouvernement doit chercher ses contradicteurs. Il se forme une opposition à Paris, en province et jusque dans la bourgeoisie des campagnes; opposition toute parlementaire, et qui n'a ni la violence ni la déraison d'un parti. Ce n'est pas une coalition, comme M. de Persigny l'a pu croire en voyant M. Berryer, M. Thiers et M. Picard sortir du même scrutin; il ne s'agit pas de renverser l'Empire par un effort combiné pour se disputer ses dépouilles : c'est un besoin commun, et du reste fort naturel, qui pousse les honnêtes gens de toutes les opinions à redemander au souverain légitime les droits que nous avons abdiqués sans nécessité, et surtout le droit de parler et d'écrire.

Personne ne prétend au privilége de diffamer et d'injurier impunément; on se soumet aux lois, on ne récuse point l'autorité des tribunaux, on réclame seulement contre l'omnipotence arbitraire de l'administration. On dit, et non sans cause, qu'une armée de fonctionnaires interposés entre les citoyens et leur chef élu, tous solidaires comme les doigts de la main, tous entraînés par une pente naturelle à voir un crime contre l'État dans le moindre coup d'épingle qu'on leur a donné, ne saurait en aucun cas prononcer avec impartialité dans sa propre cause.

Le gouvernement a reconnu lui-même, et cela dès le commencement de 1852, que la centralisation étouffait la France. Mais ce n'est pas remédier au mal que d'affranchir un peu le sous-préfet de l'autorité de son préfet, et de rendre le préfet un peu plus indépendant de son ministre. Les citoyens n'y ont gagné que d'avoir des maîtres un peu plus absolus. Le seul moyen de décentraliser (passez-moi le barbarisme en faveur de l'intention) serait d'autoriser les citoyens à faire leurs affaires eux-mêmes; à choisir non-seulement leurs conseils municipaux, ce qu'on leur permet quelquefois, mais leur maire, leur agent-voyer, leur commissaire de police, leur maître d'école, leur garde champêtre et généralement tous les employés de la commune, lorsqu'ils sont associés en commune. L'arrondissement et le département, qui sont deux associations un peu plus vastes, mais fondées sur le même principe, pourraient s'administrer de la même façon. Ce léger changement aurait l'avantage de réduire le chiffre énorme du budget sans désorganiser les services publics ; il mettrait chaque employé dans la dépendance légitime de l'association particulière qui le paye ; il affranchirait le gouvernement d'une infinité de tracas, et surtout la dignité du chef de l'État ne serait pas mise en cause chaque fois qu'un gamin ferait la nique à un sous-préfet. Plus l'État saura se désintéresser des affaires administratives, religieuses et autres, moins il risquera de se faire des ennemis par les bévues des subalternes, moins il donnera de prise à la critique, et moins par conséquent la liberté de la presse et de la parole lui fera peur.

Voulez-vous voir par un exemple frappant ce que l'État gagnerait à n'être plus responsable de tout?

Un épouvantable accident a fait hier deux cent cinquante victimes sur un chemin de fer chinois, entre Ning-Po et Ky-Tcheou. Ce chemin est une propriété de l'État; tous les employés sont des fonctionnaires rétribués par le budget. L'opinion est sérieusement émue. On explique le déraillement par la négligence d'un aiguilleur surnuméraire qui veille dix-huit heures par jour sans aucune rétribution : ce malheureux qui n'avait pas mangé de la journée, s'est endormi avant le passage du train. Le public de Pékin s'en prend au chef de bureau, sous-directeur de la compagnie, qui a empoché le salaire de l'aiguilleur. On dit que ce mandarin, aussi incapable que malhonnête, doit sa place aux bontés de sa femme pour un chef de division qui est le propre neveu du ministre de la circulation publique. Que va-t-il arriver ? Mais rien du tout. L'aiguilleur s'excusera au chef de bureau, qui expliquera l'affaire au chef de division, qui en dira deux mots après dîner à son oncle le ministre. Les familles des victimes enterreront leurs morts et ne demanderont pas même des dommages-intérêts, car il faudrait aller devant le conseil d'État, et c'est le diable. La presse locale se taira, car le simple récit d'un tel fait serait une excitation à la haine et au mépris du gouvernement, et l'administration ne plaisante pas avec ce genre de crime. L'affaire sera donc ensevelie dans un profond silence officiel ; mais tout le pays se la racontera à l'oreille ; on parlera de 2500, puis de 25 000 victimes, et ces exagérations sans publicité et partant sans contrôle feront plus de cent mille ennemis au gouvernement chinois. Si le déraillement avait eu lieu en France, sur le chemin de fer du Nord, ou du Midi, ou de l'Est, ou de l'Ouest, ou sur toute autre ligne exploitée par une association particulière, l'État aurait publié la liste des morts et déféré tous les coupables aux tribunaux. Avez-vous compris l'apologue? Je poursuis.

L'organisation des chemins de fer, quoique entachée de monopole, est un bel exemple des bienfaits de l'association libre. Tous ceux qui ont contribué de leur argent à la construction d'une ligne sont sûrs de toucher les intérêts de leur capital. Tous ceux qui profitent de la voie pour se rendre d'un point à un autre, déboursent exactement le prix du service qu'on leur a rendu. Il en est tout autrement dans le domaine administratif. Tel citoyen qui n'a jamais voyagé contribue toute sa vie à l'entretien des routes impériales; tel autre qui ne va pas à la messe contribue à la réparation des églises, tel autre qui n'ira jamais à Paris paye sa part de la subvention de l'Opéra.

J'ai remarqué dans les derniers budgets une certaine tendance vers la réforme que je demande. On commence à mettre à part les ressources et dépenses spéciales. Les centimes additionnels qu'un département a votés pour ses écoles primaires ne tombent plus dans l'océan du gros budget : ils forment un ruisseau qui circule dans les limites du département. Cette nouvelle division, qui semble compliquer la question financière, la simplifie. Mais ce n'est qu'un premier pas. Il faut aller plus loin, et ne laisser au budget des dépenses ordinaires que le service de la dette, des dotations, de la guerre et de la justice. Les citoyens sauront alors au juste prix ce qu'il en coûte pour être Français, et personne ne dira que c'est trop cher.

Je ne sais si les honorables citoyens qui nous gouvernent connaissent les sentiments de la province pour la ville de Paris. On admire la capitale, on en est fier, on voit en elle le résumé de la France et pour ainsi dire le dessus du panier national. Mais cette admiration ne va pas sans un peu de jalousie, et s'il faut tout vous dire, le contribuable d'Alsace ou de Normandie se croit un peu lésé dans ses intérêts par cette ville qui prend tout. On sait le compte de l'argent qu'on y envoie; on n'est pas aussi bien fixé sur les divers bienfaits qu'on en retire. Ce préjugé tomberait de lui-même si l'on faisait ce que j'ai dit.

Le plus singulier de l'affaire, c'est que Paris n'est pas loin de se croire exploité par la province. J'ai été parisien, moi qui vous parle, et j'ai payé mon tribut au préjugé! J'enviais, oui ma foi! ces heureux provinciaux des petites villes qui n'ont d'octroi que pour la forme et qui achètent deux bouteilles de vin avec l'argent qu'on donne à Paris pour en faire entrer une. Lorsque j'ai su en 1863, que Paris avait voté comme un seul homme en faveur de l'opposition, je me suis imaginé que ce scrutin exprimait une idée municipale autant que politique. La grande ville, disais-je en moi-même, rendrait plus de justice au gouvernement si elle ne pensait pas qu'on lui fait trop payer ses splendeurs et sa gloire. Que ne lui permet-on de se gouverner elle-même, de choisir ses conseillers municipaux, de s'embellir à son goût et selon ses moyens?

J'ai entendu quelquefois un ministre fort libéral et tout à fait honnête homme regretter qu'il fût impossible de nous donner la liberté de la presse. Il ne discutait pas sur le droit des citoyens, qui est absolu et incontestable; il se retranchait dans la question d'opportunité. « Plus tard! me disait-il; quand nous n'aurons plus rien à craindre des vieux partis! »

Je répondais, et je réponds encore que les vieux partis sont un pur fantôme, un mannequin fabriqué par les chefs de bureau pour effrayer le gouvernement. Les chefs de bureau tiennent à leurs places : ils ont raison ; à leur tranquillité : ils n'ont pas tort. Leur grande préoccupation est de lire le journal en toute sécurité sans crainte d'y trouver la critique de leurs bévues. Mais voulez-vous que nous examinions ensemble ce qu'il adviendrait de tous les vieux partis sous un régime de décentralisation et de liberté?

Je n'ai jamais eu l'occasion de consulter les statistiques de la police secrète, mais la force numérique des partis m'intéresse peu. Il n'importe qu'une armée soit de dix mille hommes ou de cent mille, si je peux d'un seul mot lui faire mettre bas les armes.

Il y a dans notre pays des hommes qui préféreraient la république à l'empire. Il y en a qui voudraient voir sur le trône un prince de l'honorable famille d'Orléans, et d'autres qui appellent de tous leurs vœux le règne du prince Henri de Bourbon, représentant du droit divin et dernier rejeton de nos rois dits légitimes.

Chacun des trois partis se compose d'un état-major qui aspire au pouvoir et d'une armée qui aspire à la liberté. Il n'y a donc qu'un mot à dire pour séparer les trois armées de leurs états-majors : Liberté!

Je ne dis pas qu'il soit facile ou même possible

de rallier à l'Empire ses ennemis personnels. Mais la génération qui a trente ans aujourd'hui était au collége en 1851. A ses yeux, le coup d'État et le bill d'indemnité rendu quelques jours après par la majorité de la France se confondent en un même point. Les hommes regardent devant eux : le besoin d'agir et de prendre part aux affaires leur parle plus haut que l'esprit de récrimination.

Sur dix républicains intelligents et *sans ambition*, on en désarmerait neuf en leur offrant au sein de l'empire les institutions républicaines. Rendez-leur la liberté de parler et d'écrire et tous les droits auxquels un citoyen peut aspirer dans la meilleure des républiques : ils se résigneront tôt ou tard à voir un homme placé au-dessus de leurs têtes. L'Empire s'est fait par la volonté du plus grand nombre; c'est certain. Il est certain aussi que, malgré ses fautes, il réunirait encore aujourd'hui une majorité écrasante. Il faut donc le tenir pour légitime, ou s'insurger soi-même *en dictateur* contre le suffrage universel. C'est pourquoi les honorables citoyens qui représentent le souvenir de la république au sein du Corps législatif, ont pu et dû prêter serment à l'Empire. Un républicain jugera peut-être qu'on pourrait économiser les vingt-cinq millions que l'appareil monarchique nous coûte tous les ans. Mais il sait, pour peu qu'il raisonne, qu'une liquidation de l'empire amènerait une baisse de dix pour cent sur quarante milliards de valeurs mobilières, et que quatre milliards perdus représentent le capital de deux cents millions de rente. Il sait aussi qu'une révolution populaire prendrait la nation au dépourvu; que son parti n'a pas dix hommes capables de gouverner solidairement la France libre; que les démocrates sensés ne garderaient pas deux mois la direction des affaires; que la masse effervescente ne demanderait pas son programme à M. Jules Favre, ni à M. Ollivier, ni à M. Picard, ni même à M. Pelletan, déclamateur aussi désagréable que pur, mais à quelque président de société caverneuse : que l'ordre nouveau ne sortirait pas du cabinet des hommes d'État, mais des égouts de Paris; qu'en un mot il vaut mieux accepter la liberté si ce gouvernement nous la donne, et la réclamer par tous les moyens légaux s'il nous la refuse, que de l'affronter sans lui.

Sur dix orléanistes intelligents (ils le sont presque tous) et sans ambition, on en rallierait neuf en leur offrant des institutions sincèrement libérales. Ceux qui appellent de tous leurs vœux le règne de M. le prince de Joinville, ou de M. le duc d'Aumale, ou de M. le comte de Paris, qu'espèrent-ils? Ils savent bien que ces nobles jeunes gens ne rembourseront pas sur leur patrimoine fort entamé l'impôt des quarante-cinq centimes. Mais ils se flattent, et non sans cause, qu'un descendant du roi Louis-Philippe rendrait à la liberté individuelle les garanties dont elle a joui entre 1830 et 1848. Du jour où nous posséderons les mêmes libertés qu'en ce temps-là, outre l'égalité politique que le roi de 1830 nous a refusée obstinément pour son malheur, nous n'aurons plus rien à attendre de la famille d'Orléans, et personne, sauf quelques amis intimes, ne souhaitera plus de la voir régner.

Quant au parti légitimiste, il est le plus dangereux, car il est le plus logique. Tout se tient dans sa doctrine depuis A jusqu'à Z. On ne saurait en dire autant de la doctrine impériale, telle qu'elle s'est manifestée jusqu'à ce jour. Les partisans de l'ancien régime nous crient avec raison : « L'État moderne nous a pris toutes les institutions qui faisaient notre gloire : esprit de conquête et de domination, armée permanente, gros budget, cour, noblesse, religion d'État, compression administrative; pourquoi refuse-t-il d'accepter notre roi, qui est le couronnement légitime et indispensable d'un tel édifice? » Hâtons-nous de leur répondre en fondant une liberté si absolue, si égale pour tous, si tolérante, si économique, si bourgeoise, si inoffensive à nos voisins, que tous les rois de la vieille école se trouvent dépaysés en France comme des poissons dans l'air. Quand nous aurons désappris les mœurs violentes et serviles de l'ancien régime, nul ne pourra plus supposer qu'il suffit d'un changement de personne pour le ressusciter chez nous. Tous les citoyens sans exception, quelles que soient leurs traditions de famille et leurs attachements héréditaires, préféreront les bienfaits solides du temps présent aux vains mirages du passé.

Et grâce à ce progrès, la raison d'État ne sera plus obligée de fermer les portes de la France à quinze ou vingt Français innocents, honorables, illustres même, qui expient l'éclat de leur nom et la grandeur de leurs ancêtres dans un exil immérité.

J'ai besoin de résumer ce chapitre en quelques lignes avant d'aborder un autre sujet. Essayons.

L'État moderne est une association volontaire formée par un grand nombre d'individus égaux et libres pour assurer à frais communs leur commune sécurité. Quels que soient les intérêts, les opinions et les passions qui les divisent, tous les citoyens d'un même pays sont unis par deux besoins généraux : défendre les frontières ; protéger la vie et la propriété de chacun. A ces deux nécessités sociales correspondent la diplomatie, l'armée, la législation et la justice. L'expérience, d'accord avec le bon sens, nous enseigne qu'il faut réunir ces grands services entre les mains d'un gouvernement. L'équité veut que tous les associés supportent dans la mesure de leurs forces le fardeau des charges publiques, et qu'en revanche ils aient tous voix délibérative sur les choses d'intérêt général ; que le pauvre comme le riche, l'ignorant comme le savant, choisisse ses fondés de pouvoir et contrôle leurs actes. La raison et l'humanité exigent que dans toutes les questions controversées le petit nombre accepte sans révolte la décision du plus grand.

Mais il est inutile et même absolument nuisible de demander au pouvoir central des services qui n'intéressent pas la totalité des citoyens. Le système qui a prévalu en France sous le nom de centralisation condamne le gouvernement à intervenir dans les questions municipales, départementales, industrielles, agricoles, commerciales, religieuses, philosophiques, littéraires, artistiques, etc., qui toutes sont du ressort de l'association privée. L'obligation de tout faire et de suppléer partout à l'initiative des citoyens entraîne nécessairement le prince à lever sur nous des budgets énormes, dont la répartition ne saurait être toujours équitable. Il suit de là que les protestants contribuent à la réparation des églises catholiques ; que les montagnards se cotisent malgré eux pour le drainage de la plaine ; que l'éleveur paye une subvention au haras qui le ruine ; que le paysan illettré contribue de ses deniers à l'encouragement des lettres, en un mot que chaque citoyen ne sait jamais s'il n'est pas exploité au profit des autres. Le travail exorbitant que nous imposons au pouvoir, au lieu de le faire nous-mêmes, l'oblige à mettre sur pied un demi-million de fonctionnaires salariés qui nous coûtent fort cher et ne produisent rien, vivotant à nos frais hors des industries utiles. La dernière et la pire conséquence de ce système est de créer des ennemis au gouvernement, quoi qu'il fasse, en le mettant dans l'impossibilité de contenter tout le monde. Menacé dans son existence, il faut qu'il se défende : ce besoin le conduit fatalement à restreindre nos libertés. La compression fait éclater le peuple en révoltes périodiques, et voilà pourquoi depuis quatre-vingts ans la France oscille entre deux fléaux : l'anarchie et le despotisme.

On les éviterait l'un et l'autre si l'on s'entendait une bonne fois pour renfermer le gouvernement dans ses limites naturelles et supprimer une absurde et coûteuse centralisation.

Le progrès où je tends existe en Angleterre et surtout en Amérique. Il serait très-facile de l'inaugurer demain dans le royaume d'Italie, où la centralisation n'est qu'à moitié faite et nullement demandée. Puissent les Minghetti et tous les Italiens éminents nous donner un grand exemple! *Faciamus experimentum in animâ nobili!*

XI

LA PROPRIÉTÉ.

Vos titres de 3 pour 100 et vos actions du Nord sont en sûreté dans un coffre de fer, sous trois serrures des plus savantes; votre argent, sauf quelque cent louis, est déposé à la Banque; votre immeuble de la rue Saint-Antoine est loué à des gens pauvres, mais honnêtes, qui payent bien; votre terre de Brie est affermée à un brave paysan qui ne se fait pas trop tirer l'oreille. A Paris, vous ne sauriez ni rentrer ni sortir sans rencontrer l'honnête moustache d'un sergent de ville, toujours le même, qui se promène jour et nuit dans votre rue. A Salmacis-en-Brie, il y a deux gardes champêtres et trois gendarmes, dont un brigadier. Les cours et tribunaux sont rentrés solennellement la semaine dernière : ainsi, les malfaiteurs n'ont qu'à se bien tenir. Dimanche dernier, le vicaire de votre paroisse a prêché contre le vol, à propos des biens de l'Église. La semaine qui vient, on doit guillotiner pour l'exemple un scélérat qui a volé six francs avec effraction d'un crâne ou deux. Enfin, par-dessus tout, nous avons un gouvernement fort : propriétaire, dormez!

Mais pardon! n'est-ce pas vous, monsieur, qui avez reçu deux douzaines de drapeaux le 8 avril 1848? Votre salon en était tapissé, comme l'église des Invalides; mais vous n'aviez pas conquis cette glorieuse friperie, c'était l'ennemi qui l'avait portée chez vous, malgré vous. Ces vingt-quatre lambeaux de percale grossièrement teinte représentaient le loyer de votre maison de la rue Saint-Antoine, le revenu de votre capital. N'est-ce pas le fameux club de Salmacis-en-Brie qui, vers le même temps, dans un fort élan de patriotisme, proposa de répartir votre domaine entre les nécessiteux de la commune? « A chacun selon ses besoins, disait le président ; de chacun selon ses capacités! » Ces gaillards-là vous auraient bel et bien partagé, si le fermier n'y avait mis bon ordre. « Ma ferme est à moi seul, dit-il en croisant la fourche, attendu que la terre appartient à ceux qui la cultivent. » Il ne plaisantait pas, le brave homme ! Il le croyait ainsi, et je me rappelle fort bien que pour le détromper vous fûtes obligé de le mettre dehors. Mais le plus curieux c'est que votre Édouard, le juge au tribunal de Romorantin, ne pouvait se consoler d'être le fils d'un vil propriétaire. Il commençait son droit, et il était plus assidu aux clubs du onzième arrondissement qu'au cours de M. Duranton. Chaque soir, il rapportait à la maison des diatribes toutes faites contre l'exploitation de l'homme par l'homme. Il vous prouvait rudement, par des arguments sans réplique, que la propriété est un vol et que le capital a toujours été le farouche ennemi du travail. Cette idée vous chagrinait, car vous n'êtes ni méchant ni injuste. Vous ressembliez à cet ancien élève de l'institution Labadens qui s'éveille avec les mains noires de charbon, et croit avoir égorgé une charbonnière. Quelquefois, par accès, le bon sens protestait en vous contre les théories à la mode, et vous disiez en frappant des deux mains sur vos deux cuisses : « Non! je ne fais tort à personne! On dira ce qu'on voudra; je sais, je sens, je prétends qu'il y a au moins une nuance entre Cartouche et moi! »

C'est alors, si j'ai bonne mémoire, que vous avez pris la résolution d'étudier la propriété philosophiquement, dans son principe! Vous avez

acheté plusieurs livres, un entre autres que
M. Thiers avait écrit tout exprès pour vous, et
pour le besoin du moment. Mais quoi? L'ordre
s'est raffermi, on a fondé un gouvernement fort,
les propriétaires se sont rassurés, les locataires
ont repris l'habitude de payer leur terme, votre
rue s'est enrichie d'un sergent de ville tout neuf,
votre gamin d'Édouard est devenu avocat, juge
suppléant, substitut, juge inamovible; les souvenirs de 1848 se perdent dans la nuit des temps;
à peine s'ils ont laissé dans votre esprit l'impression d'un mauvais rêve, et si demain, par un
accident imprévu, le plus sacré de vos droits était
remis en cause, vous seriez aussi sot que devant
pour le définir et le justifier.

Ouvrez-moi donc vos deux oreilles et apprenez ce qu'il faudra répondre à vos petits-enfants s'ils venaient vous reprocher en 1878
l'honnête fortune que vous leur conservez.

Ceux qui prétendent que le capital et le travail sont deux ennemis, pourraient en dire autant du pommier et de la pomme. Aussi vrai
que la pomme est le fruit du pommier, le capital est le fruit du travail. Exemple :

Le livre que j'écris en ce moment pour vous
forcer à réfléchir une heure ou deux, est un
travail qui va, réellement et sans métaphore,

créer un capital. J'ai acheté pour un franc de papier, pour 50 centimes de plumes et une petite bouteille d'encre de 25 centimes. Avec ces matériaux, dont la valeur totale est 1 fr. 75 c., j'ai produit en dix mois un manuscrit dont la valeur littéraire est ce que bon vous semblera, mais dont la valeur commerciale (pour prendre un chiffre en l'air) est par exemple de 10 000 fr. J'ai donc tiré du néant, ou amené du *non être* à *l'être* une valeur de 9998 fr. 25 c. qui n'existerait pas si je m'étais promené au jardin, au lieu de m'asseoir devant une table.

Ce n'est pas que j'aie créé aucune des idées que je développe à votre usage. Elles viennent des Grecs, des Latins, des Anglais, des Américains, d'Auguste Comte, de M. Littré, de M. Michel Chevalier, de M. Laboulaye, de Girardin, de Guéroult, de Nefftzer, de Paradol, de Taine, de cent autres, et peut-être de vous qui me lisez. Je les ai empruntées au fonds commun de l'esprit moderne, comme un cheval attelé dans un manége emprunte de l'oxygène à l'air ambiant. Je n'ai fait que leur donner une forme particulière ; c'est cette forme que je livrerai demain à mon honorable et paternel ami M. Hachette, en échange de 10 000 francs.

Lorsque ce capital aura passé dans mes mains,

il m'appartiendra, j'ose le dire, aussi incontestablement qu'une mèche de cheveux que j'aurais coupée sur ma tête : je l'ai tiré de plus loin puisqu'il sort de mon cerveau. Aucun individu, aucune association d'hommes, aucun gouvernement, aucune armée sur le pied de guerre ne pourrait m'en disputer légitimement un centime. J'ai le droit d'en user et d'en abuser, de le consacrer à mon profit, à mon plaisir, et même à quelque emploi absolument inutile. S'il me plaisait de le jeter dans la mer, personne n'aurait le droit de m'en empêcher. A plus forte raison suis-je en droit de le donner à ceux que j'aime; rien n'est plus évident. Si je préfère le garder pour les besoins de ma vie, il est aussi inviolable et sacré que mon propre corps. L'homme ne saurait vivre de rien; le capital qu'il a honnêtement acquis pour se l'assimiler au fur et à mesure de ses besoins est comme la réserve et la provision de son existence. Nul n'y saurait toucher sans l'atteindre lui-même. Il est également dans le cas de légitime défense, qu'il défende sa personne ou son bien.

Toutes réflexions faites, il me plaît de consacrer cette petite somme à l'acquisition d'un champ. J'ai remarqué, à trois portées de fusil de notre jardin un enclos bien drainé, bien fumé, entouré d'une forte haie d'aubépine : la luzerne y croît haute et drue sous des pruniers en plein rapport. Allons voir le propriétaire!

C'est un riche industriel de la ville voisine; un vieillard instruit et fin. Nous causons. Il me raconte par quel travail il est devenu propriétaire du champ qu'il veut bien me céder. « Je ne l'ai pas tiré de mon cerveau, me dit-il, mais je l'ai pour ainsi dire fabriqué à coups de marteau dans mon usine. J'ai acheté en Angleterre dix tonnes de fonte brute dont la valeur est de 500 francs. J'ai affiné ces dix mille kilos pour en tirer 7000 kilos de fer; j'ai cémenté le fer pour le changer en acier; j'ai transformé l'acier en limes, en outils, et autres articles de quincaillerie, et le produit net de ces diverses opérations, tous frais déduits, tous salaires payés, abstraction faite de l'intérêt de mon capital et de l'entretien de mes machines, a mis entre mes mains 8000 francs qui ne devaient rien à personne et dont je pouvais légitimement me croire l'auteur. J'ai consacré la somme à l'acquisition du terrain qui vous fait envie; j'y ai ajouté en dix ans 2000 francs de main-d'œuvre et d'engrais, c'est pourquoi je ne vous demande pas 8000 francs, mais 10 000. Quand nous aurons signé l'acte de vente, vous pourrez dire en fauchant votre luzerne, en cueillant vos fruits, ou même en vous promenant le long de votre haie : « Ce terrain, ces plantations, ces fruits, ce fourrage, tout est bien à moi, car tout est sorti de mon cerveau par une opération très-louable qui s'appelle le travail. Moi-même, je me dis chaque année en mangeant les belles prunes de ma récolte : voici des fruits qui sont l'œuvre de mes mains, quoique je n'aie jamais cultivé la terre; l'arbre qui les a portés est le fils de mon travail, quoique je ne sache pas planter les arbres : la terre où ces pruniers ont grandi est sortie de ma fabrique; je l'ai créée moi-même, sous une autre forme, puisque je l'ai obtenue en échange d'un capital qui me devait l'être. »

Rien de plus juste assurément, et le droit de mon vendeur me paraît incontestable. « Mais vous-même, lui dis-je, de qui tenez-vous ce petit bien?

— D'un brave marchand de charbons qui m'a fourni durant des années. Il vendait, au prix de 25 francs la tonne, la houille qu'il allait chercher loin d'ici, à Saarbruck, sur les frontières de la Prusse rhénane. Son bénéfice net sur mille kilos était de deux francs environ. Lorsqu'il eut transporté deux mille tonnes de houille, il acheta ce champ qui n'était ni enclos, ni planté, ni drainé, et ne valait pas plus de quatre mille francs. Après l'avoir échangé contre le prix de son travail, il a travaillé deux ou trois ans pour en doubler la valeur. Ce n'était pas qu'il fût habile à manier la pioche : il employa des journaliers qu'il payait vingt-deux sous par jour : la main-d'œuvre ne coûtait pas plus cher en ce temps-là. Pour payer la journée d'un homme, il transportait de Prusse en France cinq cent cinquante kilogrammes de charbon. Plus les autres travaillaient pour lui, plus il travaillait de son état pour les autres, selon toutes les lois de justice et de réciprocité.

— C'est parfait. Et avant lui ?

— Avant lui, ce coin de terre a appartenu successivement, par transmission héréditaire, au petit-fils et au fils d'un couvreur, qui l'avait acheté deux mille francs sur ses économies. Il est bien naturel qu'un homme qui se promène sur les toits pendant dix ans, au risque de se casser le cou, amasse quelque chose. Celui-là fit une petite fortune qu'il plaça en rentes et en biens-fonds, moyennant quoi ses descendants eurent le droit de choisir un métier moins périlleux.... Mais vous désirez peut-être que je remonte encore plus haut dans l'histoire ?

— C'est inutile. Vous m'avez prouvé clairement que la propriété n'est pour ainsi dire que l'accumulation des fruits du travail.

— Votre *pour ainsi dire* me taquine; sous son apparence modeste, il réduit un axiome absolu au rang de vérité relative. Or le droit de propriété, assailli par les intérêts et les passions de tous ceux qui n'ont rien, ne sera inviolable qu'à la condition d'être absolu. C'est pourquoi je veux, titres en mains, vous prouver que la valeur totale du champ que vous achetez est une création du travail. En l'an 1701, il y avait, dans le ban de notre commune, une fondrière où nul n'avait jamais travaillé, un méchant trou plein d'eau depuis les pluies de novembre jusqu'aux chaleurs de juillet, malsain durant l'été, stérile en toute saison. Ce coin maudit, nuisible à tous, n'avait point de propriétaire. Il n'appartenait à personne, parce qu'on n'en pouvait rien tirer, et l'on n'en pouvait rien tirer, parce qu'il n'appartenait à personne. C'était un cercle vicieux. La commune, ou le corps des habitants, décida qu'on offrirait une somme de cent livres et le bien-fonds par-dessus le marché, à celui qui voudrait combler, assainir et cultiver cette crapaudière. Un digne tabellion, qui avait amassé quelques milliers d'écus par ses travaux de plume, accepta l'entreprise dans l'intérêt de tout le monde, sans se dissimuler qu'il y mettrait du sien. Le fait est qu'il déboursa 400 écus, représentant plus de 2500 francs de notre monnaie, et le champ qu'il avait créé ne se vendit que 1000 francs à sa mort, parce qu'il n'était affermé que 25 francs. Vous voyez donc que, dans l'espèce, le prix actuel de ce bien-fonds ne se compose pas du travail accumulé, joint à la valeur primitive du sol, mais bien du travail diminué de la valeur toute négative du sol. Vous allez payer 10 000 francs ce qui en a coûté 12 ou 13 000 à divers propriétaires. Le sol a pris et gardé sans en rien rendre une partie du capital que les hommes y ont mis; vous achetez le reste.

— Mais c'est une exception !

— C'est la règle, neuf fois sur dix.

— Mais la dixième fois, la propriété n'a pas d'autre base que le droit du premier occupant. Je trouve une terre fertile, couverte de fruits de toute sorte, je m'en empare, elle doit être à moi,

.... et la raison
C'est que je m'appelle Lion !

Et si quelque survenant se permettait d'en réclamer une parcelle, je lui dirais: « Travaille, mon garçon ! Sois mon fermier, ou mon métayer si tu le préfères ! Tu laboureras, tu sèmeras, tu herseras, tu sarcleras, tu feras la récolte et nous partagerons les fruits. Tu t'appelles agneau, parce que tu es venu après moi, et je m'appelle Lion!

— Mon cher monsieur, répondit le vieillard, vous êtes ouvrier.... un ouvrier de la pensée, comme on disait élégamment en 1848. Vous et les vôtres (car je mets tous ceux qui travaillent sur le même rang), vous avez des idées très-nettes sur la propriété mobilière, la seule que vous ayez pratiquée à fond. L'homme qui a limé du fer durant une semaine empoche en toute sécurité de conscience sa paye du samedi. Il s'explique fort bien que ce salaire est une part de la plus-value qu'il a ajoutée à la matière brute par le travail de ses mains. On serait mal venu à lui disputer un bien si légitime. Il l'échange loyalement contre du pain, des habits, des chaussures, et cent autres produits industriels fabriqués par un ouvrier comme lui. Mais le jour où il est obligé d'en donner une partie et même assez notable pour prix de son logement, il se croit en présence d'un droit nouveau, tout différent du sien, presque contraire. Le plus éclairé d'entre vous comprend à la rigueur qu'on lui fasse payer les intérêts du bâtiment qu'il habite : il sait que les maçons, les charpentiers, les couvreurs, les menuisiers, les serruriers et les vitriers ses confrères n'ont pas fait cela pour rien, et qu'il doit, en vertu de la réciprocité sociale, acquitter le prix de leurs peines. Mais payer l'intérêt du sol, qui égale et surpasse quelquefois celui du bâtiment, voilà ce qui l'étonne et le révolte. « Quoi ! dit-il, parce qu'un autre est venu avant moi s'emparer de ce terrain qui n'était à personne, il faudra que je paye deux cents francs de loyer au lieu de cent ! » L'ouvrier des campagnes embrasse le même préjugé avec plus de violence. « Je fais tout, le maître ne fait rien, il ne visite pas même une fois par an le terrain sur lequel je sue, et je dois partager avec lui, sous prétexte que le grand-père d'un de ses grands-pères, il y a deux ou trois mille ans, a pris la peine de passer par ici ? » Ce sophisme, d'autant plus dangereux qu'il est parfaitement sincère, prend sa source dans une double ignorance. Ceux qui parlent ainsi de bonne foi ignorent l'histoire de la civilisation et méconnaissent la dignité de l'homme. L'homme (c'est par lui qu'il convient de commencer) a naturellement droit à tout ce qu'il peut saisir sans violer le droit d'autrui. Sa personne, unité mobile et sans cesse renouvelée, n'existe qu'à la condition de prendre incessamment sur la nature. Comme elle est supérieure à tout, excepté à une autre personne humaine, elle peut s'étendre et se développer dans tous les sens jusqu'à ce qu'elle rencontre pour limite un autre droit né et acquis, c'est-à-dire la personne ou la propriété d'un autre homme. Si une île surgissait demain au milieu de l'océan Pacifique, le premier navigateur qui jetterait l'ancre dans ses eaux pourrait dire : *elle est à moi!* Riche ou pauvre, fort ou faible, blanc ou noir, il deviendrait aussi légitime propriétaire par cet acte d'occupation que par tous les contrats et tous les enregistrements du monde. Ce qui n'est à personne est à moi, si je peux le prendre !

« Il est absurde de dire que l'État, la loi, les tribunaux sont les auteurs du droit de propriété. S'ils nous donnaient nos biens, ils pourraient nous les reprendre. Tous les droits, sans exception, sont inhérents à l'homme et antérieurs à la constitution de la société. L'État les garantit, la loi les sanctionne, les tribunaux les protégent; la nature seule pouvait nous les donner, puisque le droit n'est pas autre chose que l'individu lui-même en tant que personne inviolable.

« Mais savez-vous, et c'est le second point de ma petite homélie, qu'il vous faut déjà une jolie somme de travail ou de capital pour aller chercher une île déserte et l'annexer à votre individu? On ne va pas à la découverte des nouveaux mondes avec les cinq sous du Juif errant. Il faut construire un bateau d'un certain tonnage, ou gagner par quelque autre travail le capital qu'il représente. Il faut payer et défrayer un équipage de marins ; il faut risquer sa vie sur mer, et, de tous les travaux, le danger est celui qui nous use le plus vite. Enfin, un matelot a crié : « Terre ! » On aborde, l'île est déserte, vous êtes payé. Quel capital avez-vous gagné, je vous prie ? Si le sol est vraiment neuf, si le travail de l'homme n'y a jamais touché, il arrivera de deux choses l'une : ou vous débarquez sur un rocher tout nu, ou la végétation spontanée y a fait une couche d'humus. Dans le premier cas, votre spéculation se liquide en perte : vous avez échangé quelque chose contre zéro. Dans la seconde hypothèse, il y a un capital à prendre ; mais, pas si vite ! La terre ne produit pas naturellement les pêches de Montreuil ; il a fallu trois ou quatre mille ans pour les faire si bonnes. Vous me direz que Christophe Colomb a débarqué en Amérique au milieu de tous les biens de la terre : j'en conviens, mais il n'y était pas le premier occupant. La terre était cultivée, les mines exploitées, les animaux apprivoisés depuis quelques dizaines de siècles. Les Espagnols ont trouvé là un capital tout fait parce que mille générations d'Indiens avaient travaillé.

Vous voulez travailler aussi, défricher la terre, semer du grain, sonder les mines : allez chercher des hommes, des chevaux, des bœufs, des semences, des outils, du capital à foison. Amenez-en beaucoup, et surtout beaucoup d'hommes. Le défrichement seul vous mangera quelques existences, je vous en avertis. Plus une terre est fertile, plus on meurt à la défricher. Un grand capitaliste s'écriait, il y a quelques années, devant les marais d'Ostie : « Que de millions à prendre ! Mais il faudrait d'abord y enterrer cent mille Allemands. » Si vous n'avez pas d'Allemands à enterrer, mon cher monsieur, je ne vous conseille pas de débuter dans le rôle de premier occupant. On trouverait encore, en cherchant un peu, des terres inoccupées : l'Afrique n'en manque pas, ni l'Asie, ni l'Australie, ni le sud de l'Amérique. Mais comme la nature y est toute neuve, comme le travail n'y a rien ajouté, elles sont un capital mort. Elles ne valent pas les quelque deux cents louis qu'il en coûterait pour les aller prendre. Voyez comme il est difficile à un propriétaire français, luttant avec l'aide des capitaux contre une terre cultivée, amendée, domptée depuis plusieurs siècles, d'arracher un revenu de cinq pour cent ! Que sera-ce s'il faut exploiter sans capital un élément rebelle, un sol vierge et farouche ? L'histoire des colonies agricoles ressemble trait pour trait à l'histoire des inventions industrielles : le premier occupant, et le second, et souvent même le troisième, se ruinent au profit de ceux qui viendront après eux. Et ces gens-là sont maudits comme accapareurs ! Il serait bien plus juste de les canoniser comme martyrs.

« Je ne vous le dis pas pour vanter ma marchandise : mille hectares de terrain neuf, pris au cœur de l'Afrique ou du Brésil, ne valent pas le lopin de deux hectares que vous voulez acquérir. Pourquoi? Parce que vous n'achèteriez là-bas que du travail à faire, tandis que je vous livre ici un travail fait. Et non-seulement un travail fait, mais un travail fait au milieu d'une société laborieuse, et dont la situation centuple le prix. Vous n'avez pas l'air de comprendre ; je m'explique.

« Il vous est arrivé plus d'une fois, à vous et à bien d'autres, de dire en regardant votre maison et le jardin qui l'entoure : « Si tout cela
« pouvait être transporté sur le boulevard des
« Italiens ! Je serais riche. » Vous auriez pu tout aussi bien vous dire en vertu du même principe : « Si tout cela était transporté au pied des
« Montagnes de la Lune ! Je serais ruiné. » Ce

principe, en vertu duquel la même valeur immobilière peut monter de un à cent ou descendre de cent à un, vous n'avez jamais essayé de le formuler; le voici : *la valeur du sol est proportionnelle à l'activité des hommes qui l'habitent.*

« Vous êtes le voisin d'une petite ville de l'Est; le sol que vous foulez vaut à peu près cinquante centimes le mètre. S'il était au milieu de la ville, il vaudrait deux francs; s'il était au centre de Strasbourg, il en vaudrait deux cents; au cœur de Lyon, quatre cents; au milieu de Marseille, six cents; au centre de Paris, deux mille. Ce n'est point parce que le climat de Paris est plus clément que celui de l'Alsace : dans les landes de la Gironde, où il ne gèle presque jamais, le mètre de terrain nu vaut environ un centime. Ce n'est point parce que le sol calcaire ou sablonneux de Paris est plus fertile : les alluvions du Para, où l'humus descend jusqu'à douze mètres de profondeur, ne valent pas le dixième d'un centime par mètre carré. C'est uniquement parce que le travail, la sécurité, l'abondance des capitaux et tous les fruits de l'association des hommes font la valeur réelle du sol. On disait au moyen âge : « Tant vaut l'homme, tant vaut la terre. » Cet axiome est toujours vrai ; nos révolutions ne l'ont pas démenti, mais confirmé. Les méchants terrains de Paris, sans parler des circonstances qui les font hausser démesurément depuis quelques années, valent plus que les sols les plus fertiles du monde, parce qu'ils portent comme une pyramide de travail accumulé. Dans Paris même, le prix du sol varie entre un et vingt, selon qu'il est plus ou moins distant du centre des affaires. Vingt hectares situés au delà du Luxembourg en valent à peine un pris autour du nouvel Opéra. C'est que le temps est de l'argent sur les champs de course de l'activité humaine. Mais j'en ai dit assez long si vous m'avez compris. »

Je lui frappai dans la main, suivant l'usage des paysans d'Alsace, et je revins chez moi, satisfait du marché que j'avais conclu, et parfaitement édifié sur le caractère auguste et sacro-saint de la propriété.

Deux jours après, je reçus la visite d'un cultivateur sans fortune, habile ouvrier, grand braconnier, fin matois, et rarement cité pour son détachement des biens de ce monde.

« On assure, dit-il en entrant dans ma bibliothèque, que vous avez acheté la luzernière de M. X. Voulez-vous me la donner à bail ? »

Je lui répliquai que l'affaire était conclue en

paroles, mais que je ne pouvais point disposer de ce petit domaine tant que je ne l'aurais pas payé.

« C'est un détail, répondit-il. On peut toujours causer, en attendant les griffonnages du notaire. Je sais ce que la terre vous coûte ; j'offre deux et demi du capital, si vous voulez. »

Deux et demi pour cent ne font pas un revenu considérable ; mais la terre la mieux louée ne rapporte pas beaucoup plus. La même somme placée dans l'industrie rendrait à peu près le double, parce que les moindres profits de l'industrie sont aux profits de l'agriculture comme deux à un. Mais la satisfaction de dire, en passant le long d'une jolie pièce de luzerne : ceci est à moi ! vaut bien un léger sacrifice. D'ailleurs l'argent est destiné à la baisse, et la terre à la hausse ; car on trouvera encore des mines d'argent, et l'on ne trouvera jamais des mines de terre. « Il me semble, dis-je au fermier, que nous pouvons nous entendre. Lorsque ce champ sera ma propriété, j'aurai en lui un instrument de travail utile, créé par moi, et pouvant donner cinq pour cent de revenu brut. Mais pour en tirer ce parti moi-même, je serais obligé de changer mes habitudes et d'apprendre plusieurs métiers que je ne sais pas, le métier de faucheur, par exemple. Vous savez manier la faux; mais pour faucher de la luzerne, une faux ne suffit point; la luzerne est nécessaire. Si je ne vous prêtais la luzernière que j'ai légitimement acquise par mon travail, vous seriez réduit à travailler comme manœuvre sur la récolte d'autrui, puisque vous n'avez pas encore su vous créer un capital vous-même. Vous gagneriez au plus 2 francs par jour; il vous faudrait travailler 125 jours pour gagner 250 francs. Les deux hectares que je vous prête ne vous occuperont pas plus de 50 jours, grâce au travail qu'on y a déjà fait, et que j'ai payé; ils produiront, à ce que vous dites vous-même, un revenu brut de 500 francs, soit 10 francs par journée durant 50 jours. Si vous me payez 250 francs de fermage, le salaire de vos 50 journées se trouvera réduit à 5 francs; mais c'est encore deux fois et demi ce que vous auriez gagné comme mercenaire. Nous pourrons dire encore, si vous le préférez, que vous m'avez donné 25 jours de votre travail, et que je vous ai rendu en échange le droit de vous enrichir ou de vous reposer durant 75 jours. Car après avoir travaillé 25 jours pour vous et 25 jours pour moi, vous vous trouverez au même point que si vous aviez été employé 50 + 75, ou 125 jours chez un autre. Avantage rare et précieux, dont vous ne jouiriez pas si je ne m'étais préalablement enfermé dans ce cabinet pour créér un capital de 10 000 francs dont nous profiterons, vous et moi, toute la vie. »

Il écouta d'abord en ouvrant de grands yeux, comme pour discerner la couleur de mes paroles, puis il me dit :

« Pourquoi tant raisonner, si nous sommes d'accord ?

— Pourquoi ? Mais parce que j'aime à me rendre compte de mes actions. Parce que la propriété est chose délicate. Parce qu'un très-honnête et pas trop méchant homme, appelé M. Proudhon, a imprimé qu'un fermier, quel qu'il soit, est dupé par son propriétaire, quel qu'il soit. Parce que, n'aimant pas à subir les injustices, je déteste encore plus énergiquement de les commettre. Bonsoir ! »

Je lui tournai le dos, et je me remis à l'ouvrage. Quant à lui, il rôda encore un demi-quart d'heure autour de moi, choisit un livre ou deux dans la bibliothèque, les inscrivit lui-même au catalogue, les fourra dans sa poche, et prit congé.

Il reparut le lendemain matin à l'heure de ma promenade.

« Monsieur, dit-il en m'abordant, j'ai repensé

toute la nuit à ce que vous m'avez dit hier soir. C'est décidément vrai que la propriété est une chose délicate.

— Après?

— Ce M. Prudhomme ou Proudhomme dont vous m'avez parlé hier, est-ce que vous le connaissez?

— M. Proudhon? Vaguement.

— C'est peut-être même un de vos amis?

— C'est un homme que j'estime et que je ne déteste point.

— Vraiment! vous l'estimez? Ce n'est pas pour plaisanter que vous m'avez parlé de lui comme d'un parfait honnête homme?

— C'est très-sérieusement, et je suis persuadé que ses ennemis eux-mêmes, sans excepter le sire de Mirecourt, sont, au fond, de mon avis.

— Ma foi! monsieur, vous êtes meilleur chrétien qu'on ne le dit dans la paroisse. Vous rendez le bien pour le mal; et la preuve, c'est que voici un livre où M. Proudhon vous appelle voleur. Il ne vous a pas nommé particulièrement, mais à la façon dont il s'exprime sur les propriétaires!...

— On peut être honnête homme et se tromper. M. Proudhon est animé d'un violent amour de la justice, mais il n'est pas le premier amoureux qui ait étouffé sa maîtresse en l'embrassant.

— Je ne sais pas s'il a étouffé quelqu'un, mais je sais bien que si nous lui donnions notre bail à faire....

— Il n'y changerait pas un mot ; car son bon sens, qui se perd quelquefois dans la théorie, se retrouverait tout entier devant une question de justice pratique.

— M. Proudhon ! Il vous dirait : « Faites
« votre compte ; dites ce que la luzernière vous
« coûte. C'est 10 000 francs ? Très-bien ! On vous
« donnera 250 francs cette année, autant l'an-
« née prochaine, et ainsi de suite jusqu'à ce
« qu'il soit prouvé par les reçus qu'on vous
« a payé 10 000 francs. Ce jour-là, c'est ce brave
« garçon, votre fermier, qui deviendra proprié-
« taire à votre place, attendu que le prix du
« loyer, égal à une fraction du total, sera consi-
« déré comme annuité portée en rembourse-
« ment. N'êtes-vous pas honteux de vouloir res-
« ter propriétaire de votre immeuble après qu'un
« pauvre ouvrier vous en aura soldé le prix inté-
« gral, en quarante années, par petites sommes
« de 250 francs ? N'est-ce pas le fait d'un voleur,
« un vol qualifié, un vol infâme, un vol.... Ne
« m'interrompez pas ! Le voleur qui refuse de se

« laisser injurier commet (d'après M. Proudhon)
« le crime de brigandage! »

Le ton de l'orateur pouvait être comique, mais l'argument méritait une réfutation, car il est spécieux. « Écoutez-moi, dis-je au paysan. Je n'ai pas encore acheté la terre dont nous parlons. Je ne l'achèterai pas, je ne vous la donnerai pas à bail; vous continuerez à travailler comme manœuvre, et je placerai mon argent sur bonne hypothèque à 5 pour 100. J'ai là 10 000 francs qui ne vous doivent rien, ni à vous, ni à personne; au bout de quarante-quatre ans environ, si je capitalise mes revenus, je serai à la tête de 80 000 francs. Préférez-vous cela? Ai je trouvé le bon chemin pour rentrer dans votre estime? »

Sa figure s'était allongée, mais il avait le livre en poche; il répliqua énergiquement :

« Il serait tout aussi injuste de placer votre argent à intérêt. L'homme à qui vous prêtez dix mille francs vous en doit rendre dix mille; deux centimes de plus, et vous êtes un voleur!

— Ah! c'est ainsi? Eh bien, puisque je n'ai aucun intérêt à placer cet argent, puisqu'en le prêtant à un homme qui en aurait besoin, je ne cours d'autre chance que celle de le perdre, je sais ce qui me reste à faire. Je mettrai mes dix mille francs dans une cassette, et je les garderai avec soin, selon le conseil du financier de la Fontaine, pour m'en servir au besoin ! Et ce n'est pas moi seul qui prendrai ce parti. Tous ceux qui auront gagné un capital, petit ou grand, l'enfermeront sous triple serrure, et tous ceux qui n'ont que des bras ou des idées, sans capital, ne sauront plus où chercher ce puissant auxiliaire des bras et des idées. Que deviendra le commerce, l'industrie, le progrès, la civilisation? Que deviendra le monde, lorsque personne ne prêtera plus, ne trouvant plus qu'un risque gratuit à prêter?

— J'avoue, répondit le paysan, que cette nouveauté mettrait bien des gens dans la peine, et moi tout le premier; car enfin je comptais que vous achèteriez ce bout de terre et que vous me le donneriez à bail moyennant une honnête rétribution.

— Honnête ou malhonnête?

— Je ne sais plus que penser. Il me semblait encore hier que cela serait bien honnête à vous, mais le livre que j'ai lu cette nuit assure si fortement que rien n'est plus malhonnête ! Il dit (c'est imprimé) qu'on n'a pas encore appliqué la justice à la propriété; qu'il faut en revenir à la balance, mettre partout la réciprocité et l'équilibre....

— Eh! que fais-je, morbleu! quand je vous prête ma terre ou mon argent? Je vous fournis les moyens de gagner votre vie, et je demande que vous m'aidiez à vivre par une juste réciprocité. Je vous mets en mesure de créer une petite fortune, et je demande, en vertu de toutes les lois de l'équilibre, que vous ne vous enrichissiez pas tout seul. Je vous jette une planche quand vous allez vous noyer, et je compte que vous me donnerez un coup de main lorsque vous serez sur le rivage. Croyez-vous donc vous acquitter envers moi en me disant : Voici votre planche?

— Je ne dis pas; mais la planche, puisque planche il y a, n'est pas à vous. C'est en vertu d'une fiction légale que vous êtes propriétaire. L'État, dans son indulgence, vous reconnaît une espèce de droit sur la terre dont vous vous êtes emparé par voie d'occupation, de préhension ou de conquête; mais....

— Attendez! Vous avez un petit jardin derrière votre maison?

— Oui, vingt ares.

— Vous en êtes-vous emparé lorsqu'il était sans maître? L'avez-vous occupé violemment ou conquis le sabre à la main?

— Moi? Je l'ai bel et bien acheté sur mes journées.

— Et si quelqu'un venait vous dire que vous ne le possédez que par la tolérance de l'État?

— Je taperais dessus!

— Taper n'est pas utile et ne prouve rien. Mais n'oubliez jamais que toutes les propriétés de France, sans aucune exception, ont été achetées au moins une fois sur le travail de quelqu'un, et que l'occupation, la préhension et la conquête, sont des vieilleries évoquées pour fausser la question. Peut-être restait-il en 1793 quelques hectares acquis par une autre voie que le travail; mais le peuple d'alors a tout payé sur ses économies. D'ailleurs il n'y a pas un seul mètre de terre dont la valeur totale n'ait été absorbée par l'impôt entre 1793 et 1864; donc les propriétaires ont racheté leur bien par le travail, centime à centime, comme l'individu renouvelle en dix ans par la nourriture toutes les molécules de son corps. »

Je le croyais vaincu, mais il tira mon livre [1], qu'il avait enrichi de cornes innombrables, et me dit :

« Qu'est-ce que la rente? un excédant. Le

---

1. *De la Justice dans la Révolution et dans l'Église*, 3 vol. Ouvrage condamné par les tribunaux, ce que je regrette de tout mon cœur. Il valait cent fois mieux le laisser condamner par le bon sens.

travail doit d'abord nourrir, vêtir, loger et défrayer de tout l'homme qui travaille. Si le produit excède mes besoins, l'excédant constitue ce qu'on appelle la rente. « Or la rente, dit M. Prou-
« dhon, est la récompense du travail; elle est son
« salaire légitime; elle lui appartient. » Cependant, comme je ne veux pas abuser des bontés que ce philosophe a pour moi; comme je vois d'ailleurs que vous n'achèteriez pas la luzernière, et que personne ne voudrait plus se rendre acquéreur d'un champ, si le travail-roi ne faisait quelques concessions aux parasites de votre espèce, je consens à vous sacrifier les 250 francs annuels que je vous offrais hier; mais je vous avertis que vous n'en jouirez pas longtemps. M. Proudhon a prouvé au gouvernement qu'il ne devait mettre d'impôts ni sur la terre, ni sur les portes et fenêtres, ni sur les patentes, ni sur le sel, ni sur les vins, ni sur la viande, ni sur le sucre, ni sur les successions, ni sur le capital, ni sur les valeurs mobilières, ni sur le luxe, et, comme le gouvernement ne savait plus sur quoi se rejeter, M. Proudhon lui a dit : prenez la rente foncière. Le gouvernement la prendra.

— Qu'il y vienne ! »

J'aurais travaillé six mois pleins et même davantage, je me serais tenu au chaud tout un été pour forcer mon cerveau à suer des idées ; j'aurais manqué l'ouverture de la chasse, tandis que ce braconnier prenait mes lièvres au collet, et mon labeur ne servirait qu'à lui rendre la vie plus douce et plus facile ! L'État, qui a couru les champs, pris les eaux et vécu en joie, tandis que j'accouchais péniblement, empochera l'excédant de son salaire, la part qui me revient ! Allons donc !

Plus j'étudie l'origine et l'organisation de la propriété, plus il me semble que c'est le côté fort, le point inexpugnable de la civilisation moderne. Le travail produit le capital ; le capital, une fois créé, travaille lui-même, avec un peu d'aide. Il nourrit son créateur à l'âge où il ne peut plus rien ; il le console dans sa vieillesse, il le rattache, par les liens de la reconnaissance, à la génération suivante.

Les capitaux lâchés en liberté s'accouplent et pullulent comme des lapins sous bois, et la grande association se fait de jour en jour plus riche. Des 40 milliards de valeurs mobilières qui circulent aujourd'hui de poche en poche, il n'en existait pas quatre en 1789. Sur quoi les a-t-on pris ? Ce n'est pas sur la propriété foncière, puisqu'elle-même s'est enrichie parallèlement ; on les a conquis sur le néant par le travail.

Non-seulement la société prise en bloc est plus riche, mais il y a moins de pauvres, il y a plus de riches, et les pauvres de notre temps sont moins pauvres que ceux d'autrefois. Le progrès économique, comme le progrès de l'instruction et de la moralité, a pour objet non pas de fixer à l'accroissement des particuliers une limite commune, mais de les élever tous à la fois vers un *summum* dont ils s'approcheront plus ou moins, selon leur point de départ, leurs facultés et les circonstances. C'est par l'augmentation simultanée et indéfinie des fortunes particulières que nous remplacerons avantageusement l'égalité proudhonienne, ce rêve tyrannique d'un esprit sincère et faux. Il ne s'agit pas d'arrêter l'avant-garde pour laisser aux traînards le temps de rejoindre; il vaut mieux donner des ailes à l'armée entière, aux premiers comme aux derniers, pour que tout le monde arrive au but.

« Il se faut entr'aider ; c'est la loi de nature. » La Fontaine l'a rédigée en un beau vers que je contre-signe de grand cœur. Mais si vous voulez que nous tendions la main à nos frères, vous les servez bien mal en nous coupant les bras. Tuer le capital, enchaîner la liberté, ce n'est point préparer l'émancipation des prolétaires, c'est condamner tout le genre humain, sous prétexte de justice, au plus infime prolétariat.

Un honnête homme à courte vue entre en fureur au spectacle de quelques grandes fortunes lestement acquises : « Travailleurs ! s'écrie-t-il, c'est votre argent mis en montagne ! » Quel argent ? Les prolétaires étaient plus pauvres, quand ces fortunes n'existaient pas. Le travail leur manquait plus souvent, leurs journées étaient payées moins cher. Supposez qu'ils soient assez enfants pour vous croire, qu'ils renversent la montagne et s'en partagent les débris. Ils s'éveilleront sans pain après huit jours de bombance, et ils vous accuseront d'avoir tué par leurs mains la poule aux œufs d'or.

Du temps que la richesse nationale était exclusivement foncière et que le revenu de chaque année se réduisait à la récolte, on pouvait parier presque à coup sûr que toute fortune rapide était prise sur le public. Aujourd'hui que le plus clair de notre bien est en valeurs mobilières, on peut dire aussi hardiment qu'un homme ne s'est pas enrichi sans faire la fortune de beaucoup d'autres. Le propre de l'industrie est de doubler, de centupler par le travail la valeur primitive des choses. Si j'emploie cinquante francs de fonte brute à faire pour cent mille francs d'aiguilles à coudre, je n'ai fait tort qu'au néant, à l'ennemi du genre humain, à cette force inerte et glacée que les Perses appelaient Ahriman. C'est lui que j'ai vaincu, et comme je n'étais pas seul à lutter, tous mes associés ont eu leur part du butin. Nous n'en resterons pas là, nous savons comment on le prend, nous rentrerons en campagne l'année prochaine. Avouez qu'il faut être bien fou pour voler le public qui a des yeux et des ongles, lorsqu'on peut butiner à pleines mains sur l'aveugle et stupide néant !

Quelques écoles socialistes, dans leur haine de l'inégalité, ont proscrit l'héritage. « Est-il juste, dit-on, qu'un marmouset tout barbouillé du lait de sa nourrice soit déjà riche à plusieurs millions, lorsque tant d'autres, après avoir peiné toute leur vie, n'ont pas toujours du pain à manger? A quoi songe la société? Elle peut, elle doit par une répartition plus équitable, corriger les injustices du hasard. »

Mais ce n'est pas le hasard, c'est le droit, antérieur et supérieur à toutes les lois civiles, qui transmet aux enfants les biens amassés par leur père. L'homme est le maître unique et absolu du capital qu'il a créé. Si vous l'interrogez, il vous dira lui-même qu'il ne travaille et n'épargne qu'à cette condition. Aucune autorité, selon lui, ne saurait légitimement disposer du fruit de ses peines. En créant une fortune, il a créé une famille ; son premier placement est contemporain de son premier enfant. Il savait en fécondant l'œuf microscopique d'où sortent les hommes, qu'il s'engageait implicitement à nourrir sa géniture, à assurer dans la mesure de ses moyens l'existence du petit être qu'il appelait à la vie. Le code qui lui défendrait de remplir une obligation si sainte ne saurait être promulgué que dans une de ces républiques imaginaires où le législateur poëte, assis sur un nuage à deux lieues du monde réel, commence par décréter la suppression de la famille et l'abolition de la nature. Je crois donc inutile d'insister sur ce point.

Mais il n'est peut-être pas hors de propos de revendiquer les droits du capital ou du travail (c'est tout un) contre certains articles du code qui me paraissent avoir vieilli.

Si j'ai mille francs en or dans un tiroir de mon secrétaire, la loi m'autorise à les employer comme bon me semblera. Rien de plus juste. Je puis les garder ou les jouer au lansquenet, ou les jeter par la fenêtre, ou les donner au bureau de bienfaisance, ou les vendre en échange de quelque autre marchandise; car l'or, monnayé ou non, est une marchandise comme les autres. Je pourrais, le hasard aidant, échanger ces cinquante louis contre un tableau de Raphaël, non gratté par M. Villot, revendre mon tableau cent mille francs dans la soirée, et tirer de mon capital un intérêt de 100 pour un en un seul jour, correspondant à 3 650 000 fr. pour 100 dans l'année. Le procureur impérial n'aurait rien à dire et tous les tribunaux de France me trouveraient blanc comme neige. Supposez que je fasse une affaire moins brillante, mais encore assez avantageuse : mon voisin, pressé d'argent, m'offre en échange de ces cinquante louis une pièce de château-laffitte, que je revends au bout du mois pour mille écus. Il se trouve en résumé que j'ai vendu mille francs en or contre trois mille fr. en vin de Bordeaux. La loi française dit *amen*. Cependant, j'ai gagné 300 pour 100 dans un mois, qui font 3600 pour 100 à l'année. Mais qu'un spéculateur, un casse-cou, un rêveur, un chercheur du mouvement perpétuel entre et me dise : « Prêtez-moi vos mille francs, je les jouerai sur une idée, je gagnerai un million et je vous rendrai 1070 francs au bout de l'an ! » Je dois faire la sourde oreille, sous peine d'être condamné pour usure. La loi ne plaisante pas sur ce chapitre. Elle me permet de vendre

1000 francs pour 1050 en matière civile, pour 1060 en matière commerciale. A 1070, je deviens un Gobsek. Ne sentez-vous donc pas, ô vénérable loi française, qu'il est juste de proportionner le bénéfice du prêteur au service qu'il rend et au risque qu'il court? Ignorez-vous que la valeur de toutes les marchandises (l'or et l'argent compris), varie incessamment selon l'offre et la demande et l'état du marché? Vous le savez fort bien, et la preuve c'est que vous autorisez la Banque de France à me vendre 1080 francs les cinquante napoléons que je n'ai pas le droit de vendre 1070. Vous le savez si bien, ô loi plus auguste que logique! que vous élevez le taux légal à 10 pour 100 en Algérie, parce que l'argent y est moins offert et plus demandé qu'à Paris. Crime en deçà de la Méditerranée, innocence au delà! Laissez les emprunteurs et les prêteurs s'entendre à l'amiable, et n'intervenez entre eux, que lorsqu'ils vous appellent pour donner main-forte à l'exécution d'un libre contrat. Souvenez-vous que les lois de *maximum* (et le taux légal en est une) n'ont jamais engendré que la défiance, la fraude et la cherté.

Que craint-on? Que nos paysans, déjà tondus par le prêteur, ne profitent de l'occasion pour se faire écorcher? Instruisez-les, morbleu! Faites-leur toucher du doigt l'absurdité de leurs calculs et l'ingratitude de la terre. Prouvez-leur, rien n'est plus facile, qu'emprunter au banquier pour prêter au sillon c'est être deux fois dupe.

Mais la plus grosse objection n'est pas celle que l'on articule tout haut. Le fait est qu'on a peur de transgresser la loi chrétienne, qui défend l'usure comme un péché. Mais l'Écriture va plus loin : elle interdit le prêt à intérêt, ce fondement indispensable des sociétés modernes. Ni le 6 pour 100, ni le 5, ni le 4 et demi, ni le 3 ne trouvent grâce devant elle, et les honnêtes prêteurs qui se pressent au guichet du ministère des finances pour souscrire votre emprunt, sont autant d'usuriers, aux yeux de la foi. Renoncez donc à l'espoir de figurer un jour parmi les pères de l'Église, et contentez-vous de devenir les pères du peuple, en nous donnant la liberté commerciale, et les autres !

Nous avons secoué le joug du droit divin, mais son ombre pèse les jours sur nos épaules. Voilà pourquoi nous portons encore la tête assez basse malgré la révolution radicale qui a intronisé le suffrage universel. Le plus fort est fait, j'en conviens, mais ce qui reste à faire ou à défaire, est énorme. Les Américains, si finement loués dans le bon livre de M. Laboulaye, ont un immense avantage sur nous. C'est beaucoup de n'avoir point d'histoire : on est exempt des charges du passé. On a commencé par la liberté la plus absolue ; les premières constitutions ont proclamé le droit illimité de l'individu : il ne reste plus qu'à restreindre, à limiter un peu, à retrancher le trop, d'après les leçons de l'expérience. Nous, au contraire, nous avons commencé par appartenir à quelqu'un : il suit de là, que nos droits les plus naturels, nous ont été octroyés ou vendus l'un après l'autre, arbitrairement, non par mesure générale, mais plutôt par voie d'exception ou de privilége. Je n'oublierai jamais les étonnements d'un jeune Français élevé en Amérique, qui revint à Paris il y a quelques années pour chercher une position sociale. Il se croyait propre à tout, et je dois avouer qu'il ne manquait pas d'instruction, ni d'intelligence : il ne manquait que d'argent. Ayant appris que les agents de change en gagnaient beaucoup à la Bourse, il résolut tout naturellement de se faire agent de change. « Y songez-vous? lui dit-on; n'est pas agent de change qui veut. Pour entrer dans la corbeille où l'on crie le cours du Trois, il faut d'abord acheter un privilége qui ne coûte pas moins de deux millions. — Si j'avais deux millions, j'aimerais mieux vivre de mes rentes. Je croyais qu'il suffisait d'avoir des poumons. Mais, puisqu'on ne peut gagner sa vie à la Bourse à moins d'être deux fois millionnaire, je verrai ailleurs. Le commerce ne va pas mal à Paris : si je me faisais courtier de marchandises? — Tout beau! les courtiers ont un privilége; leur nombre est limité, et quoiqu'ils ne suffisent pas au dixième des transactions que Paris voit en un jour, ils vous feraient un bon procès s'ils vous prenaient à chasser sur leurs terres. — Ma foi! j'aurais parié que pour offrir ou demander du sucre et des épices il ne fallait qu'être honnête, actif et intelligent. » On mit le comble à sa surprise en lui apprenant que les facteurs de la halle, les commissaires-priseurs, les notaires, les avoués, les huissiers, les avocats à la Cour de cassation étaient privilégiés comme les agents de change. « Mais, disait-il en se frappant la tête à coups de poing, quel intérêt le gouvernement peut-il avoir à créer des priviléges?

— Il n'en a pas créé un seul; tout cela date encore du bon vieux temps. Nos rois avaient besoin d'argent, le budget n'était pas des plus élastiques : on vendait les offices, ou du moins le droit de transmission. Cela n'a pas rapporté grand'chose à la couronne, mais aujourd'hui, si l'on voulait tout racheter, un milliard y suffirait à peine.

— C'est ce que la France a donné aux alliés en 1815.

— Précisément. Mais je n'ai pas épuisé la liste des priviléges. Les bouchers, les boulangers, les imprimeurs, les libraires, les directeurs de théâtre, les propriétaires de nos journaux politiques ne sont pas aussi florissants que les agents de change, mais ils sont tout aussi privilégiés. Ils exercent un monopole garanti par l'État, et personne ne peut leur faire concurrence sans l'aveu du gouvernement. Ajoutez à cette liste un peu longue tous nos maîtres de forge, tous nos filateurs, tous nos drapiers, et pour tout résumer en un mot, la presque totalité des gros industriels français, qui jouissent d'un demi-monopole assez curieux. Aucune barrière ne les défend de la concurrence nationale, mais ils sont armés de toutes pièces contre l'invasion des produits étrangers. Ils obligent le consommateur, c'est-à-dire le peuple entier, à payer 150 francs ce qui en coûte 75 en Angleterre, et protégent ainsi notre belle industrie française contre la contagion des perfectionnements et le danger des réductions de prix.

— Mais si nous en sommes encore là, de quoi nous ont servi toutes nos révolutions politiques?

— A introduire dans la constitution un principe qui s'infiltrera peu à peu dans les mœurs. »

L'infiltration que j'espérais alors s'est faite assez lestement.

Grâce aux efforts persévérants de notre illustre Michel Chevalier, le privilége de quelques manufacturiers s'écroule, et nous marchons à grands pas vers le libre échange.

L'initiative d'un souverain très-libéral en matière d'industrie, a détruit coup sur coup le monopole de la boucherie, le monopole de la boulangerie, le monopole ou privilége (c'est tout un) des entreprises dramatiques. Les privilégiés n'en sont pas morts, et le public s'en porte mieux. Nous n'avons pas payé un centime d'indemnité, et pourquoi? Parce que nous ne devions pas un centime.

Je définis tout privilége : le droit acquis d'interdire aux autres hommes l'exercice d'un droit naturel.

Tout homme a naturellement le droit de tuer un bœuf qu'il a acheté, et de vendre la chair en détail. Tout homme a naturellement le droit d'acheter un sac de farine, de pétrir le pain, de le cuire et de le vendre. Tout homme a naturellement le droit de bâtir une maison, d'y réunir ses concitoyens et de les régaler d'un spectacle honnête en échange de leur argent.

Celui qui, par un heureux hasard, se trouve en possession d'exercer seul, à l'exclusion des autres, un droit qui appartient à tous, ne fait pas mal de profiter de cette aubaine, mais doit prévoir le jour où les autres recouvreront l'usage de leur droit.

Il me paraît incontestable que tout homme a le droit de servir d'intermédiaire entre M. A. et M. B., s'ils le demandent l'un et l'autre, et de vendre à M. B., le sucre, le beurre ou le 3 pour 100 que M. A. désire aliéner. Il n'est pas moins évident que tout citoyen éloquent, instruit et honorable, a le droit de défendre ses amis ou ses clients, fût-ce au conseil d'État ou en Cour de cassation.

J'ose prédire à la génération qui me lit qu'elle verra tomber tous les priviléges. J'espère même qu'elle n'aura pas besoin de débourser un milliard pour les faire tomber sur un lit de roses.

Je constate d'abord que ni les imprimeurs, ni les libraires, ni les propriétaires de journaux ne demanderont un sou d'indemnité le jour où leur industrie rentrera dans la loi commune. On les a privilégiés malgré eux, pour les tenir plus étroitement et pour avoir la faculté de les ruiner sans forme de procès. Ceux-là payeraient volontiers la suppression de leur monopole.

Mais il en est tout autrement des officiers ministériels et surtout des agents de change. Dans la seule ville de Paris il y a soixante agents dont les charges, qu'ils ont payées, représentent aujourd'hui un total de 90 millions pour le moins. Un agent qui a acheté sa charge deux millions en 1859, qui pourrait la revendre aujourd'hui 15 ou 16 cent mille francs, trouvera violent que le premier venu, sans bourse délier, vienne sur son terrain lui faire concurrence à armes égales. Mais nous, public, qui payons à ce monopole un impôt annuel de 30 millions et plus, sous forme de courtage, nous qui sommes privés accidentellement du droit naturel de négocier les valeurs publiques, nous trouverions encore plus singulier qu'on nous fît racheter pour 90 millions sous Napoléon III un privilége que Napoléon Ier a donné pour rien. Il est vrai que Louis XVIII, en 1816, a dit aux agents de change que, s'ils voulaient payer un cautionnement de 125 000 francs, ils auraient le droit de présenter leurs successeurs, c'est-à-dire de vendre leurs charges. Mais aucun gouvernement n'a promis que le nombre de ces charges ne serait pas doublé, triplé, centuplé, suivant l'activité de la place et le mouvement des affaires. Si l'État a le droit de créer un soixante et unième agent, il a le droit d'en créer dix millions en étendant le privilége à tous les électeurs français.

La dépréciation qui frapperait les charges à la suite d'une telle loi devrait être considérée comme un accident de force majeure; personne n'en serait responsable. L'agent qui a payé sa charge 300 mille francs en 1848 et qui l'a revendue deux millions en 1859 n'était pas obligé de dire au gouvernement : voici 1 700 000 francs que vous m'avez fait gagner; partageons! Il savait bien pourtant qu'il devait cette plus-value au rétablissement de l'ordre public. Son successeur serait-il bien fondé à réclamer une indemnité si la charge retombait à 300 mille fr. grâce au rétablissement du droit, de la justice et de la liberté commerciale?

Mais je suis sûr que la suppression du monopole ne ruinerait pas un seul agent. Les charges qui existent aujourd'hui ne perdraient pas de sitôt la confiance qu'elles méritent et la clientèle qu'elles ont. La nation est ainsi faite ou du moins ainsi élevée qu'elle estime difficilement ce qui n'émane point du pouvoir. Elle fera longtemps une différence énorme entre l'or éprouvé par un chimiste et l'or contrôlé par la Monnaie, entre un fait simplement démontré et une nouvelle officielle. Dans un pays comme le nôtre, un privilége aboli conserve son prestige et sa valeur exploitable. C'est pourquoi vous avez vu tout dernièrement une compagnie de capitalistes fort intelligents acheter trois priviléges de théâtre, à la veille du décret qui proclamait la liberté.

Je crois donc (malgré la déclaration récente d'un homme d'État que je révère tout particulièrement) que le monopole des agents de change ne sera pas racheté mais aboli. La seule indemnité qu'il convienne de leur offrir c'est l'abrogation de toutes nos lois surannées contre les marchés à terme et les jeux de Bourse en général.

Il y a beaucoup à dire contre le jeu, au point de vue de la morale; je commence par approuver en bloc les jugements les plus sévères qu'on a portés contre lui. Un jour viendra, peut-être, où les hommes ne chercheront le gain que dans les droits sentiers du travail; où l'impatience d'acquérir ne les entraînera plus à risquer sur un coup de dés le patrimoine de leur famille. Mais en attendant que ce progrès ou ce miracle s'accomplisse, la loi doit prendre l'homme tel qu'il est, avec ses imperfections et ses vices eux-mêmes. Elle n'est pas inventée pour nous rendre meilleurs (c'est le propre de la philosophie), mais pour assurer à chacun la pleine jouissance de ses droits. Or, la propriété est le droit d'user et d'abuser, d'après la belle définition romaine ; je suis le maître d'employer ou même de détruire ce qui m'appartient légitimement. Si j'ai cent mille francs à moi, bien à moi seul, la prudence me conseille de les garder pour l'avenir, la bienfaisance me dit à l'oreille qu'avec ce capital on peut faire des heureux; mais si je préférais les jeter au plus profond de l'Atlantique, aucune loi ne s'arrogerait le pouvoir de m'en empêcher. Je puis donc, à plus forte raison, les jeter sur un tapis vert, où ils ne seront pas perdus pour tout le monde. Lorsque deux individus majeurs et jouissant de toutes leurs facultés se placent l'un devant l'autre et conviennent, par un petit contrat verbal, que le gagnant empochera les enjeux, le gagnant a le droit de prendre et de garder ce qu'il vient d'obtenir au péril de son propre bien. Cet or lui est acquis, moins glorieusement sans doute, mais tout aussi légitimement que s'il avait sué dix ans pour l'arracher de la terre. Le droit de propriété passe ainsi d'un homme à l'autre sans rien perdre de sa rigueur : chacun des deux joueurs, en mettant l'argent sur table, en a fait la donation conditionnelle à son adversaire ; l'un et l'autre ont renoncé simultanément à leur bien en faveur d'un gagnant indéterminé.

Que le gain de la partie soit décidé par le talent seul, comme dans les échecs et le tir à la cible, ou par le talent et le hasard combinés, comme dans le whist, les marchés à terme, les paris de sport ; ou par le hasard seul, comme dans le lansquenet, le baccarat et la roulette, le droit de propriété acquis par le gagnant n'en est ni plus ni moins légitime, puisqu'il a toujours sa source dans l'abandon, la donation, la cession conditionnelle mais absolue que le perdant avait faite avant de jouer.

C'est donc à tort et contrairement au droit le plus manifeste, que notre code méconnaît la transmission de la propriété par le jeu. Il y a sous cette négation, un vieux reste de préjugé qui tombe en ruines, heureusement. N'est-il pas singulier qu'un honorable magistrat, après avoir gagné cinq louis sur le prix du Jockey-Club et cinq autres le même soir sur la tourne d'un roi à l'écarté, annulle et punisse le lendemain un loyal pari sur la hausse ? N'est-il pas singulier que les journaux officiels publient le texte de ce jugement entre le cours des marchés à terme et l'annonce d'une loterie autorisée? Mais le pis de l'affaire est que les lois contre le jeu n'ont jamais servi qu'aux fripons de tous étages.

Je ne regrette pas le temps où la monarchie française canalisait à son profit les vices publics. On a bien fait d'abolir la ferme des jeux et la loterie royale ; j'espère que le royaume d'Italie suivra bientôt ce bon exemple et puisera à quelque autre source les 27 millions que la loterie ajoute à son budget. L'État ne doit pas jouer contre les citoyens ni faire appel à des passions regrettables. Mais il n'a pas le droit d'interdire le jeu. Qu'il le surveille ; qu'il assure la loyauté des transactions aléatoires : il sera dans son rôle.

Si demain un gros capitaliste ouvrait boutique sur la place de la Madeleine et mettait cent millions en banque contre tous les joueurs de Paris et de l'étranger, nos lois le condamneraient d'emblée, et elles auraient tort. Mieux vaut un jeu public, surveillé, contrôlé, forcément honnête, que les mille petits tripots clandestins où quelques filles associées à quelques escrocs enivrent un pauvre pigeon avant de le plumer.

L'anathème légal qui frappe les jeux de hasard, n'est pas la seule restriction que notre code ait mise au droit absolu du propriétaire. Je vous en signale une autre bien plus grave dans son principe, plus désastreuse dans ses effets, et qui commence à émouvoir sérieusement les meilleurs esprits de notre époque :

Le même individu à qui nous reconnaissons jusqu'à sa dernière heure le droit d'aliéner, de dénaturer et même d'anéantir tout son bien, n'est pas libre d'en disposer par testament. Dès qu'il a des enfants, c'est la loi qui teste pour lui et se charge de répartir sa fortune en parties égales, sauf une quotité restreinte dont on lui laisse la disposition comme par grâce. Cette loi[1] inspirée par un amour aveugle de l'égalité, est un attentat permanent contre la liberté individuelle et l'autorité paternelle. Elle ne permet pas au chef de famille de déshériter le fils qui l'a offensé ou déshonoré; elle constitue au profit de chaque enfant un droit né et acquis sur la fortune de leur père vivant. Elle réduit le père à la condition d'usufruitier, sous la surveillance de sa propre famille; elle l'oblige à dénaturer frauduleusement son bien, s'il veut en disposer selon sa volonté et conformément au droit na-

1. Art. 745 et 913 du code civil.

turel. C'est une loi jugée au point de vue moral.

Parlerons-nous des effets qu'elle a produits en un demi-siècle sur la société française ? Elle a poussé jusqu'à l'absurde la division des propriétés, elle a dévoré en licitations et en frais de justice une notable partie du capital acquis ; elle a défait peut-être un million de fortunes au moment où elles commençaient à se faire. Le père fonde une industrie et meurt : tout est vendu et partagé ; la maison ne survit pas à son maître. Un fils a du courage et du talent : avec sa petite part du capital paternel, il fonde une autre maison, réussit, devient presque riche et meurt : nouveau partage, nouvelle destruction ; tout à recommencer sur nouveaux frais ; un vrai travail de Danaïde. L'agriculture en souffre, l'industrie en souffre, le commerce en souffre ; le sens commun en rougit.

Il est trop évident que le père ne doit pas sa fortune à ses fils ; il leur doit l'éducation et les moyens d'existence. Quiconque appelle un enfant à la vie s'engage implicitement à l'élever et à le mettre en état de se soutenir par le travail. Mais c'est tout, et la raison ne décidera jamais qu'un homme riche à quatre millions et père de quatre enfants, soit débiteur de

750 mille francs envers le polisson qui lui a fait des actes respectueux pour épouser la cuisinière. Cependant la loi française le veut ainsi :
« Monsieur, dirait un notaire au vieillard, vos quatre millions qui sont à vous parce que vous les avez gagnés, sont l'héritage naturel de vos quatre fils : on veut bien vous permettre d'en prélever un quart dont vous userez à votre fantaisie, mais on réserve le reste à vos futurs orphelins, et l'on vous défend d'en disposer.

— Mais suis-je propriétaire, ou non ?

— Vous l'êtes, et tellement que vous avez le droit de vendre aujourd'hui tous vos biens, meubles et immeubles, d'en convertir le prix en billets de banque et de jeter les billets au feu. Holocauste agréable à M. de Vuitry !

— Ou même de distribuer la somme entre les trois enfants qui ont consolé ma vieillesse ?

— Donnez-leur de la main à la main tout ce qu'il vous plaira, mais gardez-vous de les trop avantager par votre testament ! Tout ce qui est donné (par testament) au delà de la portion disponible est sujet à réduction.

— Mais quelle différence faites-vous entre tester et donner ?

— Aucune en théorie. Une énorme dans la pratique. Le fait est, soit dit entre nous, que les rédacteurs du Code avaient un horrible souci du droit d'aînesse. Ils ont lié les mains du père de famille pour qu'il ne dépouillât point les cadets au profit de l'aîné. Aux États-Unis d'Amérique, où le droit d'aînesse n'a jamais fleuri, le père est vraiment père, le propriétaire vraiment propriétaire : il dispose de tout son bien comme bon lui semble, et agit en homme libre jusqu'au dernier soupir. »

M. le baron de Veauce, homme de haute capacité, dans un discours que j'ose dire admirable, a demandé que la loi fût chez nous comme elle est en Amérique[1]. Mais le Corps législatif a-t-il le temps de reviser les lois civiles? Possède-t-il dans sa bibliothèque un exemplaire du Code Napoléon? Je voudrais qu'un homme de loisir s'amusât à compter les heures que cet illustre corps dérobe à la politique dans une session de cinq mois.

Lorsqu'un Français meurt intestat, la loi suppose qu'il aurait testé en bon parent; elle répartit sa succession suivant l'ordre indiqué par la nature. Les descendants viennent d'abord, et à leur défaut, les ascendants, puis les collatéraux jusqu'au douzième degré, puis les enfants natu-

---

1. Séance du 20 janvier 1864. *Moniteur* du 21.

rels ; puis l'époux survivant, puis enfin (mais à tort, selon moi,) l'État. C'est la commune qu'il faudrait dire.

Je voudrais que les membres de la famille, n'importe à quel degré, succédassent avant tout, et qu'à défaut des trois ordres de succession régulière et des deux premiers ordres de succession irrégulière, le dernier héritier ne fût pas l'agent du fisc (*fiscus post omnes*), mais le receveur municipal.

Quoi qu'en aient pu penser autrefois les courtisans du droit divin et en 1848 les courtisans du peuple, un collatéral au treizième degré et même au quinzième est plus proche parent du défunt que le roi ou le peuple. L'individu vivant en société est placé au milieu d'un certain nombre d'associations concentriques dont la première est la famille, la deuxième la commune ; l'État ne vient qu'en quatrième ou cinquième ligne. Il est donc juste et naturel que la famille hérite de préférence, dès qu'elle existe et qu'elle fournit ses preuves, et si lointain que soit le degré de parenté. On ne saurait trop favoriser le développement de l'esprit de famille, qui est un des principaux caractères de la civilisation. L'animal ne connaît pour ainsi dire que sa mère, et il ne la connaît pas longtemps ; l'homme civilisé voue un intérêt particulier à tous ceux qui ont dans les veines la moindre goutte de son sang.

Lorsqu'un héritage vacant n'est réclamé par aucune famille, il revient de plein droit à l'association plus large mais encore intime de la commune. Si ce principe, que je crois juste, et que la loi des Douze tables[1] a proclamé longtemps avant moi, était introduit dans notre code, les mœurs ne tarderaient guère à s'en ressentir. L'État y perdrait peu de chose : les successions en déshérence, épaves, etc., sont évaluées à sept cent mille francs; une goutte d'eau dans l'océan du grand budget. La commune s'en trouverait fort bien : il suffit quelquefois d'une aubaine de mille francs pour relever la maison d'école ou fonder une bibliothèque. Enfin l'homme isolé, sans parents, ne serait plus tout à fait un zéro dans la commune. Tout le village aurait pour sa vieillesse des attentions d'héritier. On veillerait sur son repos; on écarterait les mendiants et les larrons de la dernière heure.

Je ne devrais peut-être pas terminer ce chapitre sans dire un mot de la propriété monacale,

1. *Si adgnatus nec escit, gentilis familiam nancitor.* La *gens*, d'après Niebuhr, était une association de familles, comprise elle-même dans la *curie*, association plus large qui était à son tour comprise dans la *tribu*.

qui occupait, dit-on, un tiers du sol français avant 89, et qui travaille énergiquement à se reconstituer. Mais quand je vous aurai dit, avec M. Baroche, qu'il y a péril en la demeure, vous ne serez ni plus avertis, ni mieux armés. Le peuple ne peut rien, ni le gouvernement non plus, contre ces associations bizarres, surnaturelles ou antinaturelles, qui entassent, comme les abeilles et les fourmis, pour le seul plaisir d'entasser. La surveillance des tribunaux est inutile, les précautions de la loi sont et seront toujours vaines ; la répression serait inique, la confiscation infâme et monstrueuse. Il n'y a qu'un seul moyen honnête, légal et efficace d'arrêter ces accroissements. C'est la liberté de la parole et de la presse. Laissez-nous écrire l'histoire, discuter les sophismes et montrer à tout le peuple la lumière de la vérité : le jour où la philosophie sera maîtresse du spirituel, le temporel des couvents sera bien malade.

XII

LE BUDGET.

« Vive l'Empereur! J'entre sans frapper. Bonjour, camarade. Mais quel satané chien de bouquin lisez-vous là? »

Je lisais un volume broché, du poids de deux à trois kilogrammes. « Capitaine, lui répondis-je, c'est ce que nous autres pékins nous appelons un budget. Le budget de l'exercice 1863, sous votre bon plaisir.

— Un budget! mille absinthes panachées! Faut-il avoir du temps à perdre!

— Direz-vous que je perdais mon temps, si je vous prouve que je travaillais pour vous? Tout justement je comparais, sur cette grande brochure, les sommes que vous allez payer à l'État, et les services qu'il doit vous rendre en échange.

— Quelles sommes?

— Vos contributions.

— Elles sont là dedans?

— Sans doute, avec les miennes, et celles de tous les citoyens français.

— A quoi bon? J'ai l'avertissement du percepteur en poche. Ça me suffit, à moi; je ne demande rien de plus. J'ai voté pour mon empereur, il a choisi un bon ministre des finances, qui a nommé un percepteur chez nous. Le percepteur me dit ce que je dois payer, je paye. Un loyal citoyen, comme j'ai l'honneur d'être, ne compte pas avec le gouvernement de son pays.

— Si vous ne comptiez pas, vous auriez tort; mais vous comptez tout comme un autre.

— Nom d'un bezigue! Qui est-ce qui vous a dit ça?

— N'avez-vous pas voté aux dernières élections pour notre honorable député, M. X...?

— Je m'en fais gloire! Le sous-préfet m'a dit que M. X.... avait la confiance de l'Empereur. Suffit, ai-je répondu; il a la mienne!

— Et pourquoi faire avez-vous envoyé M. X.... à Paris?

— Mais pour faire ce qui plairait au gouvernement, je suppose.

— C'est bien, c'est beau, c'est admirable! Mais ce n'est pas tout. Vous l'avez envoyé pour voter des lois,...

— Toutes les lois proposées par le gouvernement!

— Et pour arrêter les recettes et les dépenses de chaque année; pour décider, avec ses collègues de la chambre, combien vous auriez à payer entre les mains du percepteur et quel emploi le gouvernement devrait faire de vos écus.

— Si je savais que mon député se fût permis...!

— Votre député se le permet tous les ans, ainsi que les autres députés, sans exception aucune. Et la brochure bleue que vous voyez n'est qu'un projet de loi discuté et voté par tous les représentants de la France. Les affaires sont les affaires, et quelle que soit la confiance que le peuple a vouée à l'Empereur, l'Empereur aux ministres et les ministres à nos cinq cent mille fonctionnaires,...

— Cinq cent mille quoi?

— Fonctionnaires.

— Il y a cinq cent mille fonctionnaires que nous payons?

— J'ai lu des livres où l'on prétendait en compter davantage, mais je dis cinq cent mille de peur d'exagérer et pour faire un chiffre rond.

— Bigre! Alors je comprends le budget. Car si chaque employé s'adjugeait seulement trois francs dix sous de *gratte*, le contribuable en aurait pour de l'argent! Voyons le livre. »

Le brave homme qui me parlait ainsi est un ancien entrepreneur appelé Napoléon Billard. Il n'a jamais porté le pantalon rouge, mais on l'appelle indifféremment le Capitaine, ou l'Enfant de 1812, parce qu'il est fils d'un vieux soldat, et nourri dans le culte de la gloire. De sa personne, il a payé un remplaçant vers 1833, ce qui lui a permis de mourir par procuration sous les murs de Constantine. Ce trépas glorieux ne l'a pas empêché de faire une jolie fortune dans le pavage. Il habite alternativement Paris et la campagne, recherchant partout les militaires, buvant sec, fumant fort, applaudissant son empereur, quoi qu'il fasse, et déblatérant contre les *curés* qu'il déteste sans savoir pourquoi. Cela dit, vous le connaissez aussi bien que moi, et mieux assurément qu'il ne se connaîtra jamais lui-même.

Il alluma un fin cigare, se jeta dans un fauteuil et me dit : « Tout bien pesé, je ne suis pas fâché de connaître si l'argent que je donne est remis fidèlement à mon empereur. Si ces clampins de fonctionnaires en retenaient deux sous au passage, j'adresserais une pétition au Sénat, vrai comme il n'y a qu'un pape !

— Je vous ferai votre compte à un centime près. Ne m'avez-vous pas dit que vous aviez en poche l'avertissement du percepteur?

— Voici la chose : Contributions directes. Pour l'État 304 fr. 90 c. Pour le département et la commune, 197 fr. 99 c. Total 502 fr. 89 c. Vous avouerez, morbleu ! que pour être gouvernés comme on l'est, pour jouir au dedans de toute la sécurité que donne un pouvoir fort, pour dicter des lois à l'Europe, pour voir le drapeau français voltiger comme un papillon sur toutes les capitales du monde, depuis Pékin jusqu'à Mexico, une bagatelle de 503 francs, ça n'est pas cher !

— Comment donc ! Mais c'est la gloire à bon marché ! Et le bonheur par-dessus le marché ! Seulement, je vous préviens que tous ces biens réunis vous coûtent trois ou quatre fois plus que vous ne croyez.

— S'il était vrai, je ne m'en plaindrais pas, car j'aime à bien faire les choses avec ceux qui agissent bien. Mais je ne serais pas fâché d'avoir la preuve de ce vous dites. Est-ce que l'avertissement du percepteur ne fait pas foi ?

— Absolument, en matière de contributions directes. Mais je vous prouverai tout à l'heure, pièces en main, que vous payez au moins 1150 fr. 62 c. 1/2 sous forme d'impôt indirect.

— Et où diable voyez-vous ça? J'avoue que les 2 centimes 1/2 ont un air de sorcellerie!

— Rien n'est plus simple pourtant. Le hasard a permis que vos contributions directes fussent une fraction exacte de la totalité inscrite au budget. Le principal des cinq contributions en 1863, joint aux centimes additionnels de toute espèce, forme un total de 502 885 385 fr. Vos 502 fr. 89 c. sont juste le millionnième de ce chiffre imposant. J'en conclus que vous avez à payer, pour votre part, un franc sur chaque million du budget. Et comme le produit des contributions indirectes est évalué cette année à un milliard, cent cinquante millions, six cent vingt-quatre mille francs, j'en conclus par une induction assez logique que votre millionième s'élèvera à 1150 fr. 62 c. 4 mil.

— Parbleu! vous m'étonnez? Je serais à moi seul un millionième du peuple français!

— Au point de vue financier, c'est plus que probable.

— Mais nous sommes 37 millions de citoyens! Je payerais donc à moi seul autant d'impôts que 37 personnes?

— Pourquoi pas? si vous avez à vous seul le revenu de 37 Français? La statistique porte à vingt milliards le revenu tant agricole qu'industriel de toute la France[1]. Cette somme, répartie sur 37 millions de têtes, représente pour chaque individu 540 fr. 54 c. à dépenser par an, ou 1 fr. 48 c. par jour. Or, 540 fr. 54 c. multipliés par 37 donnent 20 000 francs moins deux centimes. Avez-vous vingt mille francs de rente?

— Et même mieux, mon bon!

— Ne vous étonnez donc pas de payer trente-sept parts contributives, si vous touchez plus de trente-sept parts du revenu total. Du reste, il n'est pas malaisé de vérifier la chose. Nous savons déjà que vous payez directement au percepteur une somme de 503 francs. Reste à voir si vous payez plus ou moins de 1150 francs sous forme de contributions indirectes. Les douanes rapportent à l'État 168 millions et demi. Vous consommez

---

[1]. Le total général de la production agricole et du revenu brut des animaux domestiques s'élève déjà à plus de huit milliards : 8 353 868 634 fr. (statistique officielle de 1859).

assez de sucre; de café, de chocolat, d'huile italienne, de houille prussienne, de drap anglais, de damassé de Saxe et de divers produits étrangers pour que vos 168 fr. 50 c. soient payés avant la fin de l'année. Les divers droits sur les boissons rapportent à peu près 196 millions : croyez-vous payer beaucoup moins de 196 fr., à Paris et à la campagne, pour droit d'entrée et de circulation sur les vins et droit de fabrication sur votre bière?

— Pour cet article-là, mettons 400 francs et n'en parlons plus.

— Soit! Vous êtes chasseur?

— Vous le savez bien.

— 25 francs de permis. Combien mettrons-nous pour la poudre?

— Comptez 30 francs, et n'ayez pas peur.

— Vous fumez?

— Comme un Suisse!

— Et même mieux, car vous ne fumez pas des feuilles de choux, mais de beaux et bons cigares de la Havane. A combien porterons-nous cette dépense-là?

— Deux ou trois boîtes par mois; rarement quatre.

— Va pour deux : total 600 francs dans l'année, au lieu des 215 indiqués par le budget. Tous les riches ne fument pas, et chacun paye ce qu'il consomme. Vous voyagez passablement sur les chemins de fer?

— Oui, mais ceci regarde les Compagnies, ce me semble. Si je dépense 1000 ou 1500 francs pour déplacer mon individu....

— L'État en recueille 100 ou 150. Décime de guerre, mon capitaine! Mettons 100 francs. Vous écrivez des lettres. Combien déboursez-vous par mois en timbres-poste?

— Une dizaine de francs.

— Je ne veux rien exagérer; comptons 100 francs pour l'année. A combien de journaux êtes-vous abonné?

— Quant à ça, c'est peu de chose. *Le Constitutionnel*, *l'Opinion*, et pour me fouetter le sang, *le Monde*. Les journaux n'appartiennent pas à l'État, et je ne vois pas ce qu'il en retire!

— Oh! presque rien. Vos trois abonnements ne lui rapportent que la bagatelle de 108 francs.

— Vous êtes fou, mon cher! 108 francs! Mais c'est à peu près ce que les trois journaux me coûtent!

— Je le sais. Mais chacun des numéros que le facteur vous apporte ici a payé 6 centimes au timbre et 4 à l'administration des postes. Or six et quatre font dix, c'est-à-dire deux sous. Trois cent soixante numéros à deux sous font 36 francs, et trois fois 36 francs font 108.

— C'est pourtant vrai! mais que reste-t-il au journaliste?

— Le journaliste, qui doit vivre, payer son imprimeur, acheter son papier, se rattrape sur les annonces. Il en est quitte pour consacrer deux pages aux médicaments secrets, aux loteries à 25 centimes, et à cinquante exploitations du même genre. Ce n'est pas pour son plaisir, croyez-le bien, qu'il se fait le complice de tous les faiseurs de l'époque. Le journal est honteux de prêter son dos au mensonge lorsqu'il tourne sa face vers la vérité. Mais à qui la faute? A l'État, qui grève d'un impôt exorbitant le commerce des idées, comme s'il voulait défendre aux citoyens d'acheter la parole qui réveille, lorsqu'il leur vend lui-même le tabac qui endort. Voulez-vous maintenant compter avec moi ce que vous aurez à payer dans une année?

Contributions directes..........	503 fr.	»
Douanes................	168	50 c.
Droits sur les boissons........	400	»
Permis de chasse...........	25	»
Poudre................	30	»
Tabac.................	600	»
A reporter......	1726 fr.	50 c.

Report.	1726 fr. 50 c.
Dixième des prix des transports. .	100 »
Timbres-poste	100 »
Impôt sur la Presse.	108 »
Total.	2034 fr. 50 c.

Je suppose que vous ne consommez pas de sucre indigène, sans quoi vous auriez à payer 31 fr. 71 c. J'admets que vous n'achèterez aucune propriété, que vous ne ferez aucun héritage, que vous n'aurez aucun procès, que vous n'emploierez pas une feuille de papier timbré, que vous ne ferez inscrire ni lever aucune hypothèque, que vous ne prendrez aucun passeport, que vous n'encourrez aucune amende. Ces divers impôts, qui rapportent à l'État 318 millions, grèveraient votre budget de 318 francs, dont je vous fais grâce. Je ne compte pour rien les divers revenus que vous abandonnez à l'État. Votre ferme du midi (l'Algérie) vous rapportera 18 fr. 73 c.; les examens que vous ferez subir aux jeunes médecins et aux avocats en herbe vous rendront 2 fr. 70 c.; la retenue proportionnelle que vous faites subir à vos employés pour le fonds de retraite portera 13 fr. 88 c. à votre avoir. Vos domaines rapporteront 14 fr. 44 c.; vos forêts et la pêche de vos rivières 44 fr. 43 c.; divers produits, comme la vente de vos eaux minérales, la fonction des étalons dans vos haras, le travail de vos élèves dans vos écoles d'arts et métiers, les successions que vous recueillerez par droit d'aubaine, les épaves que vous récolterez sur les côtes ou dans les rues; tout cela doit vous enrichir de 44 fr. 92 c. Vous abandonnez noblement à l'État ces petits revenus, et je ne les fais point entrer en ligne de compte. Je veux même réduire à 1750 francs, par esprit de modération, le total de 2034 fr. 50 c. que nous avons additionné tout à l'heure. Comme le budget tout entier, amortissement déduit, forme une somme approximative de 1750 millions, nous dirons que vous payez votre millionnième, et pas un sou de plus.

— Ouf! Laissez-moi respirer! Quel diable d'homme vous faites! Je veux être fusillé si j'avais jamais cru que le gouvernement coûtât si cher. Ce n'est pas que je marchande, au moins!

— Vous auriez tort de marchander, car je vous ai fait des prix de faveur[1]. Voulez-vous maintenant que nous examinions ensemble l'usage qui sera fait de vos 1750 francs?

---

1. Le fait est que le budget de 1863, grâce aux dépenses extraordinaires, s'est élevé finalement à 2 193 328 361 fr. 50.

— Je vous l'ai déjà dit : je serais bien aise de savoir si tout ce que je paye est remis fidèlement à mon empereur. Car si ce n'était pour lui, du diable si je donnerais un centime.

— Sur vos 1750 francs, l'empereur en recevra 25, attendu que sa liste civile est de 25 millions au plus juste.

— Vous voulez rire?

— Lisez vous-même! C'est imprimé.

— C'est imprimé, mais c'est impossible! Un homme qui a terrassé l'hydre de l'anarchie! Un homme qui a prosterné toutes les nations du monde devant le drapeau français! Un homme pour qui je donnerais ma fortune, mon sang, ma vie! Vingt-cinq francs! Mais je le vole! Je suis un ingrat, un malfaiteur, un.... jésuite!

— Mon cher monsieur, lui dis-je, il est inutile et même maladroit d'insulter les jésuites; c'est en leur disant des injures qu'on les a rendus si forts. Quant à vous, vous avez tort de vous accuser d'ingratitude. Une liste civile de 25 millions fait un revenu honorable et qui permet à un homme de vivre dignement sur le trône. C'est à peu près la part de 46 000 individus, d'après les données de la statistique. C'est une somme de 68 493 francs à dépenser par jour. Je ne trouve pas le chiffre exagéré : la

France a la religion du pouvoir monarchique ; elle doit payer les frais du culte.

— Et moi, je dis que c'est trop peu! que ce n'est rien ! Vingt-cinq francs! Lorsqu'on m'en fait payer dix-sept cent cinquante ! Mais qu'est-ce qu'on fera des dix-sept cent vingt-cinq autres? Vous me direz qu'il y a la Famille Impériale ; mais....

— La Famille Impériale vous coûte trente sous.

— Trente sous! Misère et patrie !

— Ce qui n'empêche pas les parents de l'Empereur de tenir un rang fort honorable. Vos députés, qui reçoivent à peu près vingt-cinq francs par jour....

— Pardon ! Vous parlez sans doute des députés de 1848?

— Je parle de 1863. Le Corps législatif, disais-je, qui touche à peu près la même indemnité qu'en 1848[1], vous coûte 3 fr. 04 c.; le Sénat, 6 fr. 37 c.; la Légion d'honneur, 8 fr.

---

1. A-t-on crié contre ces malheureux vingt-cinq francs, en 1848! Et contre l'impôt des 45 centimes! Aujourd'hui les députés touchent près de cent francs par séance, et les habitants de quelques villes payent jusqu'à 65 centimes additionnels, mais le peuple ne crie plus. La mode en est passée.

55 c.; et voilà tout ce que vous dépensez dans une année pour huiler les grands ressorts de la machine politique.

— Il faut avouer que ça n'est pas cher. Mais le reste de mon argent, où va-t-il, nom d'une pyramide?

— Vous donnez dix centimes par an au maréchal Pélissier, parce qu'il a pris Sébastopol et rabattu l'orgueil de la Russie.

— Je lui en donnerais cinquante, et de bon cœur, s'il voulait prendre Varsovie et relever l'indépendance de la Pologne!

— Chaque ministre vous coûte deux sous par an; chaque membre du conseil privé qui n'est pas ministre vous revient au même prix; la Bibliothèque impériale vous coûte 40 centimes; l'Institut, 61 centimes; la fête du 15 août, 20 centimes; les encouragements et secours aux gens de lettres, 20 centimes; les souscriptions scientifiques et littéraires, 14 centimes; les haras, 3 fr. 87 c.; le Conservatoire de musique et les théâtres impériaux, 1 fr. 71 c.; les missions scientifiques, 6 liards, et la guillotine, quatre sous.

— Un instant! Je m'essouffle à vous suivre. Il n'y a dans tout ceci que de petites dépenses, mais elles ne sont pas toutes également de mon goût. Êtes-vous sûr que la guillotine me coûte moitié aussi cher que la Bibliothèque impériale ?

— Lisez vous-même ces deux lignes imprimées en caractère très-fin au milieu de la page 218 : « Frais d'exécution des arrêts cri-« minels, gages des exécuteurs et secours.... « 200 000 francs. »

— Secours à qui? Aux exécutés, sans doute.

— Non; mais à MM. les exécuteurs lorsqu'ils tombent dans la misère. On en a vu plus d'un se ruiner par son inconduite. Un bourreau qui fait la vie! Quelle aimable contradiction! Sur ces 200 000 francs, vous payez quatre sous.

— Hé bien! monsieur, je donnerais volontiers 500 francs de ma poche pour économiser ces quatre sous-là. Je n'ai siégé qu'une fois sur les bancs du jury. L'accusée était une paysanne qui avait tué, coupé et salé son mari. Je crois même qu'elle en avait mangé un peu, car le juge d'instruction n'est jamais parvenu à compléter la victime. Malgré ça, j'ai admis les circonstances atténuantes. Car enfin, de ce qu'une personne a péri (ce qui est un grand mal), il ne s'ensuit pas, selon moi, que nous ayons le droit d'en faire périr une autre. Pour causer de choses plus gaies, je suis charmé d'apprendre que le Conservatoire de musique et les théâtres impériaux de Paris ne me coûtent que trente-quatre sous ; mais comme je n'aime pas la musique, comme je ne peux pas aller au spectacle sans dormir ; comme à Paris je passe mes soirées au café du Helder, où mes concitoyens ne se sont jamais avisés de payer ma chope, je ne vois pas pourquoi ceux qui vont à l'Opéra me feraient payer leur place !

— Mais songez que l'Opéra est une des gloires de notre patrie ; que l'Europe nous envie le Théâtre-Français ; que l'Opéra-Comique cultive un genre éminemment national ; que le Théâtre-Lyrique, ce champ de course des jeunes talents....

— Laissez-moi donc tranquille ! Je connais cet air-là, et je vous dis carrément : si les grands théâtres de Paris ne font pas leurs frais, qu'ils réduisent la dépense, ou qu'ils augmentent le prix des places ! Mais qu'ils ne forcent pas un tas de braves gens comme moi, qui n'iront jamais au spectacle, à régaler ceux qui y vont ! Ce n'est pas que je tienne à trente-quatre sous, mais je tiens au principe. Rayés, les trente-quatre sous ! Et les quatre de la guillotine, trente-huit ! Je le dirai au député la première fois qu'il passera par ici ! Rayons aussi les haras, je vous prie. Ils me coûtent 3 fr. 87 c. ; ils me rapportent, combien ?

— Treize sous.

— Je n'en suis pas étonné, car je connais la question du cheval, et je sais que les haras n'ont jamais servi à grand'chose. La Société d'encouragement, depuis trente ans qu'elle s'est fondée, a rendu plus de services que tous les haras officiels. Et je n'ai pas entendu dire qu'elle me coûtât rien, à moi, Napoléon Billard, qui n'ai jamais mis de gants, et qui ne suis pas du Jockey-Club ! Il faut encourager les éleveurs, et non les tuer par la concurrence ! 3 fr. 87 plus 1 fr. 90, font 5 fr. 77. Je réduis 65, reste à 5 fr. 12, que nous reporterons, s'il vous plaît, sur l'Institut, les gens de lettres, les missions scientifiques, et tout le tremblement de choses auxquelles je n'ai jamais rien compris, mais qui m'honorent et que j'honore. Voilà !

— Voilà comme on se trompe avec les meilleures intentions, mon cher capitaine. Vous croyez encourager les lettres, les arts et les sciences en décuplant le budget de l'Institut ? Croyez-moi, mon brave ami, gardez vos cinq francs douze centimes pour vos besoins personnels ; les lettres et les sciences ne s'en porteront que mieux !

— A votre aise ! Vous êtes plus compétent que moi dans ces sortes d'affaires. Mais nous n'avons encore parlé que des centimes, et je ne retrouve pas mes pièces de cent sous.

— Un peu de patience ! Elles ne sont pas perdues pour tout le monde. Si vous voulez absolument de gros chiffres, en voici. La guerre, l'Algérie, la marine et les colonies vous coûtent en bloc 528 fr. 29 c.

— Bien ! Bon ! Bravo ! Vive l'Empereur ! Voilà de l'argent bien placé et que je ne regrette pas, morbleu !

— Je le regrette un peu, moi qui vous parle.

— Vous, mon cher, je n'ai qu'un mot à dire contre vous, mais il vous colle au mur : vous manquez d'enthousiasme !

— Je l'avoue.

— Mais vous n'avez donc jamais regardé la Colonne? Vous n'êtes donc pas fier d'être Français? Vous ne voulez donc pas que la France soit la reine du monde?

— Pardonnez-moi, je serais vraiment heureux de voir le monde entier marcher derrière nous dans le chemin du progrès et de la liberté. D'autant plus heureux que, si le monde nous suivait dans cette voie, c'est que nous y serions entrés nous-mêmes. Mais je relis notre histoire et je vois que, de 1815 à 1863, durant un demi-siècle qui peut compter parmi les plus pacifiques, nous avons dépensé plus de 15 milliards, enlevé à l'agriculture et à l'industrie plus de 15 millions d'hommes pour nos armées de terre et de mer. Presque tous les États de l'Europe ont fait les mêmes folies; c'est une consolation, mais ce n'est pas une excuse. En jouant au soldat pendant quarante-huit ans, qu'avons-nous gagné? Trois petits départements assez pauvres, où nous mettrons longtemps du nôtre; l'Algérie, qui nous coûte encore 14 millions par an et qui nous en rapporte un peu plus de 18, et une province de Cochinchine, médiocre et incertaine compensation de Madagascar à jamais perdu. Nos soldats et nos marins ont voyagé beaucoup depuis quelques années; ils ont vu la Crimée, la Syrie, la Chine et le Mexique. Ils n'en sont pas tous revenus; qu'en ont-ils rapporté? L'expérience de la guerre, un moral mieux affermi, une gloire qui les devancera partout désormais et leur rendra la victoire plus facile. C'est quelque chose assurément, mais la grande besogne est à peine commencée.

— On l'achèvera, morbleu!... Qu'entendez-vous par la grande besogne?

— Celle qui s'est faite chez nous en 1848, chez les Italiens du nord en 1859, chez les Grecs du royaume et des îles Ioniennes en 1863. Grosse liquidation, mon cher monsieur, qui coûtera beaucoup d'argent et beaucoup d'hommes. L'Europe s'y prépare à grands frais, et même à trop grands frais, je ne crains pas de le dire. On perfectionne à qui mieux mieux le soldat, l'uniforme, l'équipement, les armes. Tous les engins de destruction fabriqués depuis 1815 ont été mis au rebut, la plupart sans avoir servi. Mais c'est la flotte surtout qui va bon train dans la dépense. On a fait des bordages de fer, à l'épreuve des boulets ronds; puis on a fait des boulets pointus qui entraient dans le fer comme une aiguille dans de la toile; puis des bordages d'acier, à l'épreuve du boulet pointu; puis des boulets à pointe d'acier trempé, qui pénètrent dans les nouveaux bordages. Où s'arrêtera-t-on? Nous en viendrons peut-être aux bordages d'iridium et aux boulets à pointe de diamant. Et tout cela en pleine paix européenne, lorsque le branle-bas définitif n'est pas encore sonné, lorsque personne ne peut assigner un terme à cette menaçante et ruineuse tranquillité!

— En deux mots, ce qui vous ennuie, c'est le budget de la guerre sans la guerre?

— Vous l'avez dit. Je désire que toutes ces dépenses servent une bonne fois et qu'on n'en parle plus. Le jour où notre pays n'aura plus rien à demander ni rien à craindre, nous économiserons 500 millions sur la marine et la guerre. Vous plaindrez-vous alors de garder vos 500 francs?

— Dame! Alors comme alors! On tâchera d'employer les vingt-cinq louis à quelque chose d'utile. Par exemple aux travaux publics!

— Les travaux publics, l'agriculture, l'industrie et le commerce vous coûteront, en 1863, la somme de 72 fr. 08 c.

— Mais c'est un chiffre dérisoire! Il faudrait le doubler!

— Ajoutez-y, si vous voulez, le montant des corvées ou prestations que vous fournirez en nature ou en argent, à votre choix, pour l'entretien des chemins vicinaux.

— Connu! J'en ai pour 40 francs cette année. Hommes, chevaux, bœufs et charrettes à raison de deux journées par tête : 40 francs. Mais le gouvernement n'en touche rien; c'est le receveur municipal qui reçoit et l'agent voyer qui dépense. Je ne déteste pas ce mode d'impôt, parce qu'il me permet de suivre mon argent.

— Et vous avez raison! Je voudrais que toutes les contributions du pays fussent employées de même, excepté, bien entendu, l'argent des dépenses générales qui doit aller à Paris. La perception de vos impôts, qui a son centre à Paris, vous coûte 267 fr. 64 c.

— Diable!

— Le système des fermes générales vous prenait au moins le double. Cette cherté est donc, en somme, une économie.

— C'est égal!

— Considérez aussi que l'administration de nos finances est la plus sévère, la plus minutieuse, la plus irréprochable de toute l'Europe. Il est mathématiquement impossible qu'un centime soit détourné.

— Bon! cela. Mais s'il m'en coûte vingt sous pour empêcher qu'on me vole un centime?

— N'oubliez pas que les besoins d'un service si compliqué vous entraînent à défrayer au chef-lieu du département un receveur général, un payeur du Trésor[1], un directeur des contributions directes, un directeur de l'enregistrement et des domaines, un directeur des douanes et des contributions indirectes, un directeur des tabacs, un conservateur des hypothèques, un conservateur des eaux et forêts; total, huit hauts fonctionnaires des finances, dont le moins rétribué touche au moins 10 000 francs sur le budget, et

---

1. Rouage inutile.

dont le premier encaisse plus de 100 000 francs, quoique son traitement fixe soit de six mille. Ajoutez à cette liste les receveurs principaux, les receveurs particuliers, les inspecteurs, sous-inspecteurs, entreposeurs, contrôleurs, percepteurs, débitants, qui foisonnent au chef-lieu d'arrondissement et dont on retrouve quelques-uns jusque dans les moindres communes. Vous comprendrez alors que, pour nourrir tant de personnes qui s'occupent de vos affaires, il vous en coûte beaucoup d'argent.

— Je ne le vois que trop. Mais le maire, les adjoints, les conseillers municipaux, les conseillers d'arrondissement, les conseillers généraux, qui s'occupent aussi de mes affaires, combien me coûtent-ils ?

— Rien.

— Pourquoi ne se font-ils pas payer comme les autres ?

— Mais sans doute parce qu'ils se croient assez récompensés par l'honneur qu'on leur fait et la confiance qu'on leur témoigne. Ces messieurs sont pour la plupart des hommes à l'aise, qui ont fait une grande ou petite fortune dans l'agriculture, le commerce ou l'industrie. Le temps qu'ils vous sacrifient gratuitement est pris sur leur loisir.

—Et pourquoi ne donnerait-on pas les places de receveur, de directeur, de percepteur, de conservateur, de préfet même et d'ambassadeur à des hommes qui ont payé leur dette au travail et fait hors du gouvernement une fortune raisonnable? La France ne manque pas de braves gens qui ont de quoi vivre, de quoi fournir un cautionnement en rentes sur l'État, et de quoi travailler gratis aux affaires publiques. Suivez-moi au *Casino* de notre petite ville, et je vous trouve sans chercher, rien qu'en ouvrant la porte, dix honnêtes rentiers comme moi, qui ne font rien, qui ne sont rien, qui s'ennuient de leur oisiveté et de leur néant, et qui payeraient au besoin l'honneur de consacrer aux intérêts du peuple les trois cent soixante-cinq interminables journées qu'ils tuent sur les cartes et les dominos!

— Mais, malheureux! y songez-vous? C'est une hécatombe de fonctionnaires que vous proposez là?

— Je ne veux la mort de personne. Que ceux qui sont en place y restent, y vivent, y meurent à leur aise, sans se presser. Je crois que s'il est aisé de convertir un gros propriétaire, un négociant enrichi, un industriel retiré en sous-préfet, en receveur particulier ou en conservateur des hypothèques, l'opération inverse offrirait beaucoup plus de difficultés. Mais je demande que tous les pères de famille fassent pour leurs enfants ce que mon père a fait pour moi. Qu'ils leur apprennent un métier utile et productif, comme l'industrie ou la culture, au lieu de les destiner dès l'âge le plus tendre à vivre sur le budget. Si l'on déclarait aujourd'hui que les emplois rétribués seront supprimés au fur et à mesure des extinctions, la jeunesse du pays, ne voyant plus d'avenir dans la sandaraque et le papier gratté, se mettrait bravement à gratter autre chose. Vingt-cinq francs à mon empereur et 267 à ceux qui récoltent l'impôt! J'en ferai une maladie! »

Je le priai de remarquer que, sur les 267 millions du budget des finances, il y en avait déjà plus de 47 destinés à l'acquisition de ses cigares et de son tabac; que dans l'administration des postes, sur un total de 51 millions, on n'en comptait que 22 pour le personnel; que les restitutions, dégrèvements, remboursements, prélèvements, répartitions et primes à l'exportation représentaient un total de 30 millions et demi, enfin que, tout compte fait, l'énorme personnel des finances ne coûtait à l'État que 109 millions. Mais il était buté à son idée, il voulait la gratuité des fonctions publiques, et s'il finit par m'accorder ces malheureux 109 francs, ce ne fut pas de bonne grâce.

En revanche il donna de grand cœur les 32 fr. 92 c. qu'on lui réclamait pour le ministère de la justice. « Il faut des magistrats, me dit-il, des hommes qui aient vieilli dans l'étude des lois. Ceux qui prétendent fourrer le jury partout et lui soumettre jusqu'aux affaires civiles, ne savent point ce qu'il y a de délicat et de compliqué dans le plus simple procès. J'ai plaidé, moi, en 1853, pour un lot de pavés, et j'ai même perdu avec dépens une cause.... qui était bonne. Mais le jugement qui m'est tombé sur la tête était si bien fait, si logique et si supérieurement raisonné que.... vous allez vous moquer de moi.... il m'a semblé qu'un bon magistrat, sachant bien son métier, était quelque chose de supérieur à l'homme. Du diable s'il m'est jamais venu pareille idée en lisant les arrêtés du préfet! Qu'est-ce qu'il me coûte, le préfet?

— Peu de chose. Le budget de l'intérieur ne vous prend que 51 fr. 27 c., et là-dessus l'administration centrale, l'administration générale, les commissaires de police, les sergents de ville de Paris et de Lyon que vous subventionnez (je ne sais trop pourquoi) et les dépenses secrètes de la sûreté publique ne prélèvent que 20 millions.

— C'est 20 millions dont je ferai l'économie quand les préfets, les sous-préfets et les administrateurs seront payés en monnaie de respect et d'amitié, comme les maires!

— La diplomatie vous coûte 12 fr. 62 c. C'est donné.

— C'est cher. Je ne comprends pas la diplomatie depuis qu'on a la poste. Morbleu! si je savais trousser une lettre comme mon empereur, je ferais ma correspondance moi-même!

— Vous auriez peut-être raison.

— Vous manquez d'enthousiasme!

— C'est convenu. Je poursuis. Les dépenses de l'instruction publique sont portées au budget pour 25 millions, mais elles s'élèvent plus haut, car les écoles primaires des garçons et des filles et les salles d'asile ouvertes aux enfants des deux sexes coûtent près de 42 millions au peuple français. Ajoutez-y les lycées et colléges, l'enseignement supérieur, les services généraux et l'administration centrale : vous aurez un total de 53 millions ou peu s'en faut. 53 francs pour l'éclairage moral de votre patrie, est-ce trop cher, à votre avis?

— Je suis prêt à payer le double !

— A la bonne heure. Les dépenses du culte vous coûtent 46 fr. 42 c.

— De quel culte parlez-vous, je vous prie?

— Mais de tous les cultes reconnus par l'État. Vous devez 44 fr. 62 c. pour le personnel, le matériel et les travaux du culte catholique, et 36 sous environ pour les hérésies luthérienne et calviniste et les subventions au culte israélite.

— Que venez-vous me chanter là? Vous savez que j'appartiens de corps et d'âme à la religion naturelle, la seule qui n'ait jamais tué, persécuté ni dépouillé personne. Elle ne coûte rien ; elle n'a d'autres ministres que les honnêtes gens, elle ne veut d'autre culte que le travail et la bienfaisance. Je voudrais bien savoir en vertu de quel principe je dois donner 46 fr. 42 c. à trois ou quatre communions dont la plus tolérante me condamne au feu éternel !

— En vertu de la centralisation française. Je crois, d'ailleurs, que les protestants et les juifs ne damnent personne....

— Et parce qu'ils sont moins absolus et moins injustes que les autres, ils me réclament moins d'argent ! C'est naturel. Mais ni les catholiques, ni les protestants, ni les juifs n'ont le droit de me faire nourrir leurs évêques, leurs curés, leurs desservants, leurs vicaires, leurs ministres et leurs rabbins ; de me faire contribuer à la construction, la réparation et l'entretien de leurs cathédrales, églises, chapelles, temples et synagogues! Quand je vais de Strasbourg à Paris, par le chemin de l'Est, je ne fais pas payer ma place aux braves gens qui restent en Alsace. Quand j'écris une lettre à mon ami Pacot, je ne fais pas payer le port aux innocents qui ne savent pas écrire. Pourquoi donc payerais-je la messe, ou le prêche, ou....? »

Je l'arrêtai du geste. Je n'aime pas l'impiété, parce qu'elle ne prouve rien, et qu'elle nuit généralement à la propagation naturelle du vrai. Mon pauvre ami Napoléon Billard est un de ceux qui, par leurs tirades et leurs gros mots, font le plus de tort à la philosophie. Je compris qu'il allait gâter par ses déclamations une cause excellente, et je rompis les chiens en lui disant :

« Vous ergotez sur des misères, et je ne vous ai pas encore montré le plus gros chiffre du budget. 622 millions, mon brave homme, c'est-à-dire 622 francs pour vous !

— A quel propos ?

— Mais à propos de la dette inscrite, de la dette flottante, de la dette viagère ; en un mot pour les intérêts de tout l'argent que vous devez.

— Mais je ne dois rien à personne, moi!

— Comme homme, il se pourrait; comme citoyen, c'est différent. La dette inscrite en rentes sur le grand-livre de l'État s'élève en capital nominal à 10 milliards 500 millions; elle dépasse de 500 millions le revenu semestriel de la France entière[1]. Il suit de là que, si nous nous mettions tous en tête de travailler sans manger pendant 180 jours, nous n'arriverions pas tout à fait à nous libérer de la dette inscrite. Il s'ensuit également que le moindre baby, s'il est assez heureux pour trouver dans son berceau 20 000 francs de rente, y trouve en même temps une sommation de payer 10 500 francs une fois pour toutes, ou les intérêts de cette somme à perpétuité. En un mot, nous devons tous au grand-livre une somme égale à la moitié de notre revenu, et un vingtième en sus. Mais on peut dire, en thèse générale, que ces 10 milliards et demi ont été dépensés ou pour des travaux utiles dont nous tirons profit, ou pour des expéditions glorieuses dont nous tirons vanité. Ce n'est donc qu'une avance faite par nos pères, et il est juste que nous en payions les intérêts.

1. J'admets que le revenu annuel de la France a doublé depuis 1846, et qu'il est aujourd'hui de 20 milliards. C'est peut-être une exagération, mais je suis optimiste.

Ajoutez à la dette inscrite le service de la dette flottante, c'est-à-dire le remboursement ou l'intérêt des sommes que le Trésor emprunte au jour le jour; ajoutez-y le remboursement des canaux que nous avons rachetés, le rachat des péages du Sund et des Belts, qui gênaient odieusement notre commerce maritime, le payement de quelques millions avancés à l'État par la Banque de France, le service des pensions militaires et civiles : vous arriverez sans nul effort à vos 622 francs.

— C'est tout de même un peu vexant de penser qu'on devra jusqu'à la mort! Si la nation s'entendait une bonne fois pour régler tous ces comptes-là d'un seul coup?

— Vous ne parlez probablement que du vieux compte, c'est-à-dire des 10 milliards et demi qui forment la dette consolidée. Mais ce chiffre seul doit vous apprendre que la France ne saurait se libérer d'un seul coup sans abandonner tout son revenu d'un semestre. La France a pu, au prix des plus cruelles privations, payer un milliard aux ennemis et un autre aux émigrés ; mais, pour en payer dix, il faudrait mourir de faim. Il y aurait un autre moyen d'éteindre la dette, sans nuire gravement à la prospérité publique : c'est ce qu'on appelle l'amortissement. Lorsque vous empruntez à cinq chez votre banquier, vous contractez l'engagement de payer 5 pour 100 et de rendre le capital en fin de compte. Si vous vous adressiez à un grand, immense banquier qui s'appelle le Crédit foncier, il vous dirait : je vous prête à cinq, mais vous me payerez six, et, au bout de cinquante ans, nous serons quittes : vous aurez, sans le savoir, amorti ou remboursé le capital. L'État pourrait amortir la dette consolidée par un procédé du même genre. Supposez qu'au lieu de vous demander 525 francs pour les intérêts du capital que vous devez, il vous en prenne 630 ; il emploiera 105 francs à racheter 5 francs de rente, et votre dette se trouvera diminuée d'autant.

— Mais c'est très-spirituel ! Pourquoi ne fait-on pas ça ?

— On l'a fait, ou du moins on l'a essayé ; mais on n'a pas tardé à comprendre que l'amortissement était un mécanisme trop coûteux. Pour que l'État puisse amortir, il faut un excédant de recette au budget, c'est chose évidente. Or, si, par impossible, le budget se solde en excédant, la rente, qui n'est pas accoutumée à de tels miracles, s'empresse de monter à perte de vue. Lorsque l'État a emprunté, le budget se soldait en déficit, et par conséquent la rente était basse ;

donc l'État, s'il lui prenait fantaisie d'amortir, serait obligé de racheter cher les titres qu'il a vendus à bon marché. C'est pourquoi l'amortissement ne figure au budget que pour ordre; on l'a conservé comme une machine ingénieuse, mais qui ne sert plus.

— C'est dommage! Nous voilà débiteurs à perpétuité.

— Peut-être.

— Comment l'entendez-vous?

— Avant un siècle, l'État rentrera en possession de tous les chemins de fer. Il a trop de bon sens pour les exploiter lui-même et se faire entrepreneur de transports; il les revendra donc au plus vite, et cette opération lui permettra d'encaisser en dix ans cinq ou six milliards. En attendant, nous avons des forêts à vendre; nous en tirons peu de chose parce que nous les exploitons par voie administrative. On les vendra trois milliards quand on voudra. La vente offrirait peu de danger si elle était menée avec lenteur, si elle coïncidait avec le reboisement des montagnes, et si l'on tempérait la rage de défrichement qui talonne tout acquéreur de bois. Supposez un instant que cette opération financière soit faite et parfaite : vous n'auriez pas la satisfaction de vendre en 1863 pour 44 francs de bois coupé, mais en revanche vous économiseriez les 11 francs que vous coûte l'administration forestière. Le produit des bois vendus pour votre compte vous donnerait au bas prix 3000 francs, qui, employés au dégrèvement de votre dette, vous sauveraient chaque année cent cinquante francs. Vous feriez donc une économie annuelle de 150 francs moins 33, c'est-à-dire 117, et, au lieu de payer 466 fr. 34 c. pour la dette inscrite, vous n'en verseriez que 349,34 c. Voilà deux ressources ou plutôt deux expédients, dont l'un est à longue échéance et dont l'autre, s'il n'était entouré de grandes précautions, risquerait de changer le climat de notre pays. Je dois vous dire, au demeurant, que, si l'État revend les chemins de fer au lieu de les laisser gratis aux compagnies, vous payerez en surplus aux guichets de toutes les gares ce que vous donnerez en moins au percepteur. Je vous préviens aussi que trois milliards employés à l'acquisition des forêts de l'État laisseraient un vide inquiétant dans les capitaux qui alimentent l'industrie.

— Un moment! J'ai mon idée! »

Je me rangeai prudemment pour faire place à l'idée de Napoléon Billard.

« Nous sommes entre nous, me dit-il, et je

vous sais incapable de tromper ma confiance. Les cathédrales, les églises, les séminaires, les évêchés, à qui appartiennent-ils ?

— Mais à vous, à moi, à la nation française.

— Je m'en doutais ! C'est la nation qui a construit tout ça ?

— Évidemment, ce n'est pas le peuple turc.

— Et c'est nous qui, depuis 1804, entretenons et réparons à nos frais les édifices consacrés aux cultes ?

— Sans doute.

— Aurions-nous le droit de les vendre, si nous voulions ?

— Oui, mais à qui diable voulez-vous les vendre ?

— A ceux qui s'en servent, donc ! »

Je m'apprêtais à lui répondre avec une juste sévérité, mais la cloche du déjeuner me coupa la parole. A table, il but un peu, selon son habitude, et, lorsque je voulus reprendre et réfuter son idée du matin, il m'étourdit en criant que j'étais un faux libéral et que je manquais d'enthousiasme, décidément.

XIII

LE PROGRÈS DANS LES ARTS, LES LETTRES
ET LES MŒURS.

Une jeune femme de beaucoup d'esprit, après avoir lu en épreuves les premiers chapitres de ce livre, me rencontre dans le monde et me dit :

« Votre titre est un menteur. J'ai cru que vous alliez parler du Progrès dans toutes ses applications, et vous vous renfermez comme un Américain dans le progrès matériel. Vous n'êtes pourtant pas un vil matérialiste !

— Non dà ! Positiviste tant que vous voudrez, mais l'esprit est chose positive autant que la matière, sinon plus.

— Alors pourquoi nous condamnez-vous tous à faire ici-bas un métier de machines? L'agriculture, l'industrie et le commerce, voilà tout ce que vous permettez au pauvre monde. On dirait que vous faites litière de la poésie, de l'amour, de l'art, de la gloire, de ce qu'il y a de plus noble et de plus charmant dans la vie morale. L'homme n'est-il créé, selon vous, que pour labourer, pour fabriquer et pour vendre? Les intérêts moraux ne sont-ils pas au moins aussi légitimes que les intérêts matériels? Notre siècle penche déjà trop du mauvais côté; il n'a pas besoin qu'on l'y pousse. »

Je reculai d'un pas, comme le promeneur qui rencontre un grand trou sur sa route. Évidemment, la jeune dame avait raison; elle me faisait voir une énorme lacune au beau milieu de mon travail. Toutefois, après quelques secondes de réflexion, je repris confiance et je lui dis:

« Vous aimez M. votre père?

— Si je l'aime? mais je l'adore, je le vénère, je voudrais passer mes jours à genoux devant lui. Un homme qui s'est condamné à vivre trente ans dans un comptoir obscur pour payer ma pension au couvent des Oiseaux, pour me faire une dot de princesse et pour avoir le droit de me dire à mon entrée dans le monde : Voici les jeunes gens, les mieux nés et les plus honorables de France, choisis!

— Eh! bien, madame, je crois que notre siècle, depuis dix ou quinze ans, s'est un peu condamné à vivre comme M. votre père, pour que l'humanité, en 1900, fût aussi bien élevée, aussi jolie, aussi intelligente, et aussi honnête femme que vous. »

Elle sourit. Lecteur, connais-tu rien de plus charmant que le sourire d'une femme de bien qui n'est pas sotte? Je sentis doubler mon courage et je poursuivis comme tu vas voir.

« S'il était absolument nécessaire de transformer notre globe en un immense atelier pour assurer le bonheur et la perfection des races futures, si nous devions vivre trente ans d'une vie prosaïque, mécanique, américaine, n'aurions-nous pas quelque mérite à nous immoler en masse au profit de nos descendants?

— Se peut-il qu'on se dévoue à des gens qui sont encore à naître, que l'on ne connaît pas, que l'on ne verra jamais?

— Oui certes! Et vous-même, je vous ai vue travailler des semaines entières et piquer le bout de vos jolis doigts pour faire une layette à quelque petit pauvre inconnu et à naître. Pourquoi tiriez-vous si gaiement votre aiguille et chantiez-vous de si bon cœur? Parce que vous pensiez qu'un petit homme, votre futur frère, aurait des langes bien moelleux et des brassières bien cousues, et qu'il échapperait au froid, grâce à vous. Ne travailleriez-vous pas avec autant et plus de joie si l'on vous disait que chacun de nous, au prix de quelques efforts, peut affranchir de la faim, de l'ignorance et du crime les Français qui naîtront dans cent ans?

— Oui, mais en bonne foi, croyez-vous qu'un tel miracle soit possible? Supposé que toute une génération s'attèle au travail sans relâche, comme mon père a fait pour moi, assurera-t-elle à ses descendants une vie d'innocence, de loisir et de plaisir? Si nous nous mettions tous à piocher comme des nègres, est-ce que nos successeurs ici-bas ne travailleraient plus? Leur existence serait-elle un tissu d'amour, de poésie, de musique, de toilette et de conversation folâtre? un décaméron perpétuel?

— Non, madame; heureusement, non. Je dis que nous pouvons, moyennant un labeur assez rude, déraciner les misères et les vices qui pullulent dans notre pays, mais je n'espère ni ne souhaite l'abrogation de la loi du travail. Toute la mauvaise herbe aurait bientôt repoussé, si les cultivateurs se croyaient dispensés de cultiver la terre. Il faudra que nos enfants se remuent comme nous, et nous aurions perdu le sens du bien, la connaissance du vrai et la notion du possible si nous rêvions de leur préparer une vie toute en loisirs. Ce que nous pouvons souhaiter et obtenir à la longue, c'est que tout homme en naissant trouve la facilité de s'instruire, l'occasion de vivre honnête et les instruments d'un travail utile et modéré. Vous aviez tout cela dès le berceau, grâce à la prévoyance de M. votre père. Votre mari s'est trouvé dans le même cas ; c'est pourquoi vous avez fait tout naturellement et sans difficulté sérieuse, un couple honnête, éclairé, laborieux et heureux. Mais il y a dans notre belle France des millions d'individus qui ne savent pas lire ; il y en a beaucoup qui ignorent la distinction du bien et du mal ; il y en a, je n'ose dire combien, qui faute d'un petit capital, gagnent leur pain par des œuvres abrutissantes ou criminelles. Il y a des femmes qui n'ont pas même hésité entre la vertu et la débauche, parce qu'elles n'avaient pas le choix. Voilà des maux qui ne datent pas d'hier ; ils sont vieux comme le genre humain. Mais l'attention des publicistes, des hommes d'État, et même du commun des martyrs s'est portée sur eux tout entière depuis qu'ils font avec la prospérité générale un contraste plus frappant. Une tache que vous ne remarqueriez pas sur le tablier de votre concierge paraît énorme, horrible, épouvantable sur une robe de bal. La France a vu la tache sur sa robe de bal; aussi n'a-t-elle plus le cœur à la danse. Elle préfère aux plus jolis valseurs de l'art et de la littérature le gros teinturier aux mains bleues qui fera sa jupe nette. Voulez-vous me permettre une autre comparaison? L'an dernier, quand votre petit Raoul était malade, ni les romans de Mérimée, ni les vers de Musset, ni les pièces de Dumas fils, ni les peintures de Meissonier, ni les dessins de Doré, ni la musique de Rossini n'avait de prise sur votre âme. Tout vous était indifférent, sauf la santé de votre fils. Hé! bien, la France est depuis tantôt quinze ans comme vous étiez l'année dernière; elle a un enfant malade, le Peuple, et elle ne s'intéresse à rien qu'à le guérir. Quand la crise sera passée, on reprendra goût à la poésie, aux arts, à..... »

Elle m'arrêta du geste et dit:

« Je vous devine. Nous faisons la cuisine de l'avenir. Nous vidons les poulets et nous tournons la broche, pour que nos arrière-neveux n'aient plus qu'à se mettre à table et à dîner en joie. Nous creusons une fouille de cinq cents pieds, le long de la rue Scribe; nous y portons des pierres de taille, du plâtre et du mortier, pour que nos descendants aillent à l'Opéra se régaler de bonne musique. Cela étant, avouez que nous sommes à plaindre de n'être pas nés plus tard, ou plus tôt!

— On naît quand on peut, mais....

— Mais dites-moi, monsieur, si nous n'aurions pas mieux fait de venir au monde en plein siècle de Louis Quatorze, lorsque la France heureuse au dedans, glorieuse au dehors, n'avait d'autres affaires que l'art, l'amour et la poésie! Penser que si j'étais née deux cents ans plus tôt, j'aurais pu correspondre avec Mme de Sévigné, entendre prêcher Fénelon, applaudir la Champmeslé dans Mithridate, assister aux opéras de Lulli, poser pour mon portrait dans l'atelier de Mignard, habiter un hôtel de Mansard au milieu d'un jardin de le Nôtre et surtout, oh! surtout voguer nonchalamment, en compagnie d'un gentilhomme adoré, sur le fleuve du Tendre!

— En êtes-vous bien sûre? Quant à moi je sais pertinemment que mes ancêtres (passez-moi le mot) n'étaient pas d'assez bonne maison pour participer à tous ces avantages. Ils appartenaient, j'en suis sûr, à la majorité décrite par la Bruyère dans son paragraphe des paysans ou par la Fontaine dans la fable du bûcheron chargé de ramée. Les jours ou Fénelon prêchait, ils quêtaient pour eux-mêmes à la porte de l'église; quand Mme de

Sévigné écrivait à sa fille, ils portaient la lettre ; quand Mansard construisait un hôtel au milieu d'un jardin de le Nôtre, ils polissaient la pierre ou ratissaient les allées. Pour ce qui est du pays du Tendre, mes honnêtes aïeux l'ont cultivé sans doute à la bêche ou à la charrue, et les quatre-vingt-dix-neuf centièmes de la nation française ne le pratiquaient pas autrement. L'amour, comme la poésie, est un luxe. Les délicatesses du sentiment, les nuances fugitives et charmantes de la langue d'amour, ces alternatives d'espoir et de crainte qui nous font vivre cent ans dans une heure, ces regards, ces sourires, ces demi-mots, ces aveux repris et rendus, ces aimables riens qui sont tout, ce que vous admirez avec un peu d'envie dans quelques romans de haute compagnie ou dans quelques mémoires aristocratiques du temps passé, tout cela fut autrefois le privilége de cinq ou six cents individus qui étaient toujours de loisir parce qu'un peuple entier travaillait pour eux. La cour suivait nonchalammant, sur des gondoles pavoisées, les Méandres infinis du fleuve poétique, tandis que mes ancêtres, et les vôtres aussi probablement, courtisaient leur commère à grands coups de poing comme les Lubins et les Pierrots de Molière. Souhaitons-nous que nos descendants jouissent de l'amour délicat, exquis, épuré ? Travaillons ferme ! Construisons à leur profit des paysans de fer et d'acier qui boiront de l'eau, mangeront de la houille, sueront de l'huile et travailleront à grands coups de piston, tandis que nos héritiers, un peu plus grands seigneurs que nous, mais beaucoup moins effrontés que M. de Lauzun, navigueront sur le fleuve idéal tous les dimanches, avec leurs femmes et leurs enfants.

— Je comprends : vous souhaitez que le dix-neuvième siècle assure un peu d'aisance au vingtième, afin que dans cent ans l'amour soit affranchi des tristes nécessités qui en font trop souvent une chose vénale dans les villes et brutale dans les campagnes.

— Précisément. L'amour honnête et délicat est, comme je vous l'ai dit, un objet de luxe ; nous voulons que tout le monde en jouisse après nous, et c'est pourquoi nous travaillons au lieu de nous amuser. Plus nos enfants seront affranchis de la misère abrutissante et dégradante, plus il leur sera facile de s'aimer en famille et de cultiver les sentiments purs et désintéressés.

— Soit. Mais vous rangez donc aussi la vertu parmi les objets de luxe, comme les bronzes de Barbedienne et les potiches de Monbro ? Ignorez-vous, monsieur, que les hommes les plus malheureux sont bien souvent les plus honnêtes, et que le dévouement, le sacrifice, l'abnégation, fleurissent en pleine terre sur le sol aride de la pauvreté? Enrichir nos descendants, est-ce le bon moyen de les rendre parfaits?

— Je ne dis pas cela, mais je sais, et vous aussi, qu'un bon père, lorsqu'il lègue à son fils un petit fonds de commerce et à sa fille une modeste dot, meurt plus tranquille et plus rassuré sur l'avenir de ses enfants. En effet, il y a cent mille à parier contre un que son fils n'arrêtera jamais les diligences sur la route ni sa fille les passants dans la rue. La seule chose à redouter, c'est que sa fille ait les instincts d'une Messaline ou son fils la perversité d'un Lacenaire. Mais n'est-ce pas beaucoup d'avoir 99 999 chances en faveur du bien? Appliquez, s'il vous plaît, le même raisonnement à l'humanité entière : n'est-il pas évident que le travail, l'économie, la bourgeoisie exagérée d'un siècle comme le nôtre doit semer sur la terre quelques graines de vertu?

— De vertu prosaïque, facile et terre à terre : il se peut; je ne dis pas non. Mais ne voyez-vous pas, monsieur, qu'en supprimant la misère et ses angoisses fécondes, vous tuez l'art et la poésie;

vous brisez le grand ressort de l'esprit humain? Les obstacles matériels, les privations, les jeûnes mêmes évertuent le talent et l'obligent à faire des miracles. Je suis persuadée que les trois quarts des grands hommes dont le monde s'enorgueillit auraient avorté misérablement s'ils n'avaient pas eu de difficultés à vaincre. Combien citerez-vous d'artistes éminents ou d'écrivains hors ligne qui soient nés avec cent mille francs de rente?

— On en trouverait peut-être quelques-uns, mais je ne les veux point chercher, car je n'en ai que faire. Tout ce que je demande au progrès, c'est que les artistes et les poëtes, comme les autres travailleurs, trouvent la société un peu mieux organisée, le pain moins cher et les côtelettes moins rares. Nous avons la liste des grands génies que la misère a surexcités, nous ne connaissons pas tous ceux qu'elle a écrasés dans l'œuf. Je vous accorde que l'esprit ne va pas loin lorsqu'on en fait le très-humble serviteur de la matière, mais il ne s'ensuit pas que l'esprit et la matière soient deux substances ennemies. Nous sommes faits de l'un et de l'autre. Qu'est-ce que la pensée? Le fruit d'un cerveau sain. Il faut trois hectolitres de blé et passablement de kilogrammes de matières diverses pour alimenter et renouveler annuellement les fonctions de l'esprit le plus éthéré. Un père a donc raison d'amasser un peu de matière, ou de capital, autour de son fils, comme on amasse la terre autour d'une plante.

> .... Amassez de la terre
> Autour de cette fleur prête à s'épanouir,
> Mais n'en laissez jamais tomber dans son calice,

C'est-à-dire assurez la vie de vos enfants, sans en faire des avares, ou des viveurs, ou des goinfres. Rien n'est plus ignoble à voir qu'un lys crotté, mais une pauvre plante sans terre, mourant de faim sur le rocher nu, offre-t-elle un spectacle bien plaisant? J'ai lu tout ce qu'on a écrit et chanté en l'honneur de la misère, mais je sais par expérience que la plus chétive production de l'esprit exige une certaine somme de bien-être relatif. Il faut être logé bien ou mal, couvert tant bien que mal et n'avoir pas tout à fait le ventre creux pour écrire, peindre ou sculpter la moindre des choses. La santé, la sécurité, le logement, l'habillement, les aliments, choses grossières et matérielles, sont le canevas indispensable de toutes les productions de l'esprit. Pardonnez-moi de m'étendre si longuement sur une question si vulgaire :

c'est que je tiens à vous expliquer, sinon à justifier tout à fait, les tendances de l'âge présent. Si le malheur voulait que notre époque ne produisît pas un chef-d'œuvre, au moins ne pourrait-on pas nous accuser de nous être croisé les bras. L'histoire de notre temps s'écrirait en deux lignes : « Il y avait une rude besogne à faire ; la suppression de la misère et de l'ignorance ; tout le monde s'y mit bravement. » Les poëtes et les artistes du vingtième siècle parleraient de nous peut-être avec un peu de dédain, mais non sans une certaine reconnaissance. A-t-on le droit de fouler aux pieds des cultivateurs qui sèment la poésie, des marchands qui économisent la vertu, des industriels qui épurent l'amour au profit de leurs descendants ?

« Rassurez-vous cependant. Le Progrès matériel n'absorbe pas, n'absorbera jamais toute l'activité de notre grand siècle. Les Français de 1864 ne se feront point les ilotes volontaires de la postérité. Ce n'est pas moi, du moins, qui leur conseillerai de s'abrutir comme à la tâche pour que leurs enfants soient plus hommes d'esprit. Je sais que cette spéculation bêtement héroïque pourrait mal tourner à la longue, car nos enfants n'héritent pas seulement du capital que nous avons amassé, mais aussi des habitudes que nous avons prises. Celui qui vivrait en goujat pour laisser à son fils la fortune d'un prince, risquerait tant soit peu de laisser sa fortune à un autre goujat.

« Je prêche le travail à nos concitoyens, parce que j'ai mesuré avec un certain effroi l'énorme quantité de bien qui nous manque; mais je ne rêve pas de transformer la France en cité ouvrière, ni d'embrigader selon leurs aptitudes tous les hommes de notre temps. L'uniforme et l'uniformité me sont aussi antipathiques qu'à vous-mêmes, et j'ai toute contrainte en horreur. Mon seul but est de montrer aux gens la besogne qui reste à faire pour que nous soyons tous heureux et libres ici-bas; mon seul espoir est qu'après m'avoir lu, quelqu'un de ceux qui ne font rien, ou rien de bon, sera tenté d'employer un peu mieux ses talents et ses forces.

« Le travail n'est pas ennuyeux par lui-même; croyez-en un homme qui a beaucoup travaillé. Ce qui engendre l'ennui mortel, c'est le travail tracé d'avance par la volonté d'autrui, le travail imposé, obligé, attelé; tous les travaux forcés sont synonymes des galères. Mais le libre développement des forces de l'homme! c'est le bonheur dans l'action, ni plus ni moins. La liberté est riche en combinaisons, féconde en imprévu, infinie dans ses ressources. C'est le despotisme qui n'a qu'une seule idée, un seul règlement et un seul gourdin. Que chacun juge sa vocation, choisisse son emploi, mesure la tâche à ses aptitudes. S'il échoue dans un art, qu'il en essaye un autre; s'il est las, qu'il se repose. Mais si la routine l'a engagé dans une de ces carrières où l'on s'exténue, la vie durant, sans profit pour les autres ni pour soi-même, qu'il en sorte au plus vite. *Amen.* »

La jeune dame m'avait écouté avec la plus aimable patience. Lorsqu'elle vit que j'avais fini ma tirade, elle me ramena poliment à la question, et me dit :

« Je ne vois pas encore bien distinctement la place que vous faites à la poésie, aux lettres et à tous les arts dans votre France réorganisée. »

— Madame, répondis-je, dans l'atelier de M. X..., à Paris, il y a soixante ouvriers qui travaillent dix heures par jour. L'un d'eux, garçon d'esprit, se foule la main droite : le voilà réduit à chômer et à se serrer le ventre, comme on dit. Ses camarades veulent se cotiser pour l'aider à vivre; il refuse. Il est fier; il ne veut pas recevoir l'aumône. « Faisons mieux, ajoute-t-il. Je viendrai tous les jours à l'atelier comme si je me portais bien, et puisque je n'ai pas une entorse au cerveau, je vous conterai des histoires. Pour ma peine, vous travaillerez dix minutes de plus chaque soir, et, sans presque vous en douter, vous vous trouverez avoir fait ma journée.» L'idée paraît bonne, on la suit, et lorsqu'au bout d'un mois le malade reprend ses outils, chacun déclare que la journée allongée de dix minutes paraissait plus courte. Voilà le rôle de la littérature et de l'art dans une société laborieuse. Un employé de magasin qui achète en rentrant chez lui un roman d'Alexandre Dumas fait la même spéculation que les ouvriers de M. X.... Il donne le quart ou le cinquième d'une journée de travail pour une provision d'esprit et de gaieté qui le reposera chaque soir et lui fera la vie moins lourde. Tandis que trois mille ouvriers de Paris bâtissent, forgent ou polissent, M. d'Ennery, dans son cabinet, bâtit, forge, polit une grande machine dramatique ou comique. Le soir vient, le gaz s'allume, les trois mille ouvriers, réunis devant la porte d'un théâtre, se cotisent pour M. d'Ennery et lui payent royalement sa journée.

— Arrêtez-vous! dit-elle, je crois avoir compris. La Société que vous rêvez se compose de 37 à 38 millions d'individus, travaillant tous peu ou prou les uns pour les autres, et faisant un perpétuel échange de bons offices. Les uns, en aussi petit nombre que possible, gouvernent leurs associés; les autres, cultivateurs de profession, les nourrissent; les autres, industriels, les logent, les chaussent, les habillent, les arment, les transportent; les autres, banquiers ou commerçants, font circuler la richesse publique; les autres nous défendent contre l'invasion étrangère, les autres nous protégent contre le vol et le meurtre, les autres nous instruisent, et les autres, que nous appellerons artistes, poëtes et littérateurs, nous amusent.

— Nous amusent, oui, madame, et nous instruisent, et nous rendent meilleurs, et développent en nous des sens nouveaux qui nous élèvent tous les jours d'un degré dans l'échelle animale!

— Bien, bien, c'est entendu. Et plus on simplifiera les mécanismes politiques, administratifs, pédagogiques, agricoles, industriels et commerciaux, plus l'homme aura de temps pour écrire des chefs-d'œuvre ou pour en lire, pour peindre des tableaux ou pour en aller voir, pour composer les opéras ou pour les entendre.

— Oui, madame, et toutes les découvertes qui rendent la vie un peu moins difficile ont pour dernier résultat de la rendre plus artistique et plus intelligente. Un homme qui trouverait le secret de récolter cent hectolitres de blé sur un hectare ou de fabriquer des souliers à dix sous la paire, agrandirait indirectement le domaine de l'art. Grâce à lui, nous aurions tous un peu plus de temps pour admirer de belles choses, ou pour en faire nous-mêmes.

—C'est ici que je vous attendais! Comment donc se fait-il, monsieur le réformateur, que notre temps, si fertile en miracles industriels, produise si peu de chefs-d'œuvre? Nous vivons dans un siècle de vapeur, d'électricité, de gaz, de guano, de crinoline, de caoutchouc, de photographie, de drainage et de suffrage universel; et pourtant nous sommes moins lettrés, moins artistes, moins délicats et moins polis que les contemporains de Louis XIV, ou même de François Ier! D'où vient cela, je vous prie? Expliquez-moi comment Homère qui marchait nu-pieds, qui dînait sans argenterie et sans rince-bouche, au pied du premier arbre venu, et qui même probablement ne savait ni lire ni écrire, a trouvé du coup, sans effort, des vers plus sublimes et plus tendres que tous les poëmes civilisés? Comment l'architecte du Parthénon, qui n'avait ni machine à vapeur ni moteur Lenoir pour monter ses blocs de marbre, a créé une admirable chose que la Bourse et la Madeleine ne font que singer misérablement? Il me semble, sauf meilleur avis, que ce progrès matériel, dont je vous vois tous entichés, n'a perfectionné ni l'homme moral, ni l'homme physique. Il nous a procuré la division du travail, qui hébète le producteur, l'art industriel qui pervertit le goût du consommateur, les énormes besoins d'argent qui abaissent les caractères, la sécurité qui rend lâche, l'oisiveté qui rend mou; la bonne chère qui rend gras! Regardez l'Achille, la Vénus de Milo, les moulages du Parthénon, et dites-moi si l'homme physique est en progrès! Relisez Platon, ou Virgile, ou simplement Racine, et dites si les miracles de votre industrie ont embelli l'homme moral !

— Madame, lui répondis-je, il faudrait un volume ou deux pour résoudre le grand problème que vous soulevez d'un coup d'éventail. Mais laissez-moi vous dire avant tout que vous jugez notre époque avec un peu de sévérité. A supposer qu'elle n'ait rien produit de comparable aux grands monuments de l'esprit humain (ce qui n'est pas encore démontré), vous avouerez qu'elle a centuplé le nombre des lecteurs, des connaisseurs et des admirateurs du génie. S'il était vrai que les écrivains et les artistes des grands siècles n'eussent point de rivaux parmi nous, ils y trouveraient du moins une justice plus ample, des honneurs plus éclatants et un public infiniment plus large qu'autrefois. M'accordez-vous que le nombre des lecteurs et leur aptitude moyenne ont visiblement augmenté?

— Oui, mais qu'importe, si les auteurs sont en décadence?

— C'est une autre question, qui ne saurait être résolue avant cent ans. Les personnes du goût le plus délicat s'exagèrent toujours le mérite ou le démérite des auteurs vivants. Fénelon n'était pas juste pour Molière, et Bossuet lui fut cruel; Mme de Sévigné plaçait Bourdaloue trop haut et Racine trop bas. Lorsque l'école de Chapelain fut détrônée par la vraie littérature du grand siècle, on entendit bien des gens crier à la décadence. Les classiques forcenés de 1828 ne voyaient qu'une calamité publique dans l'avénement de trois poëtes nouveaux. En résumé, nous avons eu Musset, nous possédons encore Hugo et Lamartine; on peut donc assurer sans trop de paradoxe que la vapeur et l'électricité n'ont pas tué la poésie chez nous. Le théâtre s'est jeté dans des routes nouvelles; pensez-vous qu'il s'y soit perdu? Scribe, Dumas, Hugo, Émile Augier, Dumas fils ont-ils volé leur gloire européenne? Avons-nous tort d'applaudir les grands coups de fouet aristophanesques de Barrière et les ingénieuses combinaisons de Sardou? Quand j'éclate de rire aux bonnes plaisanteries de Labiche ou Lambert Thiboust, prouvez-moi qu'ils n'ont pas cette séve de gaieté, cette force ou vertu comique que César souhaitait vainement à Térence !

— O Térence ! Plaute ! Aristophane ! Molière ! Génies immortels, que penseriez-vous de la comédie contemporaine, si vous ressuscitiez un soir?

— Ils penseraient, madame, que la comédie contemporaine a raison lorsqu'elle peint finement les mœurs contemporaines et qu'elle désopile la rate des contemporains. Qu'est-ce que la comédie? Une action construite à l'image de la vie réelle, et assaisonnée de toutes les malices qui peuvent amuser les honnêtes gens. Et non pas, s'il vous plaît, les honnêtes gens de l'avenir, que nous ne connaissons pas assez pour savoir ce qui les fera rire, mais les honnêtes gens d'aujourd'hui. Aristophane, Plaute, Térence sont bons à lire et à relire, mais ils ne sont plus jouables en en 1864. Molière lui-même ne l'est plus qu'en partie. Ces génies admirables ont assurément de grands avantages sur nous, mais l'art a progressé depuis eux, nous les avons dépassés sur plus d'un point, et si demain, par exemple, j'avais un dénoûment à trouver, je ne rechercherais pas la collaboration de Molière mais plutôt de M. d'Ennery.

— J'avoue que le théâtre a perfectionné ses moyens mécaniques : il a cela de commun avec les autres industries.

—Si vous le prenez ainsi, madame, permettez-moi de vous citer trois ou quatre autres industries qui n'ont pas fait moins de progrès. Nous avons l'industrie historique, absolument renouvelée par Augustin Thierry, Guizot, Mignet, Thiers, Henri Martin, Sainte-Beuve, Michelet, Taine et quelques autres fabricants de vérité contrôlée, incontestable, impartiale et philosophique dans le sens le plus noble et le plus large du mot. Je prends la liberté de vous recommander ces diverses maisons et j'espère que vous daignerez les honorer de votre clientèle. Elles ont créé un article vraiment nouveau, inconnu de Tite-Live, de Tacite, de Bossuet et de Voltaire lui-même ; leurs produits défient le commerce des meilleures fabriques de l'Europe, excepté peut-être l'illustre maison fondée par Macaulay.

— Assez ! j'ai fait une mauvaise plaisanterie et vous m'en rendez une pire. Il est certain que notre siècle a produit une grande école historique, mais une femme avait le droit de l'oublier. Nous lisons si rarement les livres sérieux !

— Mais au moins vous lisez des romans, et je vais encore vous prendre en flagrant délit d'ingratitude. Voilà tout un genre nouveau, jeune, vivant, amusant, touchant, instructif et quelquefois même moral. Notre siècle l'a sinon inventé, du moins étendu, développé et amené à toute la perfection désirable. Vous êtes la contemporaine de Balzac, de George Sand, de Stendhal, d'Alexandre Dumas, de Méry, de Sue, de Soulié, d'Alphonse Karr, de Sandeau, de Feuillet, d'Achard, de Flaubert; vous rencontrez dans le monde Mérimée et Gautier, qui seront classiques dans deux cents ans comme ils l'auraient été deux siècles avant nous; vous avez peut-être encore sous votre oreiller le deuxième volume du *Capitaine Fracasse*, et vous parlez de la décadence des lettres!

— Ne soyez pas trop éloquent; je vous passe la littérature. C'est surtout des autres arts que je voulais parler.

— De la musique, peut-être?

Oui, d'abord, cent fois oui! Après le Tannhæuser et les Troyens, que penser de notre siècle?

— Mais rien, sinon qu'il est le plus grand de tous, dans l'histoire de la musique. Le dix-huitième a fini sur Mozart, Gluck et Grétry; le dix-neuvième commence par Beethoven et continue par Rossini, Bellini, Donizetti, Hérold, Auber, Adam, Meyerbeer, Halévy, Félicien David et la plus prodigieuse collection de génies divers qui ait jamais étonné le monde. Non-seulement l'art musical s'élève, mais il s'étend en large, et grâce aux orphéons, aux concerts populaires et surtout à la méthode de Galin, Paris et Chevé, il achèvera sous peu la conquête de la France et du monde. Le *Tannhæuser*, les *Troyens* et les accidents du même genre sont comme ces collisions de trains qui font beaucoup de tapage et quelques victimes, mais qu'on ne saurait invoquer légitimement contre le règne utile et glorieux de la vapeur. Je vous accorde que tous les arts n'ont pas marché de pair avec la musique. Notre architecture est assez terne depuis cent ans : toutefois les bâtiments du Louvre achevés par Lefuel, la façade du bord de l'eau restaurée par Duban, et les Halles de Paris, ce chef-d'œuvre de Baltard, feront peut-être excuser le style Haussmann et les pâtés municipaux de l'époque. Qui sait, d'ailleurs, si l'opéra de Garnier, cette œuvre de jeunesse et d'espérance, ne réalisera pas l'idéal que la France poursuit en vain depuis longtemps ? La sculpture, que le public dédaigne, et qui n'a de client que l'État depuis le rétrécissement des habitations et le nivellement des fortunes, fait des miracles pour sortir du pair. Après David Rude et Pradier que la postérité rangera parmi les maîtres, nous avons une pléïade de talents : Barye, Dumont, Duret, Guillaume, Cavelier, Perraud, Crauk, Thomas, Lequesne, Millet, Iselin, Oliva, Marcellin, Carrier, Clésinger, Cordier, et vingt autres qui seraient tous célèbres, s'ils étaient un peu moins nombreux. Leur mérite va croissant avec la rareté des commandes, comme l'adresse des chasseurs avec la destruction du gibier. Il faut que notre siècle ait été riche en bons peintres, puisqu'il a perdu, dans l'espace de quarante ans, Prudhon, Girodet, Géricault, Louis David, Gros, Léopold Robert, le baron Gérard, Marilhat, Paul Delaroche, Camille Roqueplan, Decamps, Horace Vernet et Eugène Delacroix. Nous possédons encore M. Ingres et M. Meissonnier, deux génies absolument dissemblables, mais placés l'un et l'autre au-dessus de toute comparaison. Je ne veux pas citer les hommes de talent; la liste en serait trop longue. Quand je vous aurais nommé Flandrin, Robert Fleury, Schnetz, Cabanel, Gérome, Hébert, Muller, Lehmann, Baudry, Couture, Rosa Bonheur, Troyon, Corot, Rousseau, Brion, Desgoffe, Fromentin, Daubigny, je ne serais pas à la moitié de ma litanie ; c'est pourquoi j'ai tout profit à ne la point commencer. Et les dessinateurs! Eugène Lami, Bida, Gavarni, Daumier, Doré, génies intarissables que l'Europe nous envie, mais qu'elle n'essayera pas même d'imiter! Je vous le demande en bonne foi, madame, récolte-t-on de ces fruits-là sur une terre épuisée? Croyez-vous que l'industrie ait tué l'art? Que le Progrès matériel ait marché sur le corps du Progrès intellectuel et moral? Que l'amour de l'utile, cette passion dominante du dix-neuvième siècle, ait étouffé le sentiment du bien et du beau?

— « M'est avis, sauf erreur, que vous avez légègèrement escamoté le bien.

— Je ne vous l'ai pas montré parce qu'on le voit de reste. En quel temps la bienfaisance a-t-elle fait des miracles plus....

— Arrêtez-vous, au nom du ciel! Épargnez-moi le dénombrement des bons de pain, de viande et de charbon! Oui, nous sommes tous excellents, généreux, sublimes, la digne postérité de M. de Monthyon! Mais la décadence de nos arts et de notre littérature (soit dit sans personnalité) est manifeste depuis quinze ans, et je ne comprends pas que le gouvernement, devant un spectacle comme celui-là, s'endorme sur les deux oreilles. A quoi sert le budget? On prodigue des millions sous prétexte d'utilité publique, tandis qu'on marchande le talent, et qu'on liarde avec la gloire !

— Ainsi, c'est le gouvernement que vous accusez de notre décadence ?

— Et qui donc ?

— Voilà bien le peuple français ! Grand enfant, qui est resté si longtemps en sevrage que ses lisières ont fini par lui entrer dans les chairs ! Nous attendons tout du pouvoir et rien de nous-mêmes. Nous lui demandons jusqu'à la pluie et le soleil. Nous sommes convaincus que Louis XIV faisait des grands hommes comme un cordonnier fait des bottes : quand, par malheur, nous croyons voir que le grand homme est moins offert que demandé sur la place, nous crions au gouvernement : Des grands hommes ! sur l'air des lampions. A ce bruit, le pauvre gouvernement se sent pris d'un scrupule. Il se demande si vraiment il n'a pas manqué à ses devoirs. Il réunit l'Institut, et s'informe ce qu'il en coûterait pour satisfaire aux exigences du public; si l'on ne pourrait pas, en y mettant le prix et le temps, se procurer quelques génies présentables. L'Institut, bon vieillard, présente ses idées : il est pour le concours et les prix en argent. L'expérience a démontré que rien n'était plus efficace : le prix de poésie, en moins d'un demi-siècle, a révélé le poëte Bornier. Frappé de ces raisons, le pauvre gouvernement donne à l'Institut trente mille francs et trois ans pour trouver un jeune homme hors ligne. L'Institut cherche partout, et finit par découvrir dans son propre sein un jeune homme né en 1797, qui refuse le prix. Après quelques expériences aussi ingénieuses et aussi heureuses, le gouvernement déclare que l'Institut n'y entend rien, et qu'il veut désormais fabriquer les grands hommes lui-même. « Vous n'en avez pas le droit ! » dit l'Institut. « Je le prends ! » dit le pouvoir. On se fâche ; les petits grands hommes en herbe s'ameutent en faveur de l'Institut et sifflent le gouvernement dont ils attendent leur pain. Ah ! l'aimable gâchis, et que ces débats seraient plaisants s'ils étaient un peu moins tristes ! L'Institut a tort, le gouvernement a tort, les élèves ont tort, tout le monde a tort, et je le prouve !

— Nous verrons bien.

— Je commence par vous accorder que les encouragements officiels encouragent autre chose que la médiocrité avide et rampante; que les jurys sont infaillibles, et que dans un concours, le talent original n'est pas condamné à l'avance. Tout cela est faux de point en point; mais je l'accorde pour simplifier la question. Ma thèse, la voici : le gouvernement, en 1864, n'a pas le droit de prendre dix sous sur notre budget pour encourager les arts et les lettres. Du temps que le budget de la France était le revenu du roi, le roi était le maître d'employer l'argent à sa guise : qu'il commandât des tableaux, qu'il payât des dédicaces, qu'il pensionnât des académies, qu'il imprimât des livres à ses frais, qu'il fît voyager en Italie ou ailleurs les jeunes gens qui promettaient d'illustrer son règne, tout était bien. Aujourd'hui, le budget, dans quelques mains qu'il se trouve, ne cesse pas un instant d'appartenir à la nation. Il doit être employé jusqu'au dernier centime au profit de tous ceux qui le payent. Or il y a tout au plus trois millions de citoyens qui s'intéressent peu ou prou au progrès des arts et des lettres (mettons-en douze, si vous voulez, pour bien faire les choses), et ceux qui payent l'impôt, directement ou non, sont au nombre de 37 millions. Donc, toute perception faite au profit des lettres et des arts est un impôt progressif en sens inverse, un prélèvement opéré sur le nécessaire des uns pour ajouter au superflu des autres. Si vous étiez tutrice de deux enfants dont l'un eût le malheur d'être sourd-muet, vous pourriez partager entre eux les dépenses du loyer, des vêtements et de la nourriture ; mais vous ne les forceriez pas d'acheter un piano à frais communs : ce serait enrichir le plus heureux aux dépens du plus pauvre. Il y a deux bons tiers de la nation française qui n'ont pas plus à faire des beaux-arts et des belles-lettres, qu'un sourd-muet d'un piano. Concluez !

— Mais je conclurais encore plus radicalement que vous, si j'adoptais votre horrible principe. Non-seulement, je supprimerais les commandes, les pensions, les subventions, les souscriptions ministérielles, l'École des beaux-arts, tout ce qui forme, entretient et soutient les gens de lettres et les artistes, mais je n'hésiterais pas à raser le palais de l'Institut, c'est-à-dire à décapiter la France !

— Je n'hésite pas non plus. D'abord parce que la démolition d'un bâtiment laid et mal situé ne décapiterait qu'un horrible dôme. Ensuite, et surtout, parce que l'Institut, comme l'Opéra, la Comédie-Française et les autres objets de luxe, ne doivent pas prélever un sou sur le salaire des pauvres gens. Le Droit divin payait cela sur ses menus plaisirs ; il avait ses danseurs, ses violons, ses comédiens et ses poëtes ordinaires. Aujourd'hui, le souverain n'est pas assez riche avec 25 millions de liste civile pour nous régaler de musique et de poésie à ses frais : rien ne serait plus injuste que de faire peser sur lui des dépenses énormes dont il profite assez peu. Mais il est tout aussi monstrueux de les faire payer par quelques millions de pauvres diables qui ne savent pas lire, qui ne viendront jamais à Paris, et qui se soucient des plus beaux chefs-d'œuvre de l'esprit humain comme un poisson d'une pomme.

— Mais la gloire de nos académies réjaillit sur tous les Français!

— Sur vous, sur moi, sur tous ceux qui ont assez de loisir et d'aisance pour s'intéresser à autre chose que la question du pain. Mais qu'importent les vers de M. de Laprade et la prose de de Carné à une ouvrière parisienne, mère de quatre enfants rachitiques et mal nourris? Faites-lui donc comprendre qu'elle doit payer tant pour cent sur le vin, le bœuf et la farine, pour que le gouvernement puisse donner à ces messieurs qui lui font la guerre une subvention dérisoire dont ils n'ont pas besoin!

« Il y a chez nous mille institutions qui étaient logiques à l'origine et qui sont devenues absurdes avec le temps. Autrefois, la comédie était un gros péché; l'Église pouvait nous l'interdire; elle la tolérait pourtant, moyennant un impôt spécial, une dîme applicable à des œuvres de charité dont l'Église avait le monopole. Aujourd'hui, que l'Église n'est plus rien dans l'État, que la comédie n'est plus un péché, et que les hôpitaux appartiennent au pouvoir civil, la dîme expiatoire se perçoit encore à la porte des théâtres. Elle rapporte environ 1 500 000 fr. dans la seule ville de Paris. Pourquoi le budget de l'assistance publique pèse-t-il plus lourdement sur l'honnête homme qui passe la soirée au théâtre que sur le débauché qui la passe dans un mauvais lieu? La logique voudrait.... mais si jamais la logique entre dans le budget de la France, elle y fera plus de dégâts qu'un taureau dans la boutique d'un faïencier.

Lorsqu'en 1635, quarante hommes de lettres formèrent une société sous le nom d'Académie française, ils convinrent de se réunir à jour fixe pour converser ensemble, s'écouter les uns les autres, échanger des idées, discuter des points de grammaire, et fixer d'un commun accord les lois du langage. Ces statuts arrêtés, ils vont trouver le roi (qui était alors un cardinal) et lui disent : « L'éclat de nos travaux rejaillira sur vous;
« l'Europe ne manquera pas de vous envier la
« possession d'une illustre compagnie comme la
« nôtre; d'ailleurs nous chanterons vos louanges
« sur le ton que vous daignerez indiquer vous-

« même. Mais en retour de ces services tout per-
« sonnels, nous espérons que Votre Majesté fera
« quelque chose pour nous. » Ils ne demandaient
rien que de juste, rien qui ne fût parfaitement
logique en l'an de droit divin 1635. Le roi héber-
gea leurs assemblées dans un palais dont il était
propriétaire, il leur donna de modestes pensions et des priviléges qui les organisaient en
aristocratie élective, sous la loi du Bon Plaisir.
Cette anecdote remonte à 229 ans. Rien n'a
changé, sinon que les travaux de l'Académie ne
jettent point d'éclat, que l'Europe nous l'envie
peu, qu'elle ne fait pas son dictionnaire, qu'elle
chante pouille au gouvernement, et qu'elle n'est
plus défrayée sur la cassette du roi, mais sur le
budget du peuple. Cependant on la conserve
telle qu'elle est, par routine; on respecte la
vieille maison sans voir qu'elle s'est rebâtie peu
à peu avec d'autres matériaux, dans un autre
style et sur une autre base. Mais qu'il soit question de fonder une académie nouvelle, semblable
à celle que nous avons ou meilleure; que Théo-
phile Gautier, Janin, Littré, les Dumas, et quelques autres écrivains de ce mérite, déclarent
l'intention de se réunir une fois par semaine
dans un bâtiment de l'État, pour faire un peu de
littérature, sans opposition, ni réaction, ni ca-

bale! Qu'ils demandent, pour chacune de leurs réunions la plus légère indemnité de déplacement, le plus modique jeton de présence! De quel front, leur répondrait le gouvernement, réclamez-vous un privilége onéreux au peuple? Il se peut que la réunion de quarante esprits distingués et divers soit utile à chacun de nous particulièrement et à la littérature française en général, mais ce n'est pas une raison pour mettre votre loyer sur les épaules de la nation, ni pour vous payer des voitures avec le sou de poche de pauvres gens!

« Pour cette fois, madame, le gouvernement serait dans le vrai. Personne plus que moi ne désire le progrès des arts et des lettres, mais je maintiens que tout luxe doit être payé par ceux qui en jouissent. Il convient que les lecteurs donnent à vivre aux écrivains, que les amateurs de peinture payent les tableaux sur leur budget (les Morny, les H. Didier, les Lacaze *e tutti quanti*, donnent l'exemple), que les visiteurs d'une exposition fassent les frais du plaisir qu'on leur procure. Si les besoins de l'art et des lettres réclament par aventure un supplément de recette, il est juste que les consommateurs, c'est-à-dire les hommes les plus riches et les plus éclairés se cotisent pour le fournir. Si les peintres et les écrivains entendaient mieux leurs intérêts, ils diraient que j'ai raison, car l'avantage d'être chez soi, de n'appartenir qu'à soi, de ne rien devoir qu'à ses débiteurs (c'est-à-dire à ceux qui vous admirent), de n'avoir jamais à opter entre la servitude et la révolte, vaut bien les deux ou trois millions que l'État marchande aux artistes, et les 600 000 fr. que nos cultivateurs et nos ouvriers payent à l'Institut.

— Mais les artistes et les écrivains mourront d'inanition si leur unique protecteur, l'État, les abandonne.

— N'ayez pas peur. La France intelligente est assez riche pour payer sa gloire. Le public qui lit et qui pense se chargera de doter les arts et les léttres, dès que le pouvoir ne feindra plus de les nourrir. Il y aurait pourvu depuis longtemps, si nous n'avions pas eu des gouvernements pour tout faire. Si le Cardinal de Richelieu n'avait pas prêté une salle de réunion à l'Académie française, nos associations artistiques, scientifiques et littéraires, auraient probablement des millions de revenus, comme la Société royale de Londres. Société vraiment royale, parce qu'elle règne et qu'elle ne dépend ni des libéralités du budget ni de la bienveillance des rois!

« La devise du peuple français a été, selon

les temps, *Tout vient à point à qui sait attendre,* ou *Tout vient à point à qui sait crier.* Il serait bon de profiter enfin du traité de commerce pour importer la devise anglaise : *Tout vient à point à qui sait agir.*

« Lorsqu'un homme, après nous avoir amusés, charmés, instruits, servis, sauvés, tombe dans la misère, nous crions contre le gouvernement, qui le laisse mourir de faim. Quelquefois même, si le vent porte nos réclamations jusqu'aux Tuileries, nous obtenons pour lui un secours annuel de mille écus. En pareille occasion, les Anglais s'associent tranquillement pour assister le grand homme pauvre, et ils lui font sans bruit cinquante mille francs de rentes. »

XIV

L'ÉDUCATION.

Tout est remis en question dans le domaine de l'enseignement public : c'est donc l'instant, ou jamais, d'en parler librement.

Qu'un homme instruit vaille deux ignorants, cela ne fait aucun doute. Que la lecture, l'écriture et le calcul soient presque aussi nécessaires à l'homme que ses yeux, ses pieds et ses mains; que le plus humble métier exige chez l'artisan une certaine somme de connaissances générales; que le savoir embellisse et améliore la vie; que la culture de l'esprit adoucisse les mœurs, élève les sentiments et produise l'horreur du crime, c'est une vérité trop évidente et trop reconnue pour que je m'attarde à la démontrer. Il n'y a pas un ignorant qui ne dise avec le Bourgeois gentilhomme : « Ah! mon père et ma mère, que je vous veux de mal! » Il n'y a pas un père, même entre les plus bornés, qui ne souhaite à ses enfants les bienfaits de l'instruction. Les malheureux qui placent leurs fils dans une fabrique d'allumettes, au lieu de les envoyer à l'école, savent bien que c'est se nuire et manger en herbe le pain de leurs vieux jours. Mais ils n'ont pas le temps d'attendre et ils vont au plus pressé, car il faut vivre.

Les riches ont un intérêt de profit et de sécurité à procurer l'éducation des pauvres. En les mettant à même de travailler plus utilement, en les fortifiant contre les sophismes de la misère, en relevant leur moral par l'enseignement logique du bien, ils s'enrichissent et se protégent eux-mêmes. Les aristocraties anglaises l'ont compris, et elles se cotisent journellement pour instruire le peuple. Pourquoi les ouvriers de Liverpool et de Manchester ont-ils traversé la crise des cotons avec une patience héroïque? Parce que leurs patrons s'étaient donné la peine de les éclairer depuis trente ans.

Les citoyens riches et intelligents qui abondent dans notre pays poursuivent le même but, mais par un chemin plus long. L'habitude que nous avons de ne rien faire par nous-mêmes et de nous en remettre à l'État a créé l'université de France et le budget de l'Instruction publique.

L'État, ce maître Jacques majestueux à qui nous donnons tout à faire, tient école pour deux millions d'enfants. Il a dépensé en 1863 treize millions de notre argent au service des écoles primaires. Il forme des instituteurs honorables et instruits; il les surveille, il les récompense ; il commence même à les empêcher de mourir de faim. Il tolère à côté de ses établissements un nombre illimité d'écoles libres : le premier honnête homme venu, s'il est capable d'enseigner, peut ouvrir boutique de lecture et d'écriture et vendre, sans taxe officielle, le pain de l'esprit.

Il me semble que cette organisation de l'enseiment primaire laisse peu de chose à désirer pour le moment. On peut bien regretter que l'initiative individuelle ne soit pas encore assez énergique pour dispenser l'État d'un tel labeur. Il est permis d'espérer que dans un temps plus ou moins éloigné nous saurons nous associer librement pour fonder toutes nos écoles, choisir tous nos instituteurs et payer treize millions, ou même cinquante[1], sans tant d'intermédiaires.

---

1. Le dernier exposé de la situation de l'empire constate

Mais dans la mollesse actuelle de nos mœurs, tant que nous imiterons ces grands seigneurs de l'ancien régime qui ne savaient se passer d'un intendant et qui se consolaient en le chassant de temps à autre, l'État seul sera capable de combler, tellement quellement, le gouffre de l'ignorance publique.

On peut aussi regretter dans de forts beaux discours que l'enseignement primaire ne soit pas gratuit pour tous les indigents; car enfin la rétribution scolaire, ne fût-elle que de dix sous par mois, sert d'obstacle ou d'excuse à plus d'une famille. Mais j'offre aux hommes de bonne volonté un excellent moyen de fournir à nos déshérités l'instruction gratuite. Que chacun d'eux, selon ses facultés, paye les mois d'école à un ou deux enfants pauvres, et le résultat demandé se trouvera obtenu sans discussion. Vous payez 2000 francs d'impôts sur un budget de deux milliards. Faites comme si le conseil d'État, le Corps législatif et le Sénat avaient voté unanimement la gratuité demandée. Cette dépense aurait grossi le budget d'une somme de dix

---

qu'en 1862, les instituteurs, institutrices et directrices de salles d'asiles ont reçu de l'État, des communes et des pères de famille une somme de 40 285 546 francs.

millions, qui, répartie sur tous les citoyens au prorata de leurs contributions annuelles, vous grève de 10 francs. Payez directement entre les mains du maître d'école, pour deux pauvres petits diables qu'il saura bien découvrir. A ce prix, vous aurez créé la gratuité de l'enseignement dans la mesure de vos ressources, sans prendre une minute aux hommes qui nous gouvernent, et sans débourser 1 fr. 40 cent. (à raison de 14 pour 100) pour frais de perception.

On peut enfin déplorer l'indifférence ou plutôt la misère qui retient dans les champs, dans les rues ou dans les ateliers six cent mille enfants qui ne sauront jamais lire. Quelques hommes de progrès désirent que l'État pratique envers ces malheureux le *compelle intrare* et qu'il les enrégimente d'autorité, par une sorte de conscription, dans ses écoles primaires. J'ai lu, je ne sais où, le raisonnement d'un galant homme de beaucoup d'esprit, qui se peut résumer en ces termes : « L'autorité ne permet pas qu'une voiture circule dans la nuit sans lanternes allumées : or un homme qui ne sait pas lire est un chariot sans lanternes. » Mais enlever un enfant à sa famille, lorsqu'il gagne six sous par jour dans une fabrique, est une mesure violente, un véritable attentat commis à bonne intention. Personne ne conteste aujourd'hui l'utilité de la vaccine, et pourtant l'État n'a pas encore pris sur lui de vacciner les enfants malgré leurs familles. Il vaccine gratis, c'est fort bien; il offre une prime aux indigents qui font vacciner leur géniture; c'est encore mieux. De quel droit imposerait-il plus rigoureusement l'éducation, cette vaccine morale? Lorsqu'un enfant illettré gagne sa nourriture en faisant des allumettes, celui qui l'introduit de force dans une école s'oblige implicitement à l'y nourrir. De là mille difficultés nouvelles : l'État, qui fait la classe, devra faire la soupe par-dessus le marché. Il me semble que le mieux serait d'encourager sans contraindre. Depuis qu'on prime aux comices agricoles un bœuf bien pansé et bien nourri, le paysan le plus avare dépense cinquante francs de son et de farine pour obtenir un prix de vingt-cinq francs. Il ferait le même sacrifice pour l'éducation de ses enfants s'il voyait en espérance au bout de l'année un livret de la Caisse d'Épargne.

J'ai souvent entendu blâmer la tolérance de l'État qui laisse prendre une partie de l'instruction primaire à des congrégations religieuses. On dit qu'il a grand tort de livrer un demi-million de citoyens en herbe à des hommes qui ne sont qu'à moitié citoyens; un demi-million de Français à des soldats en robe longue dont le souverain est à Rome ; un demi-million de futurs pères de famille à des hommes qui ont rompu avec la famille. On reproche au gouvernement de mettre en chaire sans examen des professeurs dont le sobriquet populaire est synonyme d'ignorance ; on cite avec horreur quelques crimes monstrueux, conséquences hélas ! trop naturelles d'un régime contraire à la nature. Enfin, ce qui n'est pas sans gravité, on nous montre l'enseignement noir gagnant de proche en proche comme une tache d'huile. Quatre mille frères des Écoles chrétiennes, tous célibataires, tous logés et meublés aux frais des communes, payés six cents francs par an l'un dans l'autre, économisant chacun deux cents francs sur leur budget personnel pour envoyer 800 000 francs à la fin de l'année au supérieur général de l'ordre : quelle concurrence pour l'enseignement laïque ! Quel pouvoir terrible et menaçant ! C'est presque un État dans l'Église, qui est elle-même un État dans l'État.

Malgré tant et de si graves objections, je suis persuadé que les frères des Écoles chrétiennes sont utiles en somme. Ignorantins tant qu'on voudra, ils en savent assez pour nous apprendre à lire. Fanatiques par accident (le fanatisme est plus rare qu'on ne croit dans les couches inférieures de l'Église), ils distribuent à leurs élèves un mélange de vérités et d'erreurs. C'est peu de chose assurément, mais ce peu vaut mieux que rien. Qu'on nous exerce à lire dans le *Contrat social* ou dans l'histoire du Père Loriquet, l'important c'est que nous sachions lire. Nous choisirons nos lectures plus tard. Toute la génération qui a fait 89 était élève des moines; Voltaire aussi.

Certes, il vaudrait mieux que les premières leçons données à l'enfant fussent pures et fortes comme le vin où l'on trempa les lèvres d'Henri IV. Mais (j'en demande pardon aux absolus) la piquette est meilleure pour la soif.

En résumé, l'instruction primaire me représente un terrain pacifique où les opinions les plus opposées peuvent se coudoyer sans se battre. Il en est tout autrement de l'instruction secondaire. Que l'A B C soit enseigné à nos enfants par un fanatique de l'Église ou par un fanatique de la Révolution, le résultat ne différera pas sensiblement. L'élève n'aura pas encore appris à penser, qu'il changera d'école. C'est alors que l'Église et l'État, comme Alice et Bertram au cinquième acte de *Robert le Diable*, le prendront chacun par un bras, au risque de l'écarteler un peu. Voici tantôt cinquante ans que ces deux puissances associées, mais rivales, s'arrachent la jeunesse française et font de l'instruction secondaire un champ de bataille.

Sous nos vieux rois, avant 89, il y avait une religion d'État et peu de religion dans l'État. La noblesse et le clergé, étant les deux jambes du même corps, marchaient tout bellement ensemble. Un jeune gentilhomme apprenait les lettres françaises et latines sous la férule de quelques abbés, histoire de cultiver son esprit et d'en savoir plus long que le peuple. Les abbés, chrétiens passables, mais gens d'esprit, se souciaient fort peu de fanatiser leurs élèves. Comme ils ne sentaient pas l'Église menacée, ils n'éprouvaient aucun besoin de lui recruter des soldats. En ce temps-là, l'enseignement secondaire était ce qu'il devait être et ne laissait rien à redire. Il est certain que, pour une élite d'enfants riches et bien nés, exempts de la préoccupation du pain, sûrs qu'ils n'auraient jamais besoin de travailler pour vivre, rien n'était plus décent, plus honorable et plus utile que de couler doucement quelques années de jeunesse dans le commerce des beaux esprits de l'antiquité.

Cette éducation excellente et élégante n'était donnée qu'à un très-petit nombre d'élus :

aux gentilshommes d'abord, puis à la postérité de quelques richissimes bourgeois; enfin, à quelques enfants du peuple, choisis, comme Rollin, par charité et par prévoyance, pour recruter le corps enseignant. Tout était pour le mieux : le plus humble écolier, comme le plus noble et le plus riche, avait tout le loisir de se barbouiller de latin depuis la tête jusqu'aux pieds. Le commun du peuple (vos ancêtres et les miens, mon cher monsieur) crevait d'envie. Il convoitait tous les biens dont il était privé, deux surtout : la terre pour lui-même et le latin pour ses enfants. L'avarice est moins forte en France que la vanité. Être riche, c'est bien bon; mais entendre ses fils parler latin, c'est presque avoir fait souche de gentilshommes !

De là le partage des biens nationaux et l'invasion des colléges.

Sous le règne glorieux de Napoléon Ier, nous trouvons les biens nationaux partagés et les colléges envahis : la bourgeoisie moderne est faite. Elle ne règne pas encore, mais elle vit, elle pense, elle a de l'argent, elle est gonflée de gloire, elle se moque des nobles et des prêtres, elle assiste avec indifférence à la restauration d'un culte oublié, elle adore son Empereur comme un dieu, Ney et Murat comme des archanges; elle précipite ses enfants dans les lycées impériaux où l'on enseigne le latin de César au son des tambours d'Austerlitz. L'Empereur a ses idées sur l'instruction publique; il entend que le professorat soit un sacerdoce laïque, austère, patriotique et soumis; que l'écolier, dressé comme un enfant de troupe, puisse passer sans secousse de la distribution des prix à la distribution des aigles; que le collége soit un arsenal où l'on forge, l'on trempe et l'on polisse des hommes. Le clergé rétabli, mais chétif et incertain de vivre, assistait à ce spectacle et n'avait garde d'y demander un rôle. Qui dit clergé, dit prudence et respect du fort.

Napoléon tombé, les Bourbons revenus, l'Église se jeta sur l'enseignement comme sur une proie. Le gouvernement, qui voulait durer, lui livra la jeunesse, et fit bien. C'était le meilleur moyen de pétrir les générations nouvelles dans le respect du droit divin. L'histoire n'enregistrera jamais rien de plus logique que la persécution des professeurs libéraux, le licenciement de l'École normale et la sainte alliance de la légitimité avec la Congrégation.

La révolution de 1830 fut surtout anti-cléricale, puisqu'elle ne renversa la monarchie que pour la relever aussitôt. Louis-Philippe sur son trône ne représentait pas seulement 400 000 propriétaires riches et pacifiques ; il représentait aussi, et avec une certaine fermeté, l'esprit révolutionnaire et laïque. Il mit ses fils au collège, choisit des professeurs pour ministres et développa tant qu'il put l'enseignement par l'État. Le clergé, tenu en bride, frémissait de voir les jeunes générations échapper à son influence. Il réclamait violemment, par l'organe des Lacordaire et des Montalembert, la liberté d'ouvrir des écoles ; il criait à la persécution, car le pouvoir, bonhomme au fond, ne défendait pas de crier. On éludait même assez bien ces lois prétendues draconiennes et le monopole universitaire. Les petits séminaires, élargissant leur cadre, opposaient aux colléges royaux la concurrence du bon marché. J'ai passé deux ans au petit séminaire de Pont-à-Mousson, juste au milieu du règne de cet *odieux* Louis-Philippe. Nous étions là beaucoup de petits garçons qu'on ne destinait point à l'Église ; mais nos parents préféraient le séminaire au collège, parce que la pension ne coûtait que trois ou quatre cents francs. Les ecclésiastiques, nos respectables maîtres, nous élevaient dans l'horreur du tyran et dans l'amour du roi légitime. Deux escadrons de cuirassiers qui occupaient une vaste caserne en face du jardin, sur l'autre rive de la Moselle, étaient représentés à nos yeux comme les sicaires du mauvais roi et les agents de sa police, prêts à fondre sur nous au premier cri séditieux. Ce souvenir, qui date d'un quart de siècle, est resté si vivant dans ma mémoire que je me prends quelquefois à rire en voyant passer la franche et loyale figure d'un cuirassier. Les inspecteurs de l'Université n'étaient pas en odeur de sainteté au petit séminaire. La menace de leur arrivée causait toujours une sorte de panique ; on cachait certains livres, on étouffait certains cahiers ; on faisait même disparaître un assez bon nombre d'élèves, sans doute pour dissimuler un excédant d'effectif.

L'instruction qu'on nous donnait là n'était pas des plus fortes ; on s'occupait surtout de nous apprendre un peu de latin. De l'histoire, des sciences utiles, des langues vivantes, du grec même, il en était à peine question. Mais nos maîtres s'appliquaient sérieusement, en conscience, à nous donner une éducation cléricale. Ils avaient charge d'âmes et ne l'oubliaient point. C'est un devoir qu'ils n'entendaient pas tous de la même manière : tel jeune et fougueux sous-diacre nous poussait vers les doctrines ultramontaines qui ont prévalu depuis ; tel bon vieux prêtre, aimable et paternel, nous retenait dans le giron de l'Église gallicane. Mais je dois constater qu'entre 1838 et 1840, le séminaire avait au moins un avantage sur le collége. L'un travaillait énergiquement à faire des catholiques, l'autre ne semblait pas assez préoccupé de faire des hommes. L'Université, comme je l'ai connue en 1840, n'était guère qu'une fabrique de bacheliers.

Le système avait pour centre le concours général des colléges de Paris, dernier critérium de ce qu'on appelait les fortes études. C'était là qu'on jugeait en dernier ressort le mérite des professeurs et des chefs d'établissement; nos jeunes maîtres ambitieux gagnaient la croix par nos efforts sur ce champ de bataille. On y appela même un beau matin tous les colléges des départements, et le roi, après l'action, passa les vainqueurs en revue dans le jardin de Versailles.

Les fortes études, de notre temps, consistaient à traduire le français en grec ou en latin et réciproquement; à traiter un sujet donné en prose française ou latine, et à badiner élégamment en vers latins. A ce programme renouvelé des bons Pères jésuites, l'esprit moderne avait ajouté l'histoire, la philosophie, les sciences exactes et les langues vivantes. Mais l'étude des langues vivantes, n'étant pas primée au concours général, demeurait dans un discrédit absolu. Les *bons élèves*, c'est-à-dire ceux qui mordaient au grec et au latin, étaient dispensés ou plutôt bannis des cours allemands et anglais ; les *cancres* n'allaient à ces leçons que pour rire du professeur et de son accent étranger. L'histoire, étude un peu trop absorbante, était laissée à quelques élèves spécialistes ; les princes de la version et du discours latin la dédaignaient généralement, ou manquaient de temps pour l'apprendre. Quant aux sciences exactes, il était de bon ton de les ignorer, si l'on ne se destinait à Saint-Cyr ou à l'École polytechnique. Pour ce qui est de la philosophie, on lui donnait un an tout plein, mais la philosophie n'étant alors que le développement de quelques lieux communs contrôlés par M. Cousin, pouvait compter comme une suprême année de rhétorique. En résumé, l'enseignement officiel ne tendait qu'à propager, étendre et perfectionner le maniement du grec et du latin. Le français même ne venait qu'en troisième ligne : le prix d'honneur de rhétorique, qui fut longtemps le seul, était un prix de discours latin. La grammaire française, niaiserie accessoire dont on ne parlait point au concours général, était fort négligée au collége. Je me souviens parfaitement qu'à l'École normale, la promotion de 1848, qui est restée célèbre pour ses vers latins et ses autres petits talents, comptait une douzaine de futurs professeurs assez faibles sur l'orthographe. Une sous-maîtresse de pensionnat leur en eût remontré.

Si du moins le collége nous avait enseigné la littérature ancienne, on aurait pu lui pardonner la belle collection d'ignorances diverses qu'il entretenait en nous. Mais ce n'est pas vivre dans l'intimité des grands esprits de Rome et d'Athènes que de mâchonner durant dix mois par petites bouchées un traité de Xénophon, un chant de l'*Énéide,* une tragédie de Sophocle, un chapitre de l'Évangile selon saint Matthieu. Si vous voulez qu'un jeune homme intelligent demeure longtemps incapable de comprendre et d'admirer Virgile, attachez-le, dix mois durant, au quatrième livre de l'*Énéide* et exigez qu'il le récite par fragments de douze vers après l'avoir expliqué et réexpliqué mot à mot. Je vous promets qu'il gardera de son travail une indigestion horrible et que le doux nom du divin poëte ne lui rappellera qu'une année de dégoût.

Il serait pourtant facile et charmant de faire entrer dans une jeune tête ce que l'antiquité a produit de plus beau. Pour un enfant qui n'a rien lu, qui ne sait rien, que tout amuse, émeut, étonne, l'*Odyssée* traduite bien ou mal est un roman délicieux. Je l'ai lu avec une sorte d'ivresse après ma sortie du collége, et je n'y reviens jamais sans un regain de plaisir. L'*Iliade*, malgré la monotonie des batailles et la répétition de mille détails, ne saurait fatiguer une imagination jeune. Songez que les petits Français de 1864 sont à peu près aussi curieux, aussi naïfs et aussi patients que les hommes faits qui écoutaient avidement, il y a trente siècles, les longs récits et les interminables énumérations des rhapsodes. D'ailleurs l'enfant adore les redites et l'on ne saurait trop répéter devant lui un conte qui lui a plu.

Tous les poëmes d'action et de féerie qui ont amusé si longtemps les Grecs et les Romains n'ont rien perdu de leur grâce ; les dieux d'Homère conservent encore une figure jeune et riante lorsque tant de divinités rébarbatives ont vieilli. Mais pour que nos futurs citoyens gardent un bon souvenir de cet aimable et ingénieux Olympe, il ne faut pas les y introduire à coups de fouet comme des chiens courants, mais les y promener par la main. Un jeune duc, en 1764, faisait connaissance avec les dieux dans un beau parc, à l'ombre de grands arbres : ces bonnes vieilles statues, blanches sur un fond vert, laissaient dans sa mémoire une image riante. Vingt ans après, la moindre allusion à ces chers et vénérables amis le faisait doucement sourire en lui rappelant le château, le printemps, le chant des oiseaux, et peut-être un premier rendez-vous d'amour, aux pieds d'un faune guilleret ou d'une Diane peu sévère. Un bourgeois de 1864 n'entend jamais parler des dieux sans se rappeler la chaire du pion, le pain sec, les coups de règle, la salle de retenue, le cachot, la cage même, cet instrument de torture inventé par Louis XI et que nous avons tous connu à nos dépens. Tout cela grimace à ses yeux dans un passé odieux; il maugrée contre cette exécrable antiquité qu'on aurait pu lui verser comme un philtre et qu'on lui a fait avaler comme un sabre, et il se venge en allant applaudir avec sa maîtresse les lazzis sacriléges d'*Orphée aux enfers*.

Les drames d'Eschyle, de Sophocle et d'Euripide sont aussi intéressants à coup sûr que la plupart des pièces qui se fabriquent aujourd'hui. Presque personne ne les connaît, même dans la société polie. Aristophane, Plaute et Térence étaient des hommes d'esprit; je ne sais pas si nous comptons beaucoup de vaudevillistes qui leur soient supérieurs. Leurs pièces vous paraîtraient vraiment amusantes si vous les lisiez;

mais on ne les lit pas, et pourquoi? Parce que le collége a jeté une couleur d'ennui sur tout ce qui vient d'Athènes ou de Rome.

Supposez qu'un professeur intelligent, comme l'Université en compte par mille, ait pour programme d'initier ses élèves au génie des anciens. Il leur lira ou leur fera lire en vingt mois une trentaine de chefs-d'œuvre traduits du grec et du latin ; nous avons des traductions excellentes. Il analysera les passages trop longs, étudiera en détail les morceaux les plus remarquables, se fera résumer de vive voix ou par écrit la substance de chaque leçon. Tous les élèves écouteront avec plaisir, car la matière est variée et intéressante ; ils comprendront pourquoi on les enferme dans des salles d'étude, pourquoi on les réunit autour d'une chaire ; ils verront bien clairement qu'il s'agit d'élever leurs esprits au niveau de ce qu'il y a eu de plus grand, par la connaissance générale de l'antiquité. Dans une classe ainsi gouvernée, il n'y aurait pas de *cancres*, ou bien peu. Et sans effort surhumain, sans se casser la tête contre l'angle des dictionnaires, toute une génération apprendrait en deux ans ce que nous n'avons pas appris en huit années, malgré tout notre bon vouloir et tout le talent de nos maîtres.

On va se récrier contre les traductions qui ne sont jamais aussi belles que le texte. Mais il vaut mieux connaître Homère dans M. Giguet, Tacite dans M. Burnouf, et Xénophon dans M. Talbot, que de ne les point lire du tout.

On va me demander si je condamne nos futurs avocats, nos médecins en herbe, nos officiers, nos administrateurs et tous ceux qui doivent exercer les professions soi-disant libérales, à ignorer le grec et le latin? Bien au contraire! Je suis d'avis qu'on leur apprenne le latin, et même le grec; et c'est pourquoi je critique l'enseignement de 1840, qui ne nous enseignait ni l'un ni l'autre.

Le grec et le latin sont des langues bien faites, logiques et, par conséquent, faciles à apprendre. D'autant plus faciles, monsieur, que vous n'aurez jamais l'occasion de les écrire, ni de les parler, et qu'il vous suffit d'apprendre à les lire. Or, il n'y a pas une langue en Europe qu'un jeune homme de quatorze ans ne puisse lire au bout du quelques mois; et la jeunesse de mon temps se traînait dix ou douze années sur les bancs des écoles gréco-latines! Et elle sortait du collége sans pouvoir traduire Homère ou Virgile à livre ouvert. Donc, nous avons été victimes de programmes mal faits et à refaire. Au lieu d'apprendre à lire le grec et le latin, ce qui est utile, nous avons perdu plusieurs années à faire des thèmes grecs, des thèmes latins, des vers et des discours latins, ce qui est absurde.

Nous discutions quelquefois contre nos excellents maîtres ; car si les programmes étaient mauvais, les professeurs étaient presque tous bons et pleins de cœur. Dans les jours de découragement, nous demandions pourquoi l'on nous faisait tourner dans un cercle comme des chevaux de manége ? La meule était si lourde à mouvoir, et l'on voyait si peu de farine et de grain ! Les plus rudes travailleurs avaient de temps en temps un quart d'heure de doute. Quel que soit le plaisir qu'on éprouve à traduire Montesquieu en grec ou à décrire le daguerréotype en vers latins, on s'interrompt quelquefois pour se dire : « A quoi bon ? si je suis condamné plus tard à vivre de ma plume, ce n'est pas de la prose grecque que je servirai au public. Et dans aucun des métiers que je puis entreprendre, les vers latins ne se vendent au marché. Ne vaudrait-il pas mieux consacrer ma jeunesse à quelque étude plus utile ? Comme je marcherais avec joie, si je voyais un but à l'horizon ! »

A cette grave question, nos maîtres répondaient comme de fort honnêtes gens, victimes, eux aussi, d'une erreur cristallisée en programme : « Il est vrai que nous ne vous apprenons rien ; mais nous vous apprenons à apprendre. Les exercices auxquels vous vous livrez sous nos yeux ne signifient rien par eux-mêmes, mais leur ensemble constitue une gymnastique admirable, éprouvée, qui centuplera nécessairement les forces de votre esprit. »

Hélas ! autant vaudrait exercer un jeune homme à porter des chaises sur le bout du nez pour lui fortifier les bras. J'en ai connu plus d'un qui passait pour une brute au collége, qui faisait la honte de ses parents, le désespoir de ses maîtres et la risée de ses camarades, parce qu'il n'arrivait jamais à poser la chaise en équilibre sur le bout de son pauvre nez. Mais l'événement a montré que ses bras n'en étaient pas moins solides. Il a fait un beau chemin dans les arts, ou dans l'armée, ou dans la marine; dans l'agriculture, le commerce ou l'industrie. Le cancre, qui n'était bon à rien parce qu'il ne savait pas faire parler Alexandre en latin devant le Perse Bessus, a prouvé depuis ce temps-là qu'il pouvait autre chose. Il écrit des livres charmants ; il fait jouer des comédies petillantes d'esprit ; il prononce en bon français des discours plus intéressants que les invectives peu vraisemblables du roi Alexandre au satrape vaincu.

S'il est utile et facile d'apprendre à lire les langues mortes, essayer de les écrire en vers et en prose n'est pas seulement superflu : c'est tenter l'impossible ; la vie de l'homme le mieux doué n'y suffirait pas. Il faut penser dans une langue pour l'écrire un peu proprement; tous les professeurs vous le diront. Un homme de 1864 arrive en quelques années à penser en anglais, en italien, en espagnol, parce que ces langues sont analytiques comme la nôtre et surtout contemporaines de la nôtre. Mais penser en grec ancien ! Les Grecs modernes n'y arrivent pas. Penser en latin ! L'Église romaine, qui écrit cette langue depuis dix-huit siècles, se traîne encore péniblement dans la basse latinité. La fleur des pois de notre Université prononce tous les ans, dans la grande salle de la Sorbonne, un chef-d'œuvre de discours latin. Ce n'est, cinq fois sur dix, qu'un ramassis de centons, entrecoupés de gallicismes barbares. Si l'élite des professeurs en est là, que peuvent faire les élèves ? Huit ans de collége ! Il en faudrait quatre-vingts.

Nos maîtres le savaient bien, et l'emploi de notre temps était réglé en conséquence. On se levait à cinq heures, hiver comme été; le bon élève restait sur pied, ou plutôt assis jusqu'à dix heures du soir. Sur cette journée de dix-sept heures, nous avions à peu près deux heures de récréation; et pour peu qu'un pauvre petit homme, assis quinze heures par jour, se fût agité sur son banc, on le condamnait à passer la récréation dans un travail d'expéditionnaire : le pensum ! Et l'on nous disait : Messieurs, le collége est l'image de la vie. Quelle perspective ! Je parle sans rancune et je n'accuse pas les hommes dévoués qui ont pris soin de notre jeunesse : ils suivaient le programme; ils étaient engagés d'honneur à nous faire faire autant de thèmes, de discours et de pièces de vers qu'on en faisait à Bourbon, à Henri IV, à Louis-le-Grand et dans toutes les écoles rivales. Les vrais coupables dans tout cela étaient le thème grec et le discours latin.

C'est par leur faute que l'éducation physique et morale était à peu près nulle dans les établissements de l'État. Ils prenaient tout le temps, toute l'activité, toute l'énergie des élèves et des maîtres. « Qu'est-ce qu'un proviseur ? Un ancien bon élève qui s'est distingué au collége et à l'École normale par la supériorité de ses thèmes grecs et de ses discours latins. Au sortir de l'école, il est monté en chaire; après quelques années d'enseignement, ses talents, les succès de ses élèves et peut-être quelques protections, l'ont élevé au rang d'administrateur. On lui confie un millier d'enfants pour qu'il en fasse des hommes ; il représente mille familles à lui seul. Il désire la croix, rien de plus légitime ; il ne désespère pas de mourir dans le lit d'un inspecteur général. Pour arriver au but il n'a qu'un chemin sûr : le succès de ses élèves. A quels saints doit-il se vouer? Au thème grec, aux vers latins, au discours latin. Il le fera d'autant plus cordialement, qu'il croit en conscience que c'est travailler au bonheur, à l'avenir, à la perfection des enfants. Du plus loin qu'il lui en souvienne, il a considéré ces exercices de l'esprit comme le but de la vie humaine. Son cerveau s'est accoutumé à donner une importance énorme à des enfantillages ; il met le solécisme au nombre des crimes, et fait peu de différence entre un vers faux et un attentat. A ses yeux, la turbulence des gamins sape les bases de l'ordre social, puisqu'elle peut, dans certaines occasions, faire perdre une heure aux bons élèves ; l'immobilité en classe est une vertu. Il ne sait rien des passions, des combats, des grands travaux de la vie. Il a, dans son petit monde, un petit idéal fait à sa propre image et ressemblance. Il s'étonne de voir quelques pères de famille attacher une certaine importance aux langues vivantes qu'il ne sait pas, à l'équitation dont il s'est toujours bien passé, à la musique qui l'ennuie, au dessin qu'il n'a pas appris. Les vers latins sont à ses yeux un art utile, puisqu'ils l'ont conduit à un bon emploi ; la gymnastique, l'escrime, le cheval, le dessin, la danse, la musique, les langues vivantes, tout ce qui n'est ni latin ni grec : arts d'agrément ! Il suit de là que ses efforts les plus consciencieux arrivent à émettre tous les ans une demi-douzaine de bons élèves qui marcheront sur ses traces et continueront la même tradition. L'Université ne servant qu'à former des universitaires, n'est-ce pas un cercle vicieux ? Songez que les jeunes générations sont destinées à percer des montagnes, à explorer des déserts, à défricher des forêts vierges, à livrer des batailles, que sais-je ? Ne vaudrait-il pas mieux confier leur éducation à des colonels en retraite, à des maîtres de forge, à des fabricants de produits chimiques, à des voyageurs revenus de Chine, ou tout simplement au premier honnête homme venu, pris au hasard parmi ceux qui ont vu le monde et qui sont du monde ? » Voilà ce que les élèves disaient entre eux dans les colléges de Paris vers l'année 1840. On m'assure que l'administration universitaire a tout à fait changé depuis nous, et, ma foi ! j'en suis bien aise.

De notre temps, sur une classe de quatre-vingts

élèves, dix ou douze s'intéressaient peu ou prou à l'insipide travail du collége. Les autres n'étaient là que pour la vanité et la tranquillité du toit paternel. Ils grandissaient dans une oisiveté fiévreuse et découragée, effaçant les jours un à un sur leur almanach de poche et soupirant après l'heure libératrice du baccalauréat. Ils ne s'y préparaient point, sinon dans les dix mois de la dernière année; mais, au début des cours de philosophie, ils achetaient un gros manuel plus compacte qu'un pain à sandwiches, et ils se le mettaient sur l'estomac. Après quoi, s'ils étaient bacheliers et riches, ils commençaient véritablement leurs études; s'ils étaient bacheliers et pauvres, ils entraient dans l'instruction publique; s'ils n'avaient ni argent ni diplôme, il leur restait la ressource de s'engager comme soldats, pourvu que le régime du collége ne les eût pas trop rabougris.

On ne dira pas que j'ai flatté le tableau. Je l'ai chargé à dessein, exagérant l'ennui qui se réveille en moi au souvenir d'un temps que nul de nous n'a regretté, quoi qu'on dise!

Et cependant je n'hésite pas à déclarer que l'enseignement de l'État est mille fois préférable à la concurrence cléricale fondée en 1850 sous le prétexte de liberté. Je suis fermement convaincu que la révolution de 1848, quoique très-légitime dans son principe, a été désastreuse dans certains effets. Elle fut une véritable *catastrophe* pour l'instruction secondaire. Si Louis-Philippe avait régné quinze ans de plus, l'instruction, la pensée, la santé morale du peuple français n'auraient pas fait le plongeon que nous avons vu.

Tout est perfectible dans l'État; tout est immuable dans l'Église. L'enseignement laïque fût-il organisé le plus sottement du monde, subordonne tous ses programmes à l'autorité du Progrès. Il peut être myope, maladroit, traînard, musard et occupé de cent niaiseries; il conserve malgré tout le vague instinct de la route à suivre; il marche en trébuchant vers le but de l'humanité qui est là-bas, en avant. L'enseignement clérical place le but en arrière. Donc, plus il est habile, insinuant et caressant, mieux il égare la jeunesse. Nous ne l'avons que trop bien vu depuis quinze ans.

L'Université de France avait déjà une roue hors de l'ornière quand la révolution de 1848 la culbuta. L'astre du thème grec avait pâli; le ministre régnant, M. de Salvandy, était un homme du monde, ni grec ni latin, et parfaitement averti qu'il y avait une réforme à faire. Il s'appliquait déjà à fonder à côté des classes latines un enseignement utile et sensé. On sentait circuler à travers les ruines des vieux programmes un souffle frais et vivifiant, la brise du Progrès. Le corps enseignant, comme une momie mal embaumée, déroulait prestement ses bandelettes. Il pensait, il parlait, il écrivait même à ses heures. Les Vacherot, les Duruy, les Berger, les Havet, les Géruzez et vingt autres esprits très-droits, très-mûrs et très-honnêtes ne se promenaient pas au milieu des jeunes gens sans laisser tomber quelques idées, qu'on ramassait. Jules Simon, Barni, Despois, Deschanel, Rigault, l'hégelien Véra, *e tutti quanti*, composaient la jeune garde. Nous enfin, c'est-à-dire Taine, Paradol, Weiss, Assolant, Sarcey (j'en passe la moitié), nous étions les recrues de l'université militante, prêts à servir l'État dans la campagne libérale qui s'ouvrait.

Le 20 décembre 1848, un ennemi loyal mais implacable de l'Université, reçut le portefeuille de l'instruction publique.

A dater de ce jour, la pauvre Université de France ressemble à ces grands vaisseaux hors de service que la marine veut couler et qu'elle dévoue à des expériences de tir. On commence par en débarquer l'état-major, le matériel, l'équipage; puis on braque sur eux les batteries les plus puissantes et tous les engins destructeurs. Battue en brèche par la concurrence de tous les ordres religieux, l'Université nationale se vit arracher, dans ce péril, presque tous les hommes de cœur et de talent qui pouvaient la défendre. Les uns furent destitués franchement, les autres poussés dehors par un système de persécutions polies. On enchérit sur l'absurdité des vieux programmes pour décourager à la fois professeurs, élèves et parents. L'expérience réussit tellement bien, qu'au mois d'août 1856, à la mort de M. Fortoul, le vieux bâtiment d'origine impériale n'était plus qu'une carcasse coulée. La France en eut regret, et l'on pria M. Rouland de la remettre à flot, s'il était possible. Mais après sept années d'efforts sincères, timides et inutiles, M. Rouland y renonce et M. Duruy vient construire un bâtiment neuf. J'espère qu'il y réussira : paix aux hommes de bonne volonté!

Cependant il n'est peut-être pas inutile d'expliquer aux étrangers et à quelques Français les vicissitudes de ces quinze dernières années. Un petit commentaire du passé doublera notre sympathie pour le ministre honnête et hardi qui s'est chargé de l'avenir. Je crois même qu'après avoir étudié l'histoire de tout près, nous condamnerons moins sévèrement les fautes commises.

Rien n'est plus facile ni plus tentant que de rendre le gouvernement responsable de tout le mal : « C'est vous, gérants de la chose publique, qui avez livré l'enseignement aux Jésuites ; et maintenant, vous ne savez comment le leur reprendre ! »

Je veux bien que le gouvernement ne soit pas sans reproche, mais notre mal vient de plus loin. C'est surtout la nation qui est faible, indécise et malade. Les chefs n'ont guère fait que suivre l'impulsion du pays. Les revirements soudains, les contradictions permanentes de notre politique au dedans comme au dehors s'expliquent par la lutte de deux principes opposés, mais français l'un et l'autre, et qui dominent la France tour à tour.

Les étrangers n'en savent rien. A leurs yeux, nous sortons tous du même moule ; nous sommes tous frondeurs et courtisans, sceptiques et superstitieux, intrépides et serviles, demi-zouaves et demi-laquais. C'est ainsi qu'on nous peint dans toutes les comédies, assez médiocres d'ailleurs, qui ne sont pas traduites du français. Si l'on nous étudiait plus à fond, on ne tarderait pas à reconnaître que cette nation mal jugée, se compose de deux tempéraments bien distincts, et d'une masse intermédiaire qui flotte incessamment entre les deux. Les définir n'est pas facile ; mais on peut indiquer certains traits principaux qui vous permettront de les distinguer.

Entrez dans le salon d'un marguillier de province : la lumière, l'odeur, la température, les voix, les visages, tout est à l'unisson. Vous percevez par tous les sens une note grave qui vous pénètre tout entier. Le même jour, dans la même ville, entrez vers huit heures du soir au café National. Le billard, le poêle, le vin chaud, le punch, le gaz, l'annuaire, l'honneur du nom français, Béranger, les commis-voyageurs en cravate écossaise, une gaudriole de Piron, un vague refrain de *Marseillaise*, la caricature du *Charivari*, la bonhomie, la camaraderie, la fanfaronnade, la pipe, et une belle grosse femme souriant du haut du comptoir : tous ces éléments réunis exécutent sans le savoir la symphonie patriotique.

Me suis-je mal expliqué? Faut-il pousser le parallèle plus avant? Retournons au marguillier qui commence à ronfler dans son fauteuil, et réveillons-le pour le faire causer. A toutes les questions qu'il vous plaira de lui adresser, il répondra fermement, gravement, comme un catéchisme. Son cerveau est un casier où l'on a déposé des idées parfaitement précises sur le ciel, sur la terre, sur les droits imprescriptibles de ceci, sur les principes éternels qui sont la base de cela. Cet homme ainsi lesté n'est ni meilleur ni pire que vous ou moi ; il a peut-être deux maîtresses quand vous n'en avez qu'une, il a peut-être fait sa fortune par quelqu'un de ces délits qui passent entre les mailles du code pénal ; mais il n'en est pas moins austère avec sincérité. Il fait l'usure, ou l'amour, ou l'aumône, sans quitter cet air digne qui lui donne une supériorité réelle sur nous. Que la nature l'ait créé stupide ou intelligent, qu'il soit pétri de sarrasin breton mal concassé ou de la plus fine fleur de farine champenoise, on l'a trempé comme un biscuit dans le sirop des doctrines sublimes ; il en est imbibé jusqu'au fond ; il en laisse perler une goutte de temps en temps sous forme de sentence. N'essayez pas de dérider son front ; il se mettrait en garde. La plaisanterie le choque : c'est une offense. Offense à qui? à quoi? n'importe. Plaisanter, c'est manquer de respect. Mais que doit-on respecter, mon brave homme? Tout ! Le respect est une vertu par lui-même, en lui-même, quel que soit le coquin, le mensonge ou le magot qui en sera l'objet. Le marguillier ne craint pas la discussion, mais il la veut sérieuse, car il a des phrases toutes faites pour répondre à tout, excepté à la saillie imprévue d'un homme d'esprit. Il méprise cordialement les saltimbanques de la parole et de la plume qui ont employé ce soi-disant esprit à faire rire le genre humain. Il met son honneur et son plaisir à s'ennuyer dignement dans la lecture des bons livres. Il trouve une satisfaction d'orgueil à s'humilier devant certaines fables, à se prosterner devant certains trônes plus ou moins démolis, à prodiguer ses deniers au profit de certaines causes. Il se fait gloire d'être tout ce qu'il est, et de ne pas être tout ce qu'il n'est pas. Le fait est (soit dit entre nous) que cette molécule marguillière est comprise dans un organisme vivant, vigoureux, et doué d'une certaine action sur le monde. L'antiquité des dogmes, l'unité de la direction, la force de la discipline, la solidarité étroite de tous les associés fait que le moindre marguillier pourrait écrire le mot *légion* sur ses cartes de visite. Nous voilà loin du Français, maître de danse, qui amuse encore les bons étrangers. Et cependant le marguillier est Français de naissance et d'origine. Il ne descend ni de Molière, ni de Voltaire, mais il est l'héritier légitime et direct de ceux qui ont lapidé le cercueil de Molière et brûlé les livres de Voltaire par la main du bourreau.

Cela dit, laissons-le tranquille, à charge de revanche, et allons cueillir un joyeux patriote au café National. Celui-ci, vous n'aurez pas même besoin de lui demander ce qu'il pense : il parle sans être interrogé, il porte toutes ses idées en dehors, il en est comme pavoisé; c'est une profession de foi vivante. Malheureusement ses idées ne sont pas plus à lui que celles du marguillier. Dans le monceau de phrases toutes faites qui encombrent le sol français, il a pris, sans choisir, par une sorte d'affinité naturelle, celles qui agréaient à son tempérament. Sur la perversité des rois, sur le machiavélisme des prêtres, sur l'Inquisition, la Saint-Barthélemy, la perfide Albion, les droits imprescriptibles du peuple et la gloire du nom français, il est tellement fort et ferré qu'il tiendrait tête à dix armées. Le malheur est qu'il a peu lu, encore moins réfléchi, et qu'il conserve ses embryons d'idées dans l'alcool. Il y a pourtant beaucoup de bon dans cette nature incomplète et mal réglée : des instincts généreux, de l'honneur, du courage gai, la haine du joug, une aspiration vague et pour ainsi dire animale vers le vrai et le bien. C'est le Gaulois perfectionné par les chansons d'Émile de Braux, de Désaugiers et de Béranger : ne vous en moquez pas! On a besoin de lui pour gagner les batailles. C'est lui qui a fait le tour de l'Europe avec le drapeau tricolore, prêt à recommencer demain, si vous voulez. Heureux le gouvernement qui peut assembler sous l'uniforme cinq cent mille gaillards comme lui! Mais sous la blouse, la veste ou la redingote, il s'ennuie et fait des révolutions pour passer le temps. L'esprit d'indépendance dont il est animé le range dans l'opposition sous tous les régimes : il a tenu tête aux Bourbons, aux Orléans, à Marrast, à Cavaignac; il s'honore de voter en toute circonstance contre le gouvernement de Napoléon III. Toutefois, il devient Bonapartiste enragé dès que nous avons la guerre. C'est que l'honneur du nom français domine les questions de parti, non d'un nom! Nous avons pris Sébastopol, Milan, Pékin et Mexico : vive l'Empereur, quand même! Mais s'il y avait un député à élire, il donnerait peut-être sa voix à M. Thiers, ou à M. Berryer. Le patriote est léger, mais il n'est pas méchant. Il n'irait pas à la messe pour un empire, mais il y envoie sa femme et ses filles. Il pleure en trinquant avec les braves de Magenta et de Solférino; il pleure aussi, mais furtivement, lorsqu'il voit passer les communiantes en robe blanche. Si dans une heure il rencontre le curé, il l'appellera calotin. Mais je parie dix contre un qu'il demandera un confesseur à l'article de la mort. Connaissez-vous ce type? « Oui. » Poursuivons.

Si la France n'était peuplée que de marguilliers, nous obtiendrions, sans même le demander, une monarchie absolue et théocratique. S'il n'y avait chez nous que des patriotes, la France serait la plus mobile, la plus entreprenante et la plus insupportable des républiques. Si ces deux classes de citoyens se trouvaient face à face, sans intermédiaire, comme elles ne brillent ni l'une ni l'autre par la tolérance, il faudrait que les patriotes fussent brûlés au nom du Dieu clément par MM. les marguilliers guillotinés au nom de la liberté par MM. les patriotes.

Heureusement, entre ces deux extrêmes il y a la majorité du peuple français. Plusieurs millions d'électeurs, qui ne sont ni marguilliers, ni patriotes, sont interposés comme un énorme tampon entre les deux partis. Mais ce tampon n'est pas matière inerte, mais vivante et puissante; il s'en détache incessamment quelque fraction qui se porte, en vertu d'un choix plus ou moins raisonné, soit vers la droite, soit vers la gauche. Tout ce qui cesse d'être tampon se transforme en appoint.

Or, il faut avouer, puisque nous sommes entre nous, que les idées du peuple français varient aussi souvent et sans plus de raison que le cours de la Bourse. Nous sommes tous Athéniens, sinon par la finesse, au moins par la mobilité de notre esprit. Qu'un homme d'État passe du noir au blanc toutes les fois qu'il y trouve son intérêt, c'est malheureusement trop logique ; mais qu'un bourgeois indépendant se jette en furieux dans une opinion qui ne lui rapportera rien ! Cela se voit pourtant. J'ai connu un bonhomme très-doux qui devint en six mois le plus féroce des révolutionnaires, parce qu'il avait trouvé dans des papiers de famille un autographe de Marat. Un prince ne traverse jamais une ville de quatre mille âmes sans inspirer à sept ou huit jeunes gens perdus dans la foule le plus violent désir de se faire tuer pour lui. Un esprit fort qui a dîné par hasard à côté d'un évêque commence à croire qu'il est de mauvais goût d'attaquer la religion. Sa femme ne le reconnaît plus ; elle est tentée de bénir l'éloquence de monseigneur, qui a fait un si grand miracle. Qu'est-ce que monseigneur a donc pu dire ? Il a dit : « Voilà des perdreaux excellents. » Les alliés en 1814, Napoléon en 1815, les alliés revenus après Waterloo ont été applaudis tour à tour. Il y a eu, sans aucun doute, plusieurs milliers de parisiens qui ont acclamé successivement, sans intérêt, par simple entraînement, ces trois entrées triomphales. L'entraînement nous jette dans les bras d'un homme le jour où il remporte la victoire ; l'esprit de contradiction et l'amour du changement nous poussent à lui déclarer la guerre dès qu'il commence à faire usage du pouvoir que nous lui avons donné.

La France de 1816 se jeta presque tout entière dans les bras de la Congrégation. Ce n'est pas Louis XVIII, ce gros païen malin, qui poussa la bourgeoisie à la suite des marguilliers; elle y courut bien elle-même.

La France de 1824 prit les marguilliers en horreur, parce qu'ils usaient et abusaient du pouvoir depuis une huitaine d'années. Les quatre cinquièmes de la bourgeoisie s'aperçurent que la barque penchait trop d'un côté ; ils se jetèrent de l'autre, et la barque chavira (1830).

Sous la république de 1848, il y eut un grand mois où la France s'enivra sincèrement du patriotisme le plus pur. Les bourgeois les plus considérables et les plus raisonnables se demandèrent de bonne foi s'ils seraient jamais dignes de marcher dans les processions publiques à la suite des patriotes de la veille. Malheureusement, les patriotes firent tant de sottises que les trois quarts de la bourgeoisie passèrent aux marguilliers. Les lampions, les clubs, le 15 mai, le 23 juin, le droit au travail, les excitations ignorantes et folles qui faillirent mettre à néant la fortune publique, sous prétexte de la partager, épouvantèrent à bon droit tous ceux qui possédaient quelque chose. Le gouvernement républicain, le plus désintéressé et le plus vertueux que la France ait jamais eu, était débordé par ses anciens amis, et trop faible pour mettre une digue aux passions du peuple. La classe moyenne craignit une invasion de barbares à l'intérieur : dans la confusion du moment, elle voyait des malfaiteurs capables de tout, où il n'y avait que des gens ivres. Elle demandait à grands cris un pouvoir assez fort pour protéger les biens et les personnes : elle l'aurait pris n'importe où ; on entendit (qui le croirait?) des invocations à l'empereur Nicolas, le géant de Russie! Les marguilliers pêchèrent des âmes par millions dans cette eau trouble. Au milieu de la désorganisation de tous les pouvoirs, l'Église, qui ne change pas, était restée elle-même. Appuyée sur un principe surnaturel, armée du crédit moral que l'enfer et le paradis lui donnent sur les âmes, elle se fit forte de dompter les passions du peuple et de fonder une paix durable. La mort sublime du vénérable archevêque de Paris la servit plus utilement que dix batailles gagnées. Elle groupa autour d'elle non-seulement ceux qui avaient la foi, mais surtout ceux qui avaient peur.

Elle enrôla pêle-mêle les philosophes, les hérétiques et jusqu'à des juifs. Vous trouverez de tout cela dans le parti clérical, tel qu'il est et se comporte encore aujourd'hui. Car plus d'un qui s'était enrégimenté parce qu'il avait peur, est resté sous l'étendard de Constantin parce qu'il y trouvait son avantage. *Hoc signo vinces*. Tu vaincras par ce signe tous ceux dont tu convoites l'influence, ou la place, ou l'argent.

L'Église régna légitimement en France à partir du mois de juin 1848. Légitimement, car elle avait la majorité de la nation pour elle. Fut-elle détrônée par l'élection du 10 décembre ? Pas encore.

Le prince Louis-Napoléon, avec son grand nom à double sens et sa figure mystérieuse, eut un bonheur inouï dans notre histoire, puisqu'il réunit dans un vote à peu près unanime les patriotes et les marguilliers. Pour les uns, il était l'héritier du concordat; pour les autres, l'héritier de la victoire et de la gloire. Tout le servit; son silence, ses paroles, les théories sociales qu'il avait hasardées, les fautes même qu'il avait commises. Mais il ne disposa d'abord que de ressources médiocres et d'une autorité limitée. Le pouvoir fort que la société effarée appelait de tous ses vœux n'était pas encore aux mains du Président. L'incertitude de l'avenir demeurait grande; il fallait s'attendre à de nouvelles secousses. L'Église bénéficia de tout ce qu'il y avait d'inquiétant dans la situation politique pour consolider son pouvoir et s'emparer de l'éducation. Ce n'est pas le gouvernement qui lui livra la jeunesse ; elle s'en saisit elle-même. Reportez-vous par la pensée à l'Assemblée législative. Qui est-ce qui régnait? Le parti de l'*ordre*, c'est-à-dire une association de marguilliers religieux et politiques. Ces messieurs, il faut l'avouer en toute franchise, eurent, pendant plusieurs années, une grande partie de la nation derrière eux. La pusillanimité de la classe moyenne nous procura huit ou dix années de mauvaise éducation, années funestes entre toutes, et dont l'influence se fera sentir longtemps. Le ministre qui fut chargé de détruire l'Université était le même homme qui avait provoqué la dissolution des ateliers nationaux. Les deux mesures se tiennent par leur auteur et par l'intention de ceux qui les ont votées. Seulement l'une était juste et sensée, quoique maladroite et inopportune au premier chef; l'autre fut une déplorable spéculation de l'esprit de parti qui fit retomber sur dix générations d'enfants la poltronnerie de leurs pères.

Les hommes qui nous gouvernent ont fini par

s'apercevoir qu'il y avait péril en la demeure. N'avez-vous pas entendu le président du Conseil d'État annoncer que l'Église avait acquis plus de richesses entre 1852 et 1862 que dans les quarante années précédentes? N'avez-vous pas vu un ministre de l'instruction publique malmené publiquement par les évêques, et un ministre de l'intérieur repoussé en bataille rangée par la Société de Saint-Vincent de Paul? N'a-t-on pas dû fonder la Société du Prince Impérial pour combattre cette association de charité, si peu charitable aux pouvoirs établis? Les congrégations religieuses, d'abord tolérées, puis autorisées, marchent en rase campagne à la conquête de la France. Les écoles ecclésiastiques, malgré la faiblesse reconnue de leur enseignement, opposent une concurrence formidable aux lycées de l'État. Enfin (et voici le symptôme le plus grave) les carrières civiles sont envahies par une multitude de marguilliers de vingt ans, fougueuse armée de l'Église, qui peut aller fort loin, si l'on ne lui barre le chemin. Les étudiants qui ont suspendu par un religieux tapage le cours de M. Renan ne seront pas toujours sur les bancs des écoles. Ils deviendront médecins, avocats, magistrats, administrateurs, officiers même. Où qu'ils soient, nous les retrouverons en lignes serrées, unis étroitement pour tenir tête aux idées modernes ; il faudra compter avec eux. Ils n'aspirent à rien moins qu'à devenir nos maîtres et à ramener la nation, tambour battant, vers l'année 1788. Ils ont leurs officiers dans le pays, leurs généraux à l'étranger.

L'affaire est grave. Il s'agit de savoir si nous allons rendre ou conserver toutes les conquêtes morales qui ont coûté tant de sang à nos pères.

Aussi n'est-ce plus seulement le petit club des patriotes, réuni devant la porte du café National, mais la plus saine moitié du peuple et de la bourgeoisie française qui se tourne vers l'État et lui crie : « Prenez garde ! Voilà le danger ! »

Croyez-vous que l'État n'en sache rien ? Avez-vous la prétention de lui apprendre quelque chose ? Il connaît son danger comme vous, mieux que vous. Ce n'est pas pour le plaisir de tendre le dos qu'on reçoit les horions des évêques. Ce n'est point par amour de l'éloquence sacrée qu'on se laisse malmener dans les sermons et les mandements. Ce n'est peut-être pas non plus par chevalerie pure que l'on paye des procédés les plus délicats les impertinences de M. de Mérode. La question serait de savoir à l'avance si l'État est assez fort pour déclarer la guerre à ceux qui la lui font. Tant qu'on reçoit les coups sans les rendre, on garde un certain prestige; tout s'explique par la générosité ou le dédain. Mais du jour où l'on aurait manifesté le dessein de repousser la force par la force, il faudrait culbuter l'ennemi ou tomber.

S'il ne s'agissait que d'entrer en campagne contre la Russie, on serait plus à l'aise. On sait le nombre d'hommes qu'elle peut mettre sur pied; on jauge son trésor à quelques roubles près. Mais l'armée des marguilliers n'est pas facile à recenser, car elle ne porte pas d'uniforme. Leur budget est lettre close; on connaît seulement qu'ils sont riches et nombreux. Vous me demanderez peut-être comment l'État n'est pas mieux renseigné par ses fonctionnaires? Je vous demanderai à mon tour combien il y a de fonctionnaires dans le département du Doubs, par exemple, qui n'aient pas été nommés par l'influence d'un pieux et savant cardinal?

L'État, qui tient à vivre, aura peut-être raison de ménager encore pendant quelques années ce grand parti qui le ménage si peu lui-même. Mais la guerre éclatera tôt ou tard, elle est inévitable. On fera sagement de s'y préparer.

Mettez-vous bien dans l'esprit, vous tous qui gouvernez la France, que vous aurez un jour à frapper un grand coup. Je ne parle pas de confisquer les biens de l'Église, qui sont inviolables comme toutes les autres propriétés; ni de disperser les associations religieuses, qui sont aussi légitimes que les associations financières; ni de fermer les colléges ecclésiastiques, qui ont droit à la liberté comme les établissements laïques. Je parle du budget des cultes, que vous supprimerez légitimement le jour où la majorité de la nation sera convertie aux idées de Progrès. Je parle de votre armée qui est à Rome et que vous rappellerez, un jour ou l'autre, au grand soulagement de l'Europe en général et de l'Italie en particulier.

C'est pour ce grand combat qu'il faut aiguiser vos armes, car la résistance sera terrible. C'est pour mettre sur pied la grande armée du Progrès que je vous conseille sérieusement de faire des hommes.

Faire des hommes! N'est-ce pas le programme de M. Duruy? Reste à savoir si les États sont bien outillés pour ce genre d'industrie. Le gouvernement chinois répondra oui, mais les machines à deux pieds qu'il fabrique et polit avec tant de soin ne sont ni belles ni bonnes. Le gouvernement anglais n'a point de fabriques d'hommes; il laisse les hommes se faire tout seuls et ce système lui réussit. Nous en viendrons peut-être à proclamer aussi que la meilleure école est la liberté.

En attendant, laissons faire l'homme de bien qui a entrepris de ressusciter l'Université de France. Sa tâche n'est pas facile. Songez que l'enseignement a appartenu pendant des siècles à la religion d'État. Hier encore l'instruction publique et les cultes ne faisaient qu'un seul ministère. On les a séparés ; c'est un progrès, mais ce n'est qu'un premier pas.

Si la curiosité vous pousse un jour à visiter le lycée Charlemagne, ou le lycée Louis-le-Grand, ou le lycée Napoléon, ou le lycée Bonaparte, vous remarquerez au premier coup d'œil que ces vastes établissements ne sont que d'anciennes sacristies. L'église est à côté. Un seul mur la sépare du lycée Bonaparte. Entre Saint-Paul et le lycée Charlemagne, on a fait une espèce de couloir ; mais l'église domine toujours. M. Haussmann aurait beau interposer un boulevard de soixante mètres, l'ombre froide de l'église n'en pèserait pas moins sur les enfants qui vont en classe.

Qu'est-ce que la Sorbonne ? une ample sacristie. Allez à Montpellier visiter la Faculté de médecine. La sacristie est d'un côté, la Faculté de l'autre : l'Église s'élève entre les deux, et domine.

La robe du professeur est une soutane un peu plus courte que l'autre. Changez cela, et habillez les professeurs en hommes, si vous voulez qu'ils pensent et qu'ils parlent en hommes.

On peut espérer qu'avant dix ans, vous aurez organisé l'enseignement par l'État et mis les programmes au niveau de l'esprit moderne. Mais l'esprit, les sentiments, les tendances du corps enseignant, êtes-vous sûr de les élever à volonté? Les hommes que la persécution a fait sortir de l'Université n'y rentreront pas. Vous n'en ferez pas sortir les jeunes marguilliers que l'École normale y a introduits au temps de la captivité de Babylone. Et tous les professeurs qui ont adoré le veau clérical pour avancer ou pour rester en place, vont-ils rompre avec leurs habitudes et leurs relations de dix années? c'est douteux.

Les écoles du clergé, pour échapper à votre influence, n'ont qu'à rester ce qu'elles sont. Pour libérer les vôtres de l'influence cléricale, il faudrait presque un coup d'État. Je causais, il y a quelques mois, avec le recteur d'une grande académie. C'est un esprit très-droit et aussi indépendant de la théologie que je peux l'être moi-même. Il me confessa que la veille de notre rencontre il avait suivi une procession catholique.

Et comme il me voyait étonné : « Que voulez-vous? dit-il; si je n'en passais point par là, monseigneur ne viendrait pas donner la première communion aux élèves du lycée. » L'homme qui me parlait ainsi est un de nos universitaires les plus éminents. Je puis vous certifier qu'il ne suivait pas les processions sous le règne de Louis-Philippe. Pourquoi le fait-il aujourd'hui ? Parce que l'État, qu'il représente, est obligé de compter avec la théologie. Et pourquoi l'État est-il tombé dans cette dépendance? Parce que la terreur du socialisme et du droit au travail a pesé dix ans sur notre malheureux pays!

Je veux croire que bientôt tout ira mieux dans nos colléges et nos lycées. Tous les maîtres payés sur le budget transmettront sans altération la morale et les principes désormais libéraux du gouvernement français. Les 63 000 enfants qui vont en classe au son du tambour officiel seront des hommes selon votre cœur d'honnête homme. Mais une hirondelle ne fait pas le printemps, et 63 000 jeunes gens ne font pas un peuple. Comment rejoindrez-vous les élèves des congrégations pour redresser leur esprit faussé dans les cloîtres? Et tous les hommes faits que l'éducation cléricale a façonnés depuis dix ans sans vous et contre vous? Il s'agit de remanier peut-être un million de cerveaux tortus, et cela presse. Car ces gens-là, si vous ne remettez la main sur eux, enverront leurs fils aux jésuites. Et s'ils meurent sans enfants, ce n'est pas à la Société du Prince Impérial qu'ils légueront leurs biens.

L'instruction publique embrasse le public entier, c'est-à-dire au moins les enfants et les hommes. Quels moyens d'action avez-vous sur les hommes?

Les Facultés !

Sept Facultés de théologie, neuf Facultés de droit, trois Facultés de médecine, six Facultés des sciences, seize Facultés des lettres, trois Écoles supérieures de pharmacie, le Muséum d'histoire naturelle et le Collége de France! Les Anglais ont Oxford et Cambridge. La France s'enorgueillit de posséder quarante-six centres d'enseignement supérieur, mais ce luxe de supériorité ne prouve rien.

Je veux croire que vous avez assez de professeurs éminents pour honorer les quatre cent trente-cinq chaires de nos quarante-six facultés; que tous les amphithéâtres destinés à l'enseignement supérieur sont envahis par une foule ardente à s'instruire; que tous les maîtres, y compris les théologiens, sont enflammés de l'amour du Progrès. Il n'en est pas moins vrai que sur quatre cent trente-cinq professeurs, pas un ne pourra toucher du bout du doigt le monceau de débris qui barre la route au Progrès. Qu'on essaye! Les ennemis de la société moderne sont aux écoutes. Supposé qu'ils poussent la tolérance jusqu'à laisser parler le professeur, ils vous le dénonceront aujourd'hui même. Or vous êtes responsable de tout ce qui se dit dans vos chaires. Choisissez ou de sévir contre un homme qui a plaidé pour vous, ou d'engager la guerre *hic et nunc* contre la grande armée sans uniforme dont l'effectif est inconnu. C'est tout choisi : M. Renan, le plus timide des audacieux, est là pour nous le dire. Vous l'avez ôté de sa chaire, parce que vous ne pouviez faire autrement sans attirer sur vous toutes les forces de l'ennemi. Vous ne lui rendrez jamais la parole, ou, si vous en venez là, vous pourrez le même jour et sans plus de danger supprimer le budget des cultes et rappeler vos soldats qui sont à Rome. Le Rubicon sera passé.

Voulez-vous, sans rien précipiter, sans rien compromettre, sans engager la guerre un jour trop tôt, préparer dès demain la victime du Progrès? Appelez la liberté à votre aide.

Souffrez que nous fondions non-seulement rue de la Paix et dans la salle Barthélemy, mais dans toute la France, des chaires de philosophie et d'histoire, où nous dirons ce qui nous semble vrai, sans engager votre responsabilité. Chaque parole qui tombe de la chaire catholique engage l'Église; chaque parole qui tombe de la chaire officielle engage l'État; l'homme qui parle en liberté ne compromet que lui-même. Si l'on vient vous le dénoncer, vous vous lavez les mains de tout ce qu'il a pu dire. Il a usé du droit commun.

Oui, mais vous vous défiez un peu. « Si ces hommes que nous n'avons pas choisis, que nous ne pouvons pas destituer, qui n'attendent de nous ni faveur ni salaire, se mettaient à parler contre nous? »

S'ils parlaient contre vous? La police ne manquerait pas de les dénoncer, la justice ne manquerait pas de les condamner et la gendarmerie ne manquerait pas de les conduire en prison. Vous êtes armés de pied en cap contre leurs moindres inadvertances. Ils ne combattent pas à couvert, derrière une barricade sacrée; le jour où quelqu'un d'entre eux vous comparerait au cruel Hérode, vous n'iriez point prier le Conseil d'État d'examiner si cette locution n'est pas entachée d'une sorte d'abus.

Je crois d'ailleurs que vous vous défiez un peu trop de l'opinion libérale. Tous les gouvernements ont la mauvaise habitude de voir un ennemi dans l'homme qui les blâme lorsqu'ils ont tort. Nous ne sommes pas de votre avis sur quatre ou cinq questions importantes; mais les principes sur lesquels votre pouvoir est fondé sont les nôtres. Nous tenons autant que vous à conserver le suffrage universel, nous ne contestons pas à la majorité qui vous a élus le droit de sacrifier la République à l'Empire. Tous nos cœurs étaient avec vous en Crimée et en Italie ; nous vous suivrons en Pologne quand vous voudrez. Nous serons vos adversaires toutes les fois que vous vous tromperez sur les droits, les intérêts ou les sentiments du peuple, mais nous ne sommes pas vos ennemis. Vos ennemis sont ceux qui ne sauraient vous donner raison même lorsque vous faites bien, parce que leur principe est la négation du vôtre et leur but à l'inverse du Progrès.

Permettez-moi de me résumer en quelques lignes, et je finis.

Dans l'état actuel de la société française, la suppression du budget de l'instruction publique serait fatale au pays. Le gouvernement seul possède aujourd'hui les ressources nécessaires pour lutter contre l'ignorance. Il a prouvé, surtout depuis un an, qu'il avait les meilleures intentions du monde. Il s'est mis en devoir d'étendre à tous les citoyens sans exception, les bienfaits de l'enseignement primaire; il entreprend de réformer l'enseignement secondaire en lui donnant une direction de plus en plus pratique; il commence à permettre, en dehors de ses amphithéâtres officiels, un enseignement supérieur indépendant.

Le devoir des bons citoyens est d'appuyer loyalement les loyales intentions du ministre. Aidons de tout notre pouvoir l'honnête homme qui fait nos affaires en attendant que nous sachions les faire nous-mêmes.

Exerçons-nous, dès aujourd'hui, à la pratique d'un enseignement à la fois libre et libéral. Commençons par fonder des conférences publiques, partout où la police le permettra; essayons d'ouvrir en même temps des colléges libres.

Une association indépendante s'est fondée en 1840 au capital d'un million pour instruire la jeunesse. Les actionnaires renonçaient d'avance à tout dividende, mais ils touchaient à 5 pour 100 l'intérêt de leur capital. Le collége ainsi fondé ne compta d'abord que 140 élèves; il en a 1240 aujourd'hui. La concurrence des cléricaux, si funeste aux lycées officiels, n'a fait aucun tort à Sainte-Barbe. Elle possède en 1863 une clientèle estimée 1 500 000 francs, et un immeuble de 2 millions. Elle vient de se donner, à Fontenay-aux-Roses, une jolie maison de campagne où les plus jeunes enfants ont le bonheur de s'instruire au grand air, dans le plus aimable paysage. Cette villa *s'est payée* elle-même en quelques années, sur les bénéfices de l'enseignement.

Sainte-Barbe n'est pas seulement un collége sans rival; c'est aussi un bel exemple. Sa prospérité toujours croissante, nous montre ce qu'on pourra faire un jour par l'association et la liberté, sans rien demander à l'État.

XV

LA RÉPRESSION.

Il est permis d'espérer que le jour où tous les Français auront reçu une certaine éducation et jouiront d'une certaine aisance, le total annuel des délits et des crimes se réduira presque à zéro. Le dernier exposé de la situation de l'Empire constate avec un légitime orgueil que de 1847 à 1860 le petit peuple des écoles s'est accru d'un million de têtes, et que parallèlement la criminalité s'est réduite de 47 1/2 pour 100. Que dirais-tu, pauvre fou de Jean-Jacques, si tu voyais que les arts et les sciences nous convertissent au lieu de nous pervertir? Mais il reste passablement de mauvais instincts à réprimer, puisque la cour d'assises et la police correctionnelle ont encore à juger tous les ans un Français sur 7749. Heureusement, nous avons des lois et des juges sévères. La société française est bien gardée, en attendant qu'elle soit plus instruite et mieux organisée.

La seule chose qui m'alarme quelquefois et même (pardonnez cet aveu à l'habitant d'une maisonnette isolée!) la seule idée qui me réveille au milieu de la nuit, c'est que nos lois pénales ne sont pas encore assises sur une base inébranlable.

La *vindicte* a fait son temps, elle est passée de mode, ou plutôt mise au rebut par la conscience publique. Si quelque vieil avocat provincial, débitant assermenté de phrases toutes faites, laisse encore échapper cet horrible vieux mot, ce n'est qu'un *lapsus* de la routine. Non, la société ne se venge plus! Vous ne la surprendrez jamais à faire de sang-froid, gravement, avec solennité, ce qu'un homme civilisé dédaigne et trouve au-dessous de lui, même dans ses accès de colère. On ne tenaille plus, on ne roue plus, on ne fait plus mourir les gens à petit feu : depuis longtemps déjà les raffinements ingénieux de la vengeance sont abandonnés aux tribus sauvages de l'Afrique ou de la Russie, aux négresses abyssiniennes et aux recrues de Mourawief.

L'*exemple* a fait son temps : on ne martyrise plus un individu pour faire peur aux autres. On a perdu l'habitude d'exposer les condamnés sur la place du Palais-de-Justice; on ne les marque plus d'un fer rouge; on ne les promène plus, la chaîne au cou, dans toute la longueur de la France. Tout au contraire; la justice les cache et les emporte lestement, comme pour les dérober à la honte. L'exposé de la situation de l'Empire se glorifie de cette réforme comme d'un progrès; il a raison. La peine de mort, à Paris, est appliquée dans un coin écarté, loin du monde, à une heure indue. On fait tout ce qu'on peut pour écarter la foule : si l'on croyait faire un exemple, on agirait tout autrement. La guillotine se dresse dans la nuit; au petit jour, une porte s'ouvre, un homme paraît, fait trois pas, monte quelques marches, meurt sans agonie et s'engloutit dans une trappe. C'est plutôt l'escamotage d'une existence que l'exemple d'un châtiment. D'ailleurs on a constaté dernièrement que sur 167 condamnés à mort 161 avaient vu des exécutions capitales : l'exemple serait donc assez inutile. Mais de l'exemple, on n'en parle plus.

Que fait donc la justice de notre pays lorsqu'elle sévit contre la vie ou la liberté d'un homme? Elle ne venge pas la société, elle ne cherche point à intimider les méchants par l'exemple; elle *punit*, voilà tout.

La peine suppose la responsabilité; la responsabilité suppose le libre arbitre ; le libre arbitre n'est pas seulement un fait psychologique admis par la plupart des sages, mais un dogme provisoirement indispensable à l'existence des sociétés. Quelques philosophes, entre autres Leibnitz et Spinosa, l'ont nié ; quelques théologiens, et notamment les jansénistes, l'ont tellement subordonné à la grâce divine, qu'ils le réduisaient à rien. Mais l'époque moderne, plus soucieuse des intérêts publics que des subtilités métaphysiques, proclame sans discussion la liberté et la responsabilité de l'homme avec la légitimité des peines.

Malheureusement l'édifice de nos lois pénales n'a pas été construit en un jour, sur un seul plan, avec des matériaux irréprochables. Quelques articles du Code rappellent par leur rigueur les temps de la vindicte et de l'exemple. Quelques autres, rédigés dans un esprit de tolérance excessive, laissent la société désarmée en présence des actes les plus dangereux. L'État n'a pas encore de doctrine arrêtée sur certains points des plus délicats. Le jury, arbitre incorruptible du fait, et la magistrature, arbitre auguste du droit, ne sont pas tous les jours du même avis.

Il arrive souvent qu'un honnête juré aime mieux nier un fait évident (sur son honneur et sa conscience, devant Dieu et devant les hommes) que de livrer un accusé à des châtiments qu'il croit excessifs. Quelquefois, au contraire, les jurés, qui sont hommes et sujets à la passion, s'exagèrent le démérite d'un accusé et le livrent par leur verdict à une peine trop sévère. Le magistrat, en général, est porté à mettre les choses au pis; il supporte impatiemment l'optimisme des jurés et les circonstances atténuantes. Le Corps législatif, au milieu des discussions politiques qui sont sa grande affaire, est appelé de temps à autre à réviser le Code pénal. Tandis qu'il discute en conscience de graves questions auxquelles huit députés sur dix n'ont jamais eu le temps de se préparer, un illustre révolutionnaire entreprend la démolition de nos lois répressives dans un gros livre brillant et passionné.

Qu'arriverait-il demain si la société française, médiocrement éclairée sur cette question, se laissait éblouir par les feux d'artifice du génie? Et si le grand orateur absent, ou quelque élève de son école, poussait la thèse un pas plus loin? Si la doctrine de Spinosa, qui tend à déclarer que les pires coquins ne sont pas responsables de leurs crimes, venait à s'étaler dans un livre aussi prestigieux que les *Misérables* de Victor Hugo ?

Il ne faudrait rien de plus pour troubler les esprits, alarmer les consciences et faire trembler sur sa base notre vieil édifice pénal.

C'est pourquoi je m'éveille quelquefois dans ma solitude en regrettant que personne n'ait encore fondé la répression sur une assiette solide, incontestable, irrépréhensible, acceptée également par le peuple et les magistrats; à l'épreuve des paradoxes subversifs et des déclamations sentimentales.

Voilà ce que nous allons chercher ensemble, si vous avez le temps. Mais dans le cas où nous ne trouverions rien de meilleur que ce qui est, il ne faut pas que l'insuccès de deux hommes de bonne volonté décourage les autres.

Un point fixe, certain, hors de toute discussion, c'est le droit de l'individu, le caractère inviolable de la personne humaine. Toutes les fois qu'on s'attaque à votre vie, à votre santé, à votre liberté, à votre réputation, à votre propriété, on vous met dans le cas de légitime défense. Tous les actes nécessaires à la revendication de votre droit sont justes. Celui qui méconnaît en vous le caractère auguste et sacré de la personne humaine, se condamne à subir tout ce que vous serez obligé de faire pour vous protéger contre lui. Tant mieux pour lui si vous arrêtez sa main d'un seul geste, car vous n'avez pas le droit d'aller plus loin et vous ne pouvez plus rien faire légitimement contre lui, dès que vous ne courez plus aucun danger de son fait. Tant pis pour lui si vous êtes obligé de lui casser le bras ou même la tête : pourquoi vous a-t-il mis dans cette triste nécessité?

Voilà le droit individuel, absolu, antérieur et supérieur à toutes les lois positives.

Mais les hommes se sont associés pour se mieux défendre. Ils ont créé un pouvoir législatif, chargé de définir les droits individuels, un pouvoir judiciaire chargé d'appliquer les lois, un pouvoir exécutif, chargé de prêter main-forte aux jugements et aux arrêts, c'est-à-dire aux lois appliquées.

Du moment où chacun est placé sous la protection de tous, il abdique le droit de se faire justice lui-même dans toutes les occasions où la force publique est en mesure de le protéger. Si vous surprenez un voisin qui déplace la borne de votre champ, vous n'avez pas le droit de tomber sur lui à coups de pioche, parce que les tribunaux ont tout le pouvoir et tout le temps de remettre les choses en état. Mais si vous êtes assailli par des malfaiteurs sur la grand'route, vous êtes en droit de leur tirer des coups de fusil, parce que les tribunaux et les gendarmes arriveraient trop tard pour vous sauver la vie. Aucun Français n'aurait le droit de sortir en armes, si la police était si bien faite que personne ne courût aucun danger; mais vous pouvez très-légitimement glisser deux revolvers dans vos poches si l'on a dévalisé quelqu'un la semaine dernière sur le chemin qui conduit chez vous.

Le droit de répression se modifie nécessairement un peu lorsqu'il est transmis par l'individu faible, violent, passionné, à la société forte, juste et sans passion. Lorsqu'un de vos semblables a tenté de vous nuire, vous n'êtes que trop porté à voir en lui une nature perverse, un danger vivant, une menace perpétuellement dirigée contre vous et contre les autres. Or, vous n'êtes ni assez riche ni assez puissant à vous seul pour mettre cet individu dans l'impossibilité de nuire : c'est pourquoi vous trouvez plus sûr et plus économique de le tuer. La société dont vous faites partie est plus sage, plus puissante et plus riche que vous; elle a donc les moyens de se montrer plus juste. Lorsqu'un homme dépourvu de sens moral s'est emparé du bien d'autrui, nos magistrats sont armés de toutes pièces pour lui reprendre ce qu'il a volé. Vous n'auriez que ce droit-là, vous, simple individu ; la loi naturelle ne vous permet pas de prendre sa casquette au filou qui a pris votre mouchoir. Mais la société qui a des droits plus étendus que les nôtres, peut s'indemniser du dommage qu'elle a subi tout entière par la violation du droit individuel. On ne vous a fait tort que d'un mouchoir, à vous ; on lui a fait, à elle, un mal plus considérable en diminuant la sécurité publique. Elle peut estimer le dommage et se faire payer en argent le tort qu'elle a souffert. Si les débats ont prouvé que l'auteur du délit est une de ces natures perverses qui ne sauraient circuler librement sans danger pour le public, les magistrats ont le droit de mettre une barrière entre lui et les autres hommes. Vingt-quatre heures de réflexion suffisent quelquefois pour amener un gamin à résipiscence ; tel homme endurci dans le mal a besoin d'une nouvelle éducation qui durera plusieurs années.

Les pires scélérats sont le plus souvent des hommes que la misère, l'ignorance, le mauvais exemple et le mépris public ont pour ainsi dire condamnés à des industries nuisibles. Rappelez-vous que sur cinq cent douze récidivistes, en

1863, cinquante-quatre seulement savaient lire et écrire[1]. Il est permis de supposer que les trois quarts au moins de ces misérables ne seraient pas retombés, si leur première prison avait été pour eux une école. On s'occupe sérieusement de mettre des écoles partout : c'est par les établissements de répression qu'il conviendrait de commencer. Quand même les détenus travailleraient un peu moins de leurs bras; quand le produit des petits métiers qu'ils exercent ne s'élèverait qu'à deux millions au lieu de trois par année; quand la société devrait se cotiser un peu pour les indemniser par des prix en argent du temps qu'ils perdraient sur leurs livres, notre dépense ne serait pas beaucoup plus lourde et notre danger serait moins grand.

Je traite la question au point de vue purement égoïste, parce que des hommes plus éloquents et meilleurs que moi ont épuisé le côté sentimental. La surveillance qui pèse sur les libérés, la résidence qu'on leur impose, tout cela est légitime assurément et dans l'intérêt de la société. Mais ce n'est pas en parquant un homme dans la honte, ni en le désignant au mépris de ses concitoyens que vous l'amènerez à mériter leur

---

1. Exposé de la situation de l'Empire.

estime. Le mieux serait, je crois, de dépayser tous les individus que la justice a déclarés dangereux. On en débarrasserait la société française aussi sûrement que par la prison, la reclusion, et le reste ; on leur fournirait une excellente occasion de faire peau neuve et de rompre avec le passé ; enfin il y aurait un immense avantage à tourner contre la nature l'énergie physique et morale que ces malheureux déploient contre la société. Je ne lis jamais le récit d'une belle évasion ou l'histoire d'un de ces crimes qui demande une somme prodigieuse de vigueur, d'adresse et d'audace, sans penser que ces pauvres gens pouvaient nous faire autant de bien qu'ils nous font de mal. Que leur a-t-il manqué ? Quelques années d'école et peut-être quelques billets de mille francs au point de départ. Ils ont tourné à gauche parce qu'ils étaient sans argent et sans éducation, et la société les croit perdus sans ressource. Elle ne voit rien de mieux à faire, dans son propre intérêt, que de nourrir les uns entre quatre murs et de couper la tête aux autres. Elle dépense, bon an, mal an, 10 000 louis d'or en frais de guillotine et vingt-sept millions en frais de prison. Est-ce là le dernier mot de la civilisation moderne ? N'est-il pas évident que ces parias, s'ils étaient lâchés dans la Nouvelle-Calédonie, quelques armes et quelques outils, deviendraient, du jour au lendemain, de tout autres hommes? Ils sont les derniers parmi nous, ils seraient les premiers là-bas : les indigènes sont encore anthropophages. Ils ne se laisseraient pas manger, n'ayez pas peur : ces gaillards-là savent se défendre. Ils se seraient bientôt bâti des maisons plus confortables sans contredit que les carrières de Montmartre; leurs concessions seraient lestement défrichées, si vous aviez le bon esprit de les faire propriétaires. Car il ne s'agit point de les transporter là-bas pour les changer de prison. Tant qu'il y aura un garde-chiourme auprès d'eux; ils ne seront que des galériens; le garde-chiourme embarqué, il n'y a plus que des pionniers. Envoyez-leur des femmes, et je parie qu'avant un quart de siècle ils auront fait souche d'honnêtes gens. Le défrichement en fera mourir quelques-uns, c'est probable; mais le docteur Eugène Bourdet, ancien médecin des maisons centrales, assure que le régime de ces établissements tue jusqu'à dix pour cent des prisonniers dans une année.

— Mais, diront quelques moralistes, si ces gens-là deviennent pères de famille, propriétaires, et même riches avec le temps, ils ne seront pas punis! » Que vous importe? Ils seront améliorés, ce qui est beaucoup plus utile, et pour le moins aussi moral.

— Mais l'État serait trop bon de donner un capital à des hommes qui ont mérité la corde ! » Ainsi vous aimez mieux qu'ils aillent chercher des capitaux dans votre caisse ? La société dépense 27 millions pour assurer médiocrement votre sécurité en faisant souffrir toute une classe d'individus : il en coûterait moins pour vous mieux protéger sans faire de mal à personne. Je suis sûr que si l'on fondait quelque part, loin d'ici, une vraie colonie pénitentiaire, affranchie du bâton des gardes-chiourme, une avant-garde d'enfants perdus destinée à ouvrir le feu de la civilisation contre toutes les forces rebelles de la nature, l'État ne serait pas seul à fournir des capitaux : la bienfaisance et l'intelligence des citoyens se mettraient bientôt de la partie. Que diable ! ces gens-là sont aussi intéressants que les petits Chinois hypothétiques pour qui la France a donné des millions, sou par sou. Or les petits Chinois, s'il est vrai que M. de Forbin-Janson en ait arraché quelques-uns à la gourmandise des pourceaux, ont reconnu ce bienfait en tirant sur nos troupes : une colonie de déportés nous rendrait sûrement d'autres services. L'Angleterre doit une partie de sa richesse aux *convicts* de

Sidney. Si elle n'avait pas eu l'idée de transporter ses coquins à la Nouvelle-Galles du Sud, elle ne nous vendrait pas aujourd'hui les bonnes laines de l'Australie.

Pour résumer en peu de mots ce qui précède, je crois que si demain un philosophe, un orateur, un romancier, par un de ces miracles qui ne sont pas impossibles au génie, arrivait à saper dans l'opinion du peuple français les peines infamantes, les peines afflictives et tout l'édifice du code pénal, la société ne resterait pas désarmée en face des ennemis du droit. Les tribunaux ne cesseraient pas d'exercer la répression pécuniaire (indemnités aux personnes lésées, amendes au profit de l'État) et la répression personnelle sous forme d'emprisonnement et de déportation. L'emprisonnement ne serait plus, je l'avoue, cette opération miraculeuse et digne de Circé, qui métamorphose un homme en brute; il n'aurait rien de dégradant; tout au contraire. On en ferait autant que possible une séquestration instructive et morale; on s'en servirait pour développer l'intelligence et amender le cœur de quelques individus mal doués ou mal élevés. Non-seulement on éviterait de les aigrir par les mauvais traitements et de les abaisser par la honte, mais on permettrait à leur famille et à tous les honnêtes gens de venir causer avec eux le plus souvent possible; on les laisserait sortir quelquefois, sur parole, pour se retremper dans le commerce des hommes de bien. En un mot, on les traiterait comme des malades qu'on ne veut pas tuer, mais guérir. Ce faisant, la société userait de son droit de légitime conservation, sans faire de mal à personne.

Quant aux récidivistes et à tous ceux qu'une seule mauvaise action permet de ranger parmi les incurables, la société s'en débarrasserait en leur faisant du bien, c'est-à-dire en les enfermant dans une prison de douze à quinze mille kilomètres carrés avec des armes et des outils et tout ce qu'il faut pour vivre sans méfaire.

Ainsi trois instruments d'une extrême simplicité, l'amende, la prison et la déportation, nous donneraient une sécurité que nos ancêtres n'ont pas connue lorsqu'ils employaient la bastonnade, le fouet, le carcan, la dégradation, la question, la confiscation, l'esclavage, les travaux forcés, la mutilation, le feu, la potence, la roue, la décollation, l'écartellement et cent autres préservatifs héroïques qui ne les préservaient de rien.

Je me suis levé un jour de grand matin pour aller voir couper la tête d'un homme. Il me semblait que l'horreur de ce spectacle me fournirait quelques nouveaux arguments contre la peine de mort.

L'homme à tuer n'était pas un héros de roman; rien ne le recommandait plus qu'un autre à la sympathie publique. C'était un nommé Bourçois, qui avait assassiné un petit horloger de Puteaux pour lui voler ses montres. Mais lorsque je le vis sortir de la prison, les mains liées, la tête basse, les jambes vacillantes et déjà plus mort que vif : « Que ferais-tu, me demandai-je, si la vie de ce misérable était entre tes mains ? Sa victime était un de tes frères ; il a montré par son action que les droits les plus sacrés ne lui inspiraient aucun respect ; c'est une nature mauvaise entre toutes, quelque chose comme un loup plus intelligent. Mais il est pris, vaincu, dompté, enchaîné, hors d'état de nuire à personne. Si l'exécuteur qui l'accompagne lui faisait rebrousser chemin jusqu'à la prison voisine, si le geôlier qui le suit des yeux donnait un tour de clef sur lui, la société serait aussi protégée qu'elle pourra l'être tout à l'heure quand on lavera l'échafaud inondé de son sang. Alors pourquoi le tuons-nous ? Car je suis complice du mal qu'on va lui faire ; je suis un trente-sept millionième de bourreau.

Un simple particulier assailli au coin d'un bois

a le droit de tuer l'assassin pour défendre sa vie ; mais s'il a eu le bonheur de le terrasser, de lui lier les pieds et les mains, a-t-il le droit de prendre un couteau dans sa poche et de lui trancher la carotide? Non certes. Aucun Français ne ferait pareille chose en 1864. L'État le fait pourtant, lui qui est fort, lui qui est riche, lui qui a des prisons bien bâties, des geôliers vigilants et des îles dans l'océan Pacifique.

La société qui tue un assassin serait dans le cas de légitime défense si elle n'avait aucun autre moyen de l'empêcher de nuire. Lorsque la France de 1864 persiste à croire que la peine de mort est nécessaire, elle est trop modeste en vérité.

Excepté moi et l'ami qui m'accompagnait, tous les témoins de cette exécution matinale étaient de pauvres gens du quartier et quelques ouvriers que la guillotine avait comme arrêtés au passage. J'aurais voulu voir là tous les jurés et tous les magistrats qui avaient rendu le verdict et l'arrêt. Supposons un instant que ces messieurs assistent à la lugubre cérémonie ! « Messieurs les jurés, dit le procureur impérial, je vous ai prouvé que cet homme avait tué un horloger de Puteaux; déclarez encore une fois qu'il dépendait de lui de ne pas tuer, qu'il a tué de son plein gré, sachant qu'il faisait mal, et, pour tout résumer en un mot, qu'il est coupable!

— Oui, répondrait chacun des jurés, je déclare que l'accusé est coupable.

— Messieurs de la cour, reprendrait le procureur impérial, ou l'avocat général, ou le substitut du procureur général, vous avez entendu le verdict du jury. En conséquence, je vous prie de condamner Adolphe Bourçois à la peine de mort.

— Oui, répondrait le conseiller de la cour impériale, président des assises : la cour condamne Adolphe Bourçois à la peine de mort. »

Le procureur impérial (c'est lui qui dit le dernier mot dans ces sortes d'affaires) s'écrierait alors d'un ton de commandement : « Exécuteur, coupez la tête! » Et, là-dessus, tous les acteurs du drame, excepté un, s'en iraient embrasser leurs femmes et leurs enfants.

Eh bien, moi, je vous dis que si la loi réglait ainsi la cérémonie, le procureur impérial ne demanderait pas la tête, le jury ne la donnerait pas, la cour ne la livrerait pas, et le bourreau ne la couperait pas! Nous sommes les esclaves d'une routine sanguinaire, mais nous sommes plus civilisés, plus humains et meilleurs que nos lois pénales; et pour nous décider à jeter bas la guillotine, il suffirait de nous la montrer.

On n'aurait pas même besoin de dire aux magistrats et au jury : *Ricordatevi del povero fornaro!* Souvenez-vous de Lesurques!

Un sceptique sentimental, auteur de quelques livres charmants, a lâché un jour cette boutade : « Je veux bien qu'on supprime la peine de mort, mais il faut que MM. les assassins donnent l'exemple! »

Il y a quelques petits États en Europe où la société ne tue plus personne, et les crimes y sont devenus plus rares que chez nous. MM. les assassins n'ont pas donné l'exemple, mais ils l'ont suivi. Malheureusement la société française a trop de modestie; elle ne sait pas qu'elle est assez forte pour prendre l'initiative du bien.

Le jour où nous aurons un peu plus de confiance en nous, nous supprimerons, entre autres iniquités, la prison préventive.

Enfermer ceux qui ont mal fait, c'est un droit que personne ne dénie à la société; mais enfermer avant tout jugement ceux qu'on soupçonne d'avoir mal fait! Punir des innocents! Car enfin, la prison préventive est une peine. A moins pourtant que vous la mettiez au nombre des plaisirs! Qu'en pense le bon sens de la nation française?

Le bon sens des Français me répond : « Y songez-vous? Si nous laissions courir les accusés jusqu'au jour où l'instruction sera finie et le jugement possible, ils se hâteraient de passer la frontière et d'échapper à nos lois! »

Où iraient-ils, si nous avions le bon esprit de signer des traités d'extradition avec tous les États de l'Europe? On reprendrait un assassin ou un voleur à Bruxelles, à Londres, à Moscou même aussi facilement qu'à Paris.

« Mais s'il fuyait en Amérique, en Asie, en Afrique, en Océanie!

— Il vous rendrait service en vous faisant l'économie de tous les frais de transportation.

— Et s'il revenait en France après un exil de quelques années?

— Vous l'auriez condamné par contumace et vous seriez armés contre lui. »

Je ne sais pas jusqu'à quel point il est nécessaire de rappeler ici l'absurdité de nos lois commerciales et l'infamie de la prison pour dettes. La France de 1864 ne croit plus que Shylock ait le droit de se payer en chair humaine sur le corps de son débiteur. Sa conscience admet tout aussi peu qu'un créancier, pour quelques milliers de francs, puisse confisquer trois ans de la liberté, de la vie d'un autre homme. Lorsque les juges ont dépouillé un failli de tous ses biens meubles et immeubles, il reste à voir s'il a usé de mauvaise foi et gaspillé sciemment le patrimoine d'autrui. Si oui, c'est un escroc qui tombe sous la loi commune; nous pouvons légitimement le tenir en chartre privée jusqu'à ce qu'il ait appris à respecter le droit de propriété. Si la justice reconnaît qu'il s'est ruiné sans fraude, par imprudence ou incapacité, elle lui ôte le crédit dont il a fait méchant usage, elle lui interdit, dans l'intérêt commun, de recommencer d'autres affaires sur le territoire français; mais le pouvoir de la société s'arrête là. Au point de vue du droit éternel, la propriété est une dépendance, un accessoire de la personne; au point de vue de Clichy, l'homme ne serait qu'un accessoire de la propriété.

Parlerai-je du régime exceptionnel et presque monstrueux auquel nous soumettons les aliénés? Un criminel ne saurait être emprisonné qu'après une longue instruction, des débats sérieux et publics, des plaidoiries contradictoires, un arrêt motivé. La durée de sa peine est limitée à un certain nombre d'années; le souverain peut lui faire grâce. Mais un fou, que la morale de notre temps place fort au-dessus du criminel, est traité avec une rigueur mille fois plus arbitraire. Condamné sans jugement par un seul médecin, il est livré pour la vie et sans recours en grâce à un autre médecin, directement intéressé à le rendre incurable et à le retenir jusqu'à la mort. Cet abus, signalé au Sénat par la pétition d'une noble fille qui l'avait étudié de près, disparaîtra probablement bientôt, en compagnie de quelques autres.

Il n'y a pour ainsi dire pas un jour de notre vie qui ne voie accomplir trois faits regrettables, malheureux, nuisibles à la société, mais d'un ordre si délicat que la société ne sait pas encore si elle doit les souffrir ou les punir : ces faits sont le suicide, l'adultère et le duel.

En France, l'État ne punit point le suicide, mais il permet à la religion de le flétrir. L'enseignement public, distribué par les professeurs officiels au nom de la société catholique, luthérienne, calviniste, israélite et déiste, a mis dans son programme de 1863 que le suicide est une désertion. Par cette phrase de l'honorable et excellent M. Duruy, l'État semble déclarer que l'homme, placé sur cette terre par la volonté de Dieu, n'a pas le droit de quitter son poste sans que la vieillesse, la maladie ou quelque accident tombé du ciel le relève de faction. Les Anglais ont admis le même principe, mais ils ne se bornent point à le proclamer dans un programme scolaire; ils l'appliquent sévèrement. Le suicidé, chez eux, comparaît en justice ; on le condamne, on le met à l'amende ; la société s'indemnise sur son héritage du tort qu'il lui a fait en lui ôtant un de ses membres. Quant à nous, non-seulement nous avons perdu l'habitude d'empaler les suicidés et de les traîner sur la claie, et de flétrir leur mémoire, et de confisquer leurs biens, mais un Français qui a fait tout son possible pour se donner la mort, un pendu à qui on a coupé la corde, un noyé du Pont-Neuf repêché par les sergents de ville, un malheureux qui s'est emporté la joue d'un coup de pistolet ne comparaît pas en police correctionnelle ni même en simple police. Il y a donc contradiction évidente entre le code national et l'enseignement de nos écoles. L'État ne croit donc pas que le suicide soit une désertion, puisqu'il ne condamne pas les suicidés à un franc d'amende, lorsqu'il fusille encore les déserteurs.

Je ne critique point la tolérance de la loi ; je blâme formellement la sévérité du principe. Le suicide n'est ni un crime, ni un délit, ni même une peccadille : c'est, quatre-vingt-dix fois sur cent, un acte de folie, la crise finale d'une maladie bien connue et profondément étudiée par nos médecins qui l'appellent lypémanie ou mélancolie. Cette variété de monomanie a sa cause dans certains désordres physiques ou dans certaines secousses du moral. Quelques infirmités incurables, quelques déceptions, ambitions trompées, chagrins domestiques, conduisent l'homme au suicide, aussi sûrement qu'une congestion cérébrale le conduit à l'apoplexie. Donc la loi anglaise est sotte de sévir contre un fou, et doublement sotte de le punir dans la fortune de ses héritiers en deuil.

Quant à notre programme de morale universitaire, il ne saurait nuire à personne, mais son petit anathème religieux est en opposition avec la loi et la science.

Les bouleversements de l'ordre social, par la réaction qu'ils exercent sur les espérances et les intérêts particuliers, augmentent la moyenne des suicides. Hâtons-nous donc, s'il vous plaît, d'organiser solidement la société française. Ce remède est plus souverain que la loi pénale des Anglais et la demi-philosophie de nos colléges.

De tous les attentats contre le droit, l'adultère est le plus grave et le moins réprimé en France. Si quelque malheureux en blouse, étourdi par les doléances de quatre enfants qui demandent du pain, s'introduisait chez vous à minuit en cassant un carreau et en escaladant un étage, la loi ne s'informerait pas s'il a volé cent francs ou cent mille : elle l'enverrait au bagne. Mais qu'un joli monsieur escalade mes fenêtres, fasse sauter les serrures que j'ai eu soin de fermer et s'empare de ma femme pour l'employer jusqu'à demain matin à son plaisir personnel, le plus grand effort de nos lois sera de le condamner à trois ans de prison et 2000 francs d'amende. Il se peut tout aussi bien qu'il en soit quitte pour cent francs et trois mois. Ma femme, sa complice et peut-être, à mon insu, la mère de ses enfants, fera trois ans ou trois mois de prison, sans amende : il serait trop violent que le mari, dans certains cas, fût réduit à dorer sa propre ramure ! J'ai obtenu la séparation de corps, c'est-à-dire la permission de ne plus habiter avec ma femme, mais je n'ai pas le droit d'en prendre une autre. Je reste marié pour la vie à une drôlesse qui courra la ville, qui épousera au jour le jour et à ma barbe, tous mes concitoyens les plus riches ou les plus jolis, et qui portera à mon avoir les enfants de tout le monde. Et le monde, au lieu de me plaindre, trouvera que je suis un mari plaisant[1] ! Voilà notre justice et notre civilisation.

Dans un siècle d'ici, peut-être même plus tôt, le juge fera comparaître devant lui les trois ac-

---

1. Ne me plaignez pas trop : je suis célibataire.

teurs de cette comédie : « Vous, madame, dira-t-il, vous avez rompu, ou violé (c'est tout un), le contrat conjugal. Vous n'êtes plus mariée, vous ne vous marierez plus. Reprenez votre nom de famille, gardez-le, et faites en sorte de le porter honorablement! Vous, monsieur le damoiseau, vous n'auriez ni le loisir ni la tentation de courir les aventures si vous étiez obligé de travailler pour vivre. Voyez-vous ces braves ouvriers qui se rendent à leur chantier : ils ne passeront pas la nuit à escalader les ménages; ils dormiront honnêtement sans faire tort à personne. Vous êtes trop riche, mon bel ami. L'État, à qui vous avez causé un préjudice grave en défaisant une famille, s'indemnise en vous ruinant. Votre train de maison représente un revenu de 25 000 francs : allez voir mon greffier, et payez lui 500 000 francs d'amende. Toi, mari, va chercher une autre femme et tâche de t'en faire aimer : les bons ménages se gardent eux-mêmes! »

Malheureusement, nous n'en sommes pas là, et comme la répression de l'adultère est encore un simple badinage, il est rare que Georges Dandin s'adresse aux tribunaux. Il assassine l'amant de sa femme, ou bien il le provoque. Je laisse à part les maris complaisants qui préfèrent un peu de honte à beaucoup de scandale.

Lorsqu'un mari assassine un amant dans les bras de sa femme, la loi le déclare excusable. Qu'il soufflette l'amant, puis le tue en duel, la Cour d'assises le déclare innocent. C'est que la loi et la magistrature sont obligées de reconnaître qu'elles ne le protégeaient pas assez et qu'il avait le droit de se faire justice lui-même.

Rien de plus stupide que le duel. C'est pourtant un mal nécessaire, un abus légitime, fondé sur un restant de barbarie dans nos mœurs et mieux encore sur l'évidente insuffisance de nos lois. Grâce à la nuit du 4 août, Georges Dandin est libre de provoquer le beau Clitandre. Mais Clitandre a dix années de salle et Dandin n'a que vingt ans de charrue; on peut parier que le coup d'épée sera pour Dandin. Cependant Georges Dandin, qui n'était pas en uniforme de la garde nationale quand il a surpris le flagrant délit, n'a pu assassiner légalement le bien-aimé de sa femme. Que fera-t-il? Ira-t-il demander aux tribunaux une réparation douteuse et à coup sûr insuffisante? Ma foi non! Le pauvre diable a du cœur; il ne veut point passer pour un mari complaisant ou lâche; il choisit d'aller sur le terrain. A ton aise, mon garçon! Tu recevras un coup de pointe, Clitandre prouvera, s'il le faut, que tu avais tous les torts; ses témoins et les tiens déclareront qu'il t'a ménagé, et ce petit événement qui a fait un peu de bruit, mettra Clitandre à la mode.

Croyez-vous que Dandin risquerait de se faire larder s'il pouvait obtenir le divorce contre sa femme et 500 000 francs d'amende contre le damoiseau? Jamais!

Mais croyez-vous que la belle Angélique se serait abandonnée de si bonne grâce, si elle avait vu au bout du fossé la culbute du divorce? Jamais!

Et croyez-vous que Clitandre aurait couru si gaillardement après elle, s'il eût su que ce caprice lui pouvait coûter tout son bien? Jamais! Jamais! Jamais!

Une jeune fille de dix-huit ans est séduite par un célibataire de quarante. Au point de vue de la civilisation française en 1864, c'est la jeune fille qui est déshonorée. Bon! Il est convenu également que si le séducteur se conduit en honnête homme, et l'épouse, c'est elle qui rentre en possession de son honneur. Elle a un frère, un brave jeune homme qui se trouve déshonoré par contre-coup; toujours la civilisation française! Pour racheter son honneur en réhabilitant la fille de sa mère, il veut la marier à celui qui l'a perdue. Que fera-t-il? Pensez-vous qu'il s'adresse aux tribunaux? Pas si sot! Il aime mieux se faire administrer dans le flanc un joli coup de seconde dont il mourra bel et bien, laissant la pauvre fille enceinte, à la garde de la civilisation française. En 1964, il fera tout simplement assigner le séducteur devant un bonhomme de juge, qui lui tiendra le discours suivant : « Le mariage est un acte libre et que personne ne saurait vous imposer par force. Mais la société déclare que vous lui avez fait tort d'une honnête enfant dont elle comptait faire un jour une bonne mère de famille. C'est pourquoi nous vous infligeons au profit de votre victime une amende égale à la totalité de votre avoir. Maintenant, si Mlle X ne craint pas de se mésallier en vous épousant, elle est libre de vous donner sa main. »

Je le demande à tous les hommes sensés : un tel jugement ne vaudrait-il pas mieux qu'un coup d'épée reçu ou même donné par le frère ?

Appliquez le même raisonnement aux diffamations, aux injures, aux soufflets, à tous les attentats contre la dignité de l'homme.

Un soufflet, en bonne morale, ne prouve rien contre celui qui l'a reçu. Il ne prouve que la brutalité de l'homme qui l'a donné. Toujours est-il que la honte, dans l'état actuel de nos mœurs, s'attache uniquement à la victime. L'insulté s'appelât-il Aristide ou Franklin, c'est lui qui a le mauvais rôle, aux yeux de la foule. Le public ne lui pardonnera point l'outrage qu'il a subi, tant qu'il n'aura pas donné ou reçu un coup d'épée. C'est bête, c'est injuste, c'est tout ce qu'il vous plaira, mais c'est ainsi que les choses se passent en 1864.

L'offensé, ne fût-il jamais entré dans un tir, n'eût-il jamais ôté son habit dans une salle d'armes, court chercher ses amis et prend toutes ses mesures pour faire entamer sa peau le lendemain matin. « Quelle folie ! allez vous dire. Pourquoi ne s'adresse-t-il pas aux tribunaux ?

— Pourquoi ? Mais parce que nos lois ont été faites dans un temps où l'épée avait le monopole de cette répression-là. Parce que nos magistrats, sans approuver le duel qui n'est ni permis ni défendu par le code, s'étonnent involontairement lorsqu'on s'adresse à eux pour la réparation d'une injure. Quelle que soit leur sagesse et leur modération, ils sont comme prévenus contre l'homme qui leur demande justice au lieu de se faire justice lui-même. Parce que l'injure simple est punie d'un à cinq francs d'amende, et l'injure publique de 16 à 500 francs. Parce qu'un soufflet donné par le pire des faquins au plus honorable des hommes risquerait tant soit peu de n'être pas payé plus cher. En un mot, parce que le tarif légal de la dignité humaine n'est pas aussi élevé qu'il devrait l'être. Lorsque les tribunaux auront le pouvoir de ruiner un adultère, un séducteur, un calomniateur, un brutal, le duel ne sera plus une institution nécessaire, et les programmes de philosophie officielle le condamneront plus justement.

XVI

LA POLITIQUE ET LA GUERRE.

J'ai publié, il y aura tantôt quatre ans, une fantaisie assez puérile dans la forme, assez virile dans le fond, et intitulée la *Nouvelle carte d'Europe*[1].

Ce n'était qu'une brochure, une de ces feuilles légères que le vent emporte tous les jours avec un nouveau plaisir. Les journaux officiels, officieux et indépendants la saisirent au vol et la déchirèrent à qui mieux mieux, avec la plus cordiale et la moins gracieuse unanimité.

J'avais supposé (quelle folie!) que les princi-

---

1. Réimprimée dans les *Lettres d'un bon jeune homme*. Paris, Michel Lévy.

paux souverains de l'Europe s'assemblaient à Paris, sous la présidence de l'empereur Napoléon III, « pour débrouiller tous les nœuds, tirer au clair tous les principes, constater tous les droits, redresser toutes les frontières, et fonder l'ordre européen sur des bases inébranlables[1]. » Le bon sens des Français et des étrangers fit justice de cette gaminerie.

Je déclarais au roi de Naples qu'il n'avait plus guère que six mois à régner[2]. On me taxa d'impertinence.

J'osais dire que la nation grecque doit disposer librement d'elle-même et se choisir un souverain[3]. Je lui faisais restituer Corfou par la reine d'Angleterre[4] : je fus hué.

Je disais (pardonnez-moi une monstrueuse utopie que j'avais déjà développée en 1855 dans la *Revue contemporaine*) : « Ressuscitons d'un commun accord cette belle nation polonaise, ce peuple chevaleresque entre tous, que la diplomatie et la guerre ont sacrifié tant de fois, sans jamais abattre son courage! Que la Pologne renaisse de ses cendres! Qu'elle soit grande! Qu'elle

---

1. *La nouvelle carte de l'Europe.* Dentu, p. 5, lig. 5.
2. *Ibid.*, p. 18, 1860, lig. 10.
3. *Ibid.*, p. 21, lig. 8.
4. *Ibid.*, p. 20, lig. 26.

soit forte! Qu'elle touche par le nord à la Baltique, par le sud à la mer Noire[1]! » On me trouva ridicule. Je proposais de fonder l'unité germanique sur les ruines d'une sotte et coûteuse féodalité[2]. C'était le comble de l'absurde.

Je supprimais à Paris les tourniquets de la Bourse. Où sont-ils? Je demandais que les discours des chambres fussent publiés dans les journaux. Je disais : « L'instruction publique, longtemps négligée ou même détournée de son véritable but, appelle des réformes importantes. » J'espérais qu'on ne tarderait point à « réparer les erreurs du regretté M. Fortoul et du regrettable M. de Falloux. » Je ne savais pourtant pas en avril 1860 que M. Duruy viendrait aux affaires en 1863.

C'est vers le même temps que je proposais, dans un modeste feuilleton de l'*Opinion nationale*, la création de ministres sans portefeuille, chargés de représenter le gouvernement dans un nouveau régime parlementaire. La plupart de ces utopies ont passé à l'état de réalités[3]. Et voici

---

1. *Ibid.*, p. 21, lig. 2.
2. *Ibid.*, p. 24, lig. 15.
3. Dites-moi donc, monsieur et cher lecteur, pourquoi ni la presse ni le public n'ont porté à mon avoir le succès de ces petites prophéties? J'imagine que c'est ma faute, et que vous

que l'empereur des Français semble adopter la plus invraisemblable de toutes : un congrès de souverains pour refaire la carte d'Europe.

Ce n'est plus un projet en l'air, le rêve bafoué d'un petit révolutionnaire sans conséquence. Les lettres d'invitation sont parties; les réponses sont arrivées; les adhésions ont été nombreuses, et, malgré le refus de l'Angleterre, on n'a pas encore désespéré de l'exécution.

N'allez pas croire au moins que j'aspire au titre de sorcier, et que les lauriers de M. Mathieu de la Drôme m'empêchent de dormir. Je sais qu'on n'encourt pas seulement les quolibets des contemporains, mais aussi les démentis de l'histoire, lorsqu'on annonce le triomphe du *droit* sur le *fait*.

Il a fallu un concours de circonstances imprévues et même absolument invraisemblables pour amener l'empereur Napoléon à convoquer ce congrès. Il faudrait quelque chose de plus, *un vrai miracle*, pour le faire aboutir à une paix durable.

On paraît croire en haut lieu que le malaise européen a sa source dans la mésintelligence des

---

auriez pris mes discours au sérieux si je m'étais donné la peine de vous faire bâiller. Le Français veut être assommé, comme le lapin demande à être écorché vif : il n'estime pas ceux qui l'amusent.

peuples : que chaque peuple a pour représentant naturel, légitime, accepté, le souverain qui règne sur lui ; et qu'il suffit enfin, pour tout accommoder, d'amener les princes à s'entendre. Cette donnée ne manquait pas de vraisemblance en 1610, lorsqu'un assassin fanatique interrompit le beau rêve d'Henri IV; ni même en 1648, à l'époque du traité de Westphalie; ni même en 1713, quand l'abbé de Saint-Pierre imprimait à Utrecht son projet de paix perpétuelle ; ni même en 1814, quand l'illustre Saint-Simon réveillait à Paris cette grande idée. Mais aujourd'hui le fond des choses a terriblement changé. La guerre n'est pas entre les peuples : ils commencent à se connaître et à s'estimer réciproquement. La guerre n'est pas entre les rois : ils sont tous, ou presque tous, unis par des liens de courtoisie et de fraternité. La guerre est entre deux principes : le droit ancien, représenté par presque tous les rois ; le droit nouveau, représenté par tous les peuples. La lettre de l'Empereur n'a convoqué que les rois.

Que Napoléon III traite au nom de la France qui l'a élu et qui le confirme assez fréquemment dans ses pouvoirs, c'est chose juste et naturelle. Que le gouvernement anglais, accepté sans discussion par la majorité d'un grand peuple, se présente au nom de l'Angleterre, il a raison. Que le roi d'Italie, choisi par une moitié de ses sujets et adoré de tous, agisse au nom de l'Italie, rien de mieux. Le roi des Hellènes, jeune époux d'une jeune et fringante nation, est le représentant légitime de la communauté. L'homme de bien qui règne sur la Hollande libre, le souverain populaire et honoré du peuple belge, les princes aimés du Portugal, de la Suède et, pour tout dire en un mot, tous les chefs élus ou manifestement acceptés par la majorité de leurs concitoyens, ont le droit de représenter au congrès les divers pays qu'ils gouvernent. Mais de quel front l'empereur de Russie, le roi de Prusse, l'empereur d'Autriche, le pape et le sultan viendraient-ils représenter les Polonais, les Hongrois, les Vénitiens, les Romains et les Rayas qu'ils oppriment? Quel mandat pourront-ils nous montrer, le jour de la vérification des pouvoirs?

Si l'on pouvait construire un observatoire sur la montagne évangélique d'où l'on voit tous les royaumes de la terre, on aurait un spectacle curieux et magnifique que ni les souverains ni les diplomates n'aperçoivent d'ici-bas. On verrait deux idées colossales lancées l'une contre l'autre et qui vont bientôt se heurter front à front ; deux locomotives de la force de plusieurs millions de soldats courant sur les mêmes rails, l'une vers le passé, l'autre vers l'avenir, et traînant chacune à sa suite la moitié de l'Europe. La plus vieille des deux s'appelle Réaction; l'autre est le Mouvement, ou, si vous l'aimez mieux, le Progrès.

Le choc est inévitable, mais l'événement est incertain; car ces deux forces sont aveugles, livrées à elles-mêmes, sans conducteur. Elles s'arrêtent, se reposent ou déraillent tour à tour; mais l'intervalle qui les sépare diminue visiblement chaque année, et nul ne peut douter que le jour de la catastrophe ne soit prochain.

Dans l'espace toujours plus étroit qui les sépare se promène, à petits pas, l'héroïque et spirituel peuple français. Ah! s'il voulait prendre en main l'une des deux machines, à son choix! Celle qu'il conduirait serait immédiatement la plus forte; on le devine au premier coup d'œil. Comme il la précipiterait en avant! Comme il aurait bientôt culbuté l'autre, et mis fin à l'incertitude qui nous oppresse, et fondé un ordre solide en Europe!

Le peuple français y pense; il y pense depuis quinze ans. Et comme il sait que l'histoire est l'école de la vie, il repasse dans son esprit les grandes choses qu'il a faites au commencement du siècle, pour et contre le Progrès.

En ce temps-là, poussé tantôt à droite, tantôt à gauche, par une activité dévorante, il conduisit alternativement l'une et l'autre machine. Que de choses il fit alors, bonnes et mauvaises tour à tour, mais toutes grandes ! Il a proclamé l'égalité des hommes et fondé une noblesse ; il a donné l'exemple de la simplicité la plus austère et du faste le plus théâtral ; il a foulé aux pieds les vieux sceptres et les couronnes fêlées, puis il a redoré tout cela pour en affubler ses amis ; il a écrasé la maison d'Autriche et il l'a épousée ; il a fait enlever le pape par quatre hommes et un caporal, et il lui a livré trente millions d'âmes par un concordat ; il a donné à la liberté les plus nobles espérances et les déboires les plus amers. Enfin pourtant, au printemps de 1815, éclairé par ses malheurs, il se décida pour la révolution, mais trop tard. La glorieuse machine qui, dix ans plus tôt, avec un tel conducteur, aurait fait le tour du monde, s'embourba misérablement à Waterloo, et la réaction passa dessus.

C'est sans doute ce souvenir et cette expérience qui paralysent le peuple français depuis tant d'années. Il se tâte, il se consulte, il interroge l'horizon; il craint de s'engager à la légère; il voudrait se rendre compte avant d'agir, et savoir de quel côté doit être le succès. Il a fort à cœur de ménager les deux armées en attendant qu'il se décide à commander l'une et à renverser l'autre.

Mais tandis qu'il délibère au milieu de la voie, lançant à droite une bonne parole et à gauche un sourire d'intelligence, ne s'expose-t-il pas à être surpris et écrasé par le choc?

Au départ, les deux armées tendaient les bras vers nous et nous appelaient chacune à soi. La réaction nous disait : « Il s'agit de fonder en Europe une congrégation de rois absolus, craignant Dieu, appuyés sur une fidèle noblesse, gouvernant paternellement les États que la Providence leur a départis, prescrivant à leurs sujets ce qu'ils doivent penser, dire et faire, levant en équité les impôts qu'ils croiront utiles; publiant de justes lois puisées dans leur sagesse personnelle; ligués entre eux pour défendre leur autorité légitime contre l'ambition des conquérants et la rébellion des peuples. Nous sommes l'armée du droit divin, en route vers le dix-septième siècle. Mettez-vous à notre tête, et demain nous toucherons au but! »

De son côté la Révolution criait au plus hé-

roïque et au plus spirituel de tous les peuples :
« Voici la généreuse et frémissante armée du droit humain. Nous marchons vers un avenir de paix et de concorde : lorsqu'il n'y aura plus une nation foulée par une autre, ni un roi odieux à la majorité de ses sujets, l'Europe sera faite et nous serons contents. Un peuple n'appartient qu'à lui-même ; il a le droit d'élire son chef, de discuter ses lois, de voter ses impôts, de parler et d'écrire en toute liberté sous la surveillance des magistrats. Voilà ce que nous réclamons pour nous et pour les autres hommes, nos frères. »

Le peuple français écoute depuis quinze ans ces deux déclarations contraires, sans répondre ni oui ni non. Ses paroles et ses actes ont donné aux deux partis les plus légitimes espérances. On a pu croire d'un côté que nous étions convertis au droit divin et que nous attendions, pour prendre couleur, un moment favorable. On s'est persuadé aussi, et non sans cause, que nous guettions le bon moment pour opter en faveur du droit populaire. Mais après nous avoir admirés comme habiles, chacune des deux armées commence à nous craindre comme douteux.

Qu'arrive-t-il ? Ceux-là même qui nous tendaient les bras se mettent à nous montrer les poings. La réaction nous maudit et la Révolution nous menace; M. de Mérode et Garibaldi nous adressent les mêmes reproches. J'ai peur que l'avenir et le passé ne se déclarent unanimement contre nous, parce que nous n'avons voulu opter ni pour l'un ni pour l'autre!

Je suis intimement persuadé que notre politique est honnête et désintéressée, mais il faut avouer qu'elle paraît suspecte à presque tous les peuples et qu'elle tient l'Europe en alarmes. Un étranger fort loyal m'écrivait il y a quelque temps : « Tout le monde doit craindre la France, parce qu'elle a une armée formidable et point de principes. »

Point de principes! Hélas! la France n'en a que trop. Il vaudrait mieux pour nous et pour les autres qu'elle en eût moitié moins. Elle en a de bons et de mauvais, de vrais et de faux, d'incontestables et d'absurdes. Si j'essayais de dénombrer tous les principes qu'on a mis en circulation chez nous et hors de chez nous dans l'espace de quinze ans, la liste en serait longue. A ne parler que de ceux qui servent encore, nous avons le principe de la souveraineté du peuple, mais nous avons aussi le principe du droit divin ou de l'hérédité des couronnes; nous avons le principe des nationalités, mais nous avons aussi le principe des frontières naturelles ; nous avons le principe de non intervention, mais nous avons aussi le principe d'intervention.

A qui la faute ? D'où nous vient ce luxe de principes qui nous permet de répondre oui ou non sur toutes les questions importantes, selon notre caprice du moment? Qui faut-il accuser? Qui doit-on craindre à Bâle, à Genève, à Bruxelles, partout où l'on regarde en ouvrant les volets si nos soldats ne sont pas entrés pendant la nuit? Est-ce notre gouvernement? Non! C'est nous. C'est à nous que j'en ai, à ce peuple tantôt marguillier, tantôt patriote, qui oscille perpétuellement entre le despotisme clérical et le chauvinisme agitateur ; qui a deux tendances, deux poids, deux mesures ; qui se jette alternativement, et toujours avec passion, dans le pour et le contre. Quels que soient les désirs intimes et les secrètes pensées de l'homme qui nous gouverne, il ne peut rien que par nous ; il ne fera rien, il n'a jamais rien fait sans voir derrière lui l'opinion de la majorité. La conduite indécise que la France a tenue depuis quinze ans n'est pas le fait d'un homme habile et ambitieux, sachant et cachant ce qu'il désire, mais d'un peuple hésitant, divisé, mobile, qui ne sait pas encore ce qu'il veut.

C'est contre nous que l'Europe devrait être en défiance, nous qui avons abdiqué toutes nos libertés par crainte du socialisme, nous qui n'avons jamais su nous entendre pour les réclamer, ni profiter des moyens de revendication que la loi nous offre ; nous qui traitons le droit d'autrui avec la même insouciance et la même légèreté que la nôtre ; nous qui asservirions le monde sans y penser, si le vent du caprice et de la passion nous poussait un matin hors de chez nous.

Faites appel à votre mémoire, lecteur qui tenez ce livre entre les mains ! Combien de fois avez-vous reconnu et consacré par vos actes le principe de la souveraineté populaire ? Combien de fois avez-vous reconnu et consacré, non moins solennellement, le principe du droit divin, qui est la négation de l'autre ?

Vous avez proclamé la souveraineté populaire à Paris, à Athènes, à Bucharest, à Bologne, à Florence, à Naples, à Messine ; vous la niez militairement dans quelques autres capitales. N'avez-vous pas pleuré vos plus nobles larmes le jour où nos soldats sont partis pour Milan ? Mais vous aviez allumé des lampions, dix années auparavant, en apprenant la prise de Rome.

Le principe des nationalités est la négation absolue du principe des frontières naturelles.

Lequel des deux est le bon? Vous n'en savez encore rien. Vous avez applaudi aux victoires de Magenta et de Solferino qui promettaient l'affranchissement de la nation italienne. Mais si demain la fièvre des frontières naturelles venait s'emparer de vous, vous demanderiez à cors et à cris la conquête du Rhin et l'annexion de quelques provinces allemandes.

Depuis dix ans et plus, vous vous êtes passionné tour à tour ou même simultanément pour l'intervention à main armée et la non intervention. Vous ne désirez pas qu'on intervienne en faveur du grand-duc de Toscane, ni de la duchesse de Parme, ni de l'aimable petit duc de Modène, ni de l'Union américaine, ni de la Pologne, ni du pape dans les provinces adriatiques. Mais vous poussez le gouvernement à intervenir contre les Russes au profit des Turcs, contre les Druses et les Turcs sans profit pour les Maronites; contre les Autrichiens au profit de l'Italie, contre l'empereur de Chine au profit des Anglais, contre les Taïpings au profit de l'empereur de Chine, contre les Cochinchinois au profit des jésuites qui nous taillent des croupières à Paris, contre le malheureux Juarez au Mexique, en faveur du parti clérical ; contre le peuple romain en faveur de M. de Mérode, notre plus arrogant ennemi. Vous n'êtes pas d'avis qu'on intervienne au profit du roi de Naples, puis vous intervenez, puis vous n'intervenez plus, et, quand vous l'avez laissé tomber de son trône vous le déclarez intéressant, vous achetez sa photographie, vous trouvez de bon goût que nos généraux le traitent en roi et portent les cordons qu'il leur donne. Décidément, mes chers concitoyens, nous avons trop de principes. Il nous faudrait en laisser la moitié au vestiaire, si nous allions débattre dans un congrès les destinées de l'Europe. Et si, comme je le crains, les problèmes européens ne pouvaient être résolus que par la guerre, est-ce que le soldat français devrait loger tant de principes dans son sac? Il aurait tort. Le sac du soldat, si j'en crois les hommes spéciaux, ne doit renfermer que le strict nécessaire. Tout ce bagage de contradictions deviendrait embarrassant, à la longue. Pour peu qu'on y ajoute un vieux restant de préjugés et de rancunes, et ce petit grain d'ambition qui nous a déjà coûté si cher et rapporté si peu, il est à craindre que la plus robuste armée du monde ne succombe sous un tel poids.

Ne serait-il pas temps à la fin d'asseoir un peu nos idées, de nous entendre entre nous sur le juste et l'injuste, de formuler deux ou trois principes solides, contrôlés par le bon sens français, adoptés définitivement par la majorité des citoyens, pour être publiés dans la vieille Europe?

Le moment n'est pas mal choisi. Tous les peuples sont las de se ruiner en hommes et en argent pour le maintien de la paix armée. Chacun s'est outillé de son mieux pour une bonne guerre définitive, qui liquidera, si faire se peut, les droits et les intérêts de tous. Nous avons quelques mois pour nous recueillir; aucun bruit du dehors, sauf les gémissements des Polonais qu'on égorge, ne viendra déranger notre méditation. Les patriotes et les cléricaux cesseront pour un instant de tirailler le pays en sens contraire; je m'adresse à la grande, grosse et forte majorité sans passions et sans intérêts politiques, à tous les hommes qui travaillent de leur état ou vivent de leurs rentes, sans aspirer à la dictature ni même à la sous-préfecture. En un mot, je prends à partie le corps des citoyens français, et je lui dis :

Quelle serait aujourd'hui la politique la plus honorable et la plus sûre, la plus digne du nom français et la plus conforme à l'intérêt bien entendu de notre patrie?

J'en vois deux à choisir, très-nettes, bien dessinées, aussi franches l'une que l'autre, et qui ne craignent pas le grand jour.

Soyons réactionnaires, s'il nous semble, tout bien pesé, que l'Europe a fait fausse route depuis 1788. Écrivons sur notre drapeau que l'ordre ancien vaut mieux que l'ordre moderne, et confions à notre armée, qui peut tout, le soin de refaire ce que nous avons défait. Rétablissons le pape dans les Marches et les Romagnes; rendons-lui ce troupeau de trois millions de têtes qui l'habillait de sa laine. Relevons les petits trônes despotiques de Florence, de Parme et de Modène; replaçons la Lombardie sous la patte des caporaux autrichiens et les Moldo-Valaques sous la main de tout le monde. Ramenons le roi Othon au Pirée et le jeune François II dans le port de Naples. Athènes et Naples se fâcheront peut-être, mais nous avons du canon rayé. Faisons savoir à tous et à chacun que les peuples appartiennent aux rois désignés par la Providence; déclarons sans plus tergiverser que nous sommes les soldats du droit divin. Avertissons les Polonais, les Hongrois, les Italiens, les Grecs, les Serbes, les Monténégrins et généralement tous les peuples perturbateurs que la France a l'œil sur eux!

Si nous prenons ce grand parti, il ne faudra guère qu'une année et le sang de 300 000 hommes pour réorganiser l'Europe. Les souverains formeront une sainte alliance; un conseil amphictyonique arrangera tous les différends à l'amiable. Les armées permanentes, uniquement consacrées à la compression des peuples, réduiront leur effectif de moitié, et le monde jouira d'une paix factice, un peu étouffante, assez solide toutefois pour durer quinze ou vingt ans.

Mais la logique nous commande d'effacer d'abord chez nous les dernières traces de la Révolution. La France réactionnaire au dehors et révolutionnaire au dedans serait un monstre ridicule. Presque aussi ridicule, ma foi! qu'un pays réactionnaire au dedans et révolutionnaire au dehors. Renonçons donc à ces prétendus droits que nos pères ont conquis en 1789, et que nous avons oublié de rendre en 1849. Abdiquons entre les mains du clergé la liberté de conscience; rendons-lui le monopole de l'enseignement et les registres de l'état civil! Humilions-nous devant la noblesse; brûlons, dans une nouvelle nuit du 4 août, les codes et les constitutions qui proclament l'égalité des homnes! Renvoyons les députés chez eux; le souverain n'a que faire de leurs remontrances. Ramenons au passé l'organisation de la magistrature, de la finance et de l'armée; vendons les offices judiciaires, payons tribut aux fermiers généraux, supprimons la conscription et la Légion d'honneur. Réservons l'épaulette aux gentilshommes et les brevets de colonel à ceux qui ont de quoi les payer. Mais, surtout et avant tout, cherchons bien s'il ne reste pas un héritier du roi Louis XVI, pour lui rendre le sceptre et la couronne qui lui appartiennent de droit divin!

Vous n'en voulez pas? Bien! Ni moi non plus. Soyons donc l'armée du progrès et, puisque c'est le seul parti qui nous reste à prendre, prenons-le franchement, ouvertement, comme il sied à trente-six millions d'honnêtes Français qui n'ont peur de personne.

C'est en vertu du droit divin et par une négation formelle du droit populaire que six cent mille Romains obéissent contre leur gré à un prêtre de leur nation. Vive le droit populaire!

C'est en vertu du droit divin et par une négation formelle de l'indépendance des nationalités que deux millions de Vénitiens obéissent avec rage à un prince allemand, subissent des volontés allemandes, envoient leur argent en Allemagne, voient leurs fils déguisés en soldats allemands, et se courbent devant le sabre de quelques généraux allemands. Le prétendu droit divin n'est qu'un vernis métaphysique appliqué sur les bâtons et les sabres pour éblouir les opprimés et les battus. C'est l'idéalisation de la force brutale. Vive le droit populaire et l'indépendance des nationalités!

Pourquoi l'Europe est-elle dans un état de fermentation générale qui peut aujourd'hui comme demain mettre le feu partout? Parce que le droit divin, ou le droit de la force, pèse avec obstination sur une demi-douzaine de peuples qui n'en veulent plus; parce qu'il y a un certain nombre de rois devenus insupportables à leurs sujets; parce qu'il y a non-seulement des princes, mais des nations tyranniques, complices d'un pouvoir injuste et armées pour la répression des esclaves qu'elles possèdent en commun. Ces esclaves sont des Polonais, des Italiens, des Serbes, des Grecs, que sais-je? Ils ont été vendus, cédés, donnés en dot, échangés, volés, partagés; « et pourtant s'écrient-ils, nous ne sommes pas des choses, mais des associations de personnes nées libres. L'antiquité des abus qui nous écrasent ne saurait avoir entamé notre droit; il n'y a pas de prescription contre l'inviolabilité de la personne humaine! »

Ont-ils raison? Oui! Mais chaque fois qu'ils se lèvent, on les assomme; chaque fois qu'on les croit morts, ils relèvent la tête; et voilà cette paix européenne, consolidée par les traités de 1815, qui oblige deux cent cinquante millions d'individus à bâtir des places fortes, à cuirasser des navires, à rayer des canons, à faire l'exercice et à consacrer le tiers de leur revenu au budget de la guerre, depuis tantôt cinquante ans!

Cet interminable duel du droit contre la force dérange, inquiète, épuise la société européenne dont nous sommes les membres, après tout. On est Français d'abord, Européen ensuite. Comme Français, nous avons le droit de sacrifier nos capitaux et nos vies pour faire cesser un désordre chronique qui nous épuise d'hommes et d'argent. Comme Européens, nous avons le droit incontestable d'intervenir dans les discussions qui agitent l'Europe, intervenons!

N'intervenons pas en tyrans, comme Louis XIV en 1688 ou l'empereur Nicolas en 1849. Ces hommes du droit divin, lorsqu'ils prétendaient asseoir partout la monarchie absolue, usurpaient manifestement. La Convention usurpait aussi en 1793 lorsqu'elle déclarait la guerre à tous les rois et prétendait imposer à tous les peuples une démocratie uniforme: Révolutionner les gens malgré eux, c'est encore les opprimer. Chaque association d'hommes est maîtresse de ses destinées. Si quelqu'un se complaît dans l'obéissance ou dans la dépendance, personne n'a le droit de l'affranchir contre son gré. Il semble démontré que les Suisses aiment et méritent la liberté républicaine : qu'ils en jouissent éternellement ! Il paraît tout aussi évident que l'Espagne est monarchique dans l'âme : de quel droit irions-nous la priver des institutions monarchiques! Lorsque le droit divin est accepté par tout un peuple, il change de caractère et de nom : ce n'est plus qu'une forme du droit populaire. Si telle ou telle nationalité a fini par s'acclimater à la dépendance, s'il a suffi de quelques siècles pour la fondre avec ses anciens maîtres, s'il est vrai que les Magyars soient devenus Autrichiens (mais j'en doute) comme les Allemands d'Alsace sont aujourd'hui les meilleurs et les plus déterminés Français, personne n'a rien à voir dans leurs affaires. L'intervention n'est légitime que dans les pays où la révolte des opprimés et l'entêtement des oppresseurs menace la tranquillité européenne.

Un homme qui serait assez puissant et assez juste pour jouer le rôle de médiateur entre les peuples et les souverains, interroger les populations, porter en tous lieux l'urne du scrutin, faire droit aux vœux légitimes, rabattre les prétentions injustes, fonder par toute l'Europe le règne de l'équité *sans rien réclamer pour prix de ses peines*, serait honoré dans l'histoire comme le plus auguste magistrat des temps modernes.

Est-ce sur le tapis vert d'un congrès que cette œuvre peut être accomplie. Je voudrais l'espérer, mais le droit divin a son point d'honneur, assez bizarre du reste, qui ne lui permet pas de céder un pouce de terrain sans avoir perdu bataille. Battons-nous donc une bonne fois s'il le faut absolument, dans l'espoir qu'après nous on ne se battra plus !

Comme la majorité des princes de l'Europe aurait plus à perdre qu'à gagner dans l'avénement du droit, nous risquons de former contre nous une coalition terrible. Il ne faut pas se faire d'illusions : la grande lutte du second empire commencera au milieu des dangers où le premier empire a fini; mais si nous voulons être sages, nos forces et nos alliances iront croissant de jour en jour.

Il est probable qu'au printemps prochain nous n'aurions que deux alliés sérieux : l'Italie et la Suède. Les souverains de la Russie, de la Prusse et de l'Autriche, unis par un intérêt commun, n'hésiteraient pas, quelles que soient encore aujourd'hui leurs protestations d'hiver, à former une sainte alliance contre nous. Le roi de Portugal et le roi des Hellènes, deux jeunes souverains populaires et qui ont à gagner, nous favoriseraient de leurs vœux, mais ne pourraient nous prêter main-forte. Les Moldo-Valaques, qui nous doivent un peu leur existence politique, feraient aussi des vœux pour nous. L'Angleterre, qui ne nous veut aucun mal, qui est même intéressée au triomphe de la justice et à la fondation d'une véritable paix, se tiendra forcément sur ses gardes jusqu'à ce qu'elle ait vu où nous voulons en venir. Tous les petits princes de la Confédération germanique sont d'avance nos ennemis. Ils savent que le premier effet d'une juste guerre serait la fondation de l'unité, espoir sublime et légitime de tous les peuples allemands.

Mais si nous sommes assez raisonnables pour renoncer de bonne foi à toutes les fantaisies d'annexion, il se formera bien vite autour de nous une coalition de peuples. La Pologne affranchie se rangera en bataille à notre gauche, tandis que l'Italie défendra la droite. Il y aura bientôt une Hongrie, et la Hongrie combattra pour nous. L'Allemagne n'hésitera pas longtemps entre les rois, les ducs et les Bismark qui l'oppriment et la France qui lui offre la liberté gratis. Tous les éléments généreux et héroïques que les traités de 1815 n'ont pas encore étouffés dans la

vieille Europe, nous feraient en moins de deux
ans la plus belle armée du monde, et l'on
verrait pour la première fois depuis bien des
siècles une force irrésistible au service d'un droit
sacré.

C'est un beau rêve, n'est-il pas vrai? Mais
pour que l'Europe se laisse remanier par nous
avec une entière confiance, nous avons deux conditions à remplir.

Il faut que, même avant de se mettre en campagne, la France abjure ouvertement et sans restriction le principe des frontières naturelles. Est-
ce un principe? Non, c'est un vieux système de
défense, un mode de fortification contemporain de
la herse et des mâchicoulis, une habitude prise
autrefois dans les âges violents et barbares. Un
peuple faisait bien de s'enclore entre des fleuves
ou des montagnes, dans le temps où les villes
se construisaient sur les hauteurs pour n'être
prises d'un coup de main. Mais quand la révolution sera faite en Europe (et ce sera demain si
nous voulons), quand chaque nation vivra chez
elle, quand il n'y aura plus d'Italiens bâtonnés
par l'Autriche, plus de femmes polonaises
fouettées par la Russie; quand tous les peuples
qui portent encore le bât de l'étranger seront
rentrés dans leur indépendance naturelle; quand

un nouveau pacte européen, fondé sur la justice et la logique, garantira l'indépendance de chacun par la solidarité de tous, les frontières naturelles ne paraîtront plus nécessaires à personne, attendu que l'état normal de l'Europe ne sera plus la guerre, mais la paix. Entre deux voisins qui se détestent, on ne saurait élever de mur assez infranchissable; entre deux voisins qui s'estiment, une haie, un fossé, une borne suffit.

Il faut encore, et cette condition n'est pas moins indispensable que la première, il faut que nos lois, nos mœurs, nos institutions politiques puissent être proposées en exemple à tous les Européens. Il faut que notre constitution soit un objet d'envie, pour que le drapeau tricolore apparaisse à tous les opprimés de 1815 comme un symbole de liberté. Les princes du droit divin qui nous feront la guerre auraient trop beau jeu contre nous s'ils pouvaient dire à leurs sujets : « Qu'attendez-vous de ces libérateurs? Comment viendraient-ils vous donner ce qu'ils ne possèdent pas eux-mêmes? Ils réclamaient encore l'an dernier *la liberté comme en Autriche!* » Cette simple objection a fait plus de mal à Napoléon Ier que Blücher et Wellington. Réfutons-la d'avance; il le faut.

Soyons libres! Nous le pouvons; il ne s'agit que de vouloir. Je ne vous propose pas de vous associer avec moi pour renverser des omnibus dans la rue Laffitte et bâtir un rempart avec quelques pavés. Entendons-nous seulement pour user de tous les droits que la constitution nous accorde et réclamer pacifiquement ceux qui nous sont refusés. Le jour où il sera bien démontré que la majorité des citoyens français désire la liberté de la parole et de la presse, la répartition logique des impôts, la décentralisation, la réforme du code pénal, la destruction de la guillotine, le rétablissement du divorce, la suppression du budget des cultes, et le règne du Progrès sur la terre, notre gouvernement ne se fera pas prier. Le tout est de nous entendre et de vouloir ensemble.

Au nom de la justice et de la science, du travail et du capital, de la paix et de la liberté.

Saverne, 1863-64.

FIN.

TABLE DES MATIÈRES.

Chap.		Pages.
	A madame George Sand.....................	1
I.	Le grand problème........................	5
II.	Le bien.................................	11
III.	Le Progrès au dix-neuvième siècle..........	25
IV.	Le travail..............................	45
V.	Le droit................................	59
VI.	L'association...........................	71
VII.	Les non-valeurs de la terre................	101
VIII.	Les non-valeurs de la société.............	133
IX.	Les villes et les campagnes................	155
X.	L'État..................................	197
XI.	La propriété............................	247
XII.	Le budget...............................	303
XIII.	Le Progrès dans les arts, les lettres et les mœurs..	339
XIV.	L'éducation.............................	375
XV.	La répression...........................	431
XVI.	La politique et la guerre..................	463

FIN DE LA TABLE

PARIS. — IMPRIMERIE DE CH. LAHURE
Rue de Fleurus, 9.

www.ingramcontent.com/pod-product-compliance
Lightning Source LLC
Chambersburg PA
CBHW060230230426
43664CB00011B/1604